ESCRITO POR

RUBÉN MAESTRE

El poder de los datos en política

Transforma tu día a día en política con tecnología, datos e inteligencia artificial

Copyright © 2024 Rubén Maestre

Todos los derechos reservados.

ISBN: 9798339428558

Quiero dedicar este libro a **Verónica Maciá Richarte**. Hay pocas personas que saben más de política que ella, y sé que algún día tendrá la oportunidad de demostrarlo. Si no, esta sociedad me estará demostrando que la **meritocracia**, la **formación** y el **conocimiento** no valen para nada.

Dicho lo cual, queridos políticos que estáis leyendo este libro, si no la estáis buscando ya en **LinkedIn**, estáis cometiendo un **enorme error**...

ÍNDICE DE CONTENIDOS

Contenido

1.- El día a día del político local impulsado por los datos y la IA 1

1.1.- ¿Cómo pueden los datos y la inteligencia artificial mejorar la labor diaria de un político? 2

1.2.- Python, IA y otras herramientas digitales para gestionar problemas locales 10

1.3.- ¿Qué es Python? ¿Qué es Visual Studio Code? ¿Qué es Pandas, NumPy y otras librerías que vamos a ir viendo en este libro? 13

1.4.- Recopilación y uso de datos para la toma de decisiones en la gestión pública 20

1.5.- Uso de la IA para predecir problemas y necesidades ciudadanas 23

2.- Escuchar a los ciudadanos: cómo usar datos y IA para gestionar mejor los problemas locales 27

2.1.- La importancia de escuchar a los ciudadanos 28

2.2.- Recolección de datos de quejas, sugerencias y problemas ciudadanos 32

2.3.- Uso de Python e IA para analizar y clasificar automáticamente las consultas ciudadanas 36

2.4.- Segmentación de problemas por zonas y áreas específicas usando IA predictiva 40

2.5.- Introducción al uso de Manychat para la automatización de respuestas 43

2.6.- Automatización de la gestión de respuestas con WhatsApp o Telegram 45

2.7.- Ejemplo práctico: automatización de respuestas a ciudadanos sobre los servicios públicos 49

2.8.- Priorizar las consultas ciudadanas en un dashboard sencillo con algoritmos de IA 52

3.- Comunicación constante con los ciudadanos: automatización de mensajes e IA 55

3.1.- ¿Por qué es importante la comunicación continua, más allá de las elecciones? 56

3.2.- Uso de WhatsApp Business API e IA para enviar actualizaciones automáticas y personalizadas 60

3.3.- Responder de manera rápida con scripts en Python e IA: alertas y novedades 62

3.4.- Crear mensajes automáticos de seguimiento para casos específicos (ej. problemas de infraestructura) con IA 65

3.5.- Ejemplo práctico: cómo usar un chatbot impulsado por IA para dar información sobre proyectos en marcha 67

3.6.- Análisis de la efectividad de la comunicación con los ciudadanos usando algoritmos de IA 70

4.- Medición del impacto de las políticas locales con datos e IA 73

4.1.- ¿Cómo medir si las políticas locales están funcionando? 74

4.2.- Uso de encuestas y herramientas de IA para analizar el feedback ciudadano 78

4.3.- Análisis de datos y predicciones automáticas: cómo interpretar el éxito o fracaso de una medida 80

4.4.- Crear informes automáticos sobre los resultados de políticas implementadas con IA 83

4.5.- Ejemplo práctico: visualización del impacto en proyectos locales con Python, Matplotlib y Seaborn 84

5.- Uso de redes sociales e IA para mantener el contacto con los ciudadanos 92

    5.1.- Redes sociales como herramienta de gestión diaria, no solo electoral 93

    5.2.- Automatización de publicaciones y respuestas en redes sociales con Python e IA 97

    5.3.- Análisis de comentarios y mensajes en redes usando IA para detectar problemas o inquietudes 101

    5.4.- Cómo usar algoritmos de IA para ajustar la comunicación diaria según los datos recogidos . 104

    5.5.- Caso práctico: monitorización de la percepción ciudadana en redes sociales con Python e IA 106

6.- Segmentación de la ciudadanía: diferentes mensajes para diferentes grupos con IA 109

    6.1.- La importancia de conocer bien a la población local a través de datos y IA 110

    6.2.- Segmentación avanzada con IA: segmentar por edad, intereses o ubicación geográfica y otros 113

    6.3.- Uso de herramientas como Pandas y algoritmos de machine learning para segmentar y analizar necesidades de los ciudadanos 116

    6.4.- Personalización de mensajes automáticos según el perfil ciudadano utilizando IA 120

    6.5.- Ejemplo práctico: cómo un concejal ajusta su comunicación según los barrios o distritos con IA 124

7.- Optimización de recursos y servicios públicos con datos e IA 127

    7.1.- ¿Cómo pueden los datos y la IA mejorar la eficiencia en la gestión de servicios públicos? 128

    7.2.- Uso de datos históricos e IA para prever necesidades en servicios 130

    7.3.- Implementación de sistemas de alerta temprana con IA y Python para optimizar 132

    7.4.- Visualización de la gestión de recursos en tiempo real con dashboards interactivos impulsados por IA 134

    7.5.- Ejemplo práctico: cómo un ayuntamiento usó datos e IA para mejorar la eficiencia de la recogida de basura 135

    7.6.- Creación de informes automáticos sobre el uso de recursos en tiempo real con IA 139

8.- Preparación de la siguiente campaña electoral desde el día a día usando datos e IA 141

    8.1.- Por qué empezar a recopilar datos justo después de unas elecciones para la siguiente campaña 142

    8.2.- Uso de la IA y los datos del trabajo diario para mejorar la estrategia de campaña 145

    8.3.- Recopilación de datos durante el mandato y su análisis con IA para preparar el próximo mensaje electoral 148

    8.4.- Algoritmos predictivos para analizar tendencias de problemas ciudadanos y anticipar mensajes de campaña 151

    8.5.- Crear un plan de comunicación continua que facilite la recolección de datos para la campaña

.... 154

8.6.- Ejemplo práctico: cómo usar datos e IA para crear una narrativa electoral basada en problemas recurrentes 157

9.- Visualización de datos e IA en la política 160

9.1.- ¿Cómo los datos y la IA pueden ayudar a presentar informes claros y visualmente atractivos?
.... 161

9.2.- Uso de herramientas como Streamlit o Google Data Studio para crear informes interactivos impulsados por IA 164

9.3.- Visualización de datos de participación ciudadana: ¿dónde se implican más los ciudadanos?
.... 167

9.4.- Gráficos de barras, líneas y mapas para representar problemas por área geográfica 169

9.5.- Herramientas sencillas para compartir estos datos con otros miembros del gobierno o público
.... 171

10.- Retos y desafíos del político moderno y cómo la ciencia de datos e IA pueden ayudar 173

10.1.- La complejidad de la gestión pública en un mundo digitalizado 174

10.2.- El reto de la toma de decisiones en tiempo real 176

10.3.- Conectar de manera auténtica con los ciudadanos en la era digital 178

10.4.- La gestión de la confianza y la transparencia 180

10.5.- El desafío de la ciberseguridad y la protección de datos personales.................................... 182

10.6.- El reto de ser proactivo en lugar de reactivo 185

10.7.- Optimización de recursos en contextos de presupuestos limitados 188

10.8.- La formación continua: políticos como gestores de datos 191

10.9.- El futuro de la ciencia de datos en la política 193

Epílogo 195

SOBRE MÍ 199

Quiero dar las gracias a todas las personas que han confiado en mí en algún momento en el mundo de la política. Sé que es un mundo complicado, donde a menudo parece que cuando te eligen es porque tienes un fin oscuro o un ansia de poder. No es mi caso. Y a lo largo de muchos años participando de alguna forma u otra siempre sin sueldo público he demostrado que me mueven otros intereses más allá de lo que se dice siempre del poder, el dinero y todo eso... Nunca ha sido mi caso. Siempre he defendido que la política es un lugar **maravilloso** desde el que se puede **ayudar a muchísima gente**. Es cierto que es un terreno **desagradecido**, porque es imposible llegar a todos, pero creo firmemente que es un lugar donde, a pesar de los obstáculos y de quienes intentan derribarte, **se puede construir y hacer una sociedad mejor**.

A todos los que en algún momento decidisteis darme una oportunidad, **muchísimas gracias, de verdad, de corazón**. Y a los que no queríais verme, pues gracias también por **comprar el libro**. Yo también os perdono.

Rubén Maestre

INTRODUCCIÓN

Bienvenidos al poder de los datos en política

Tras publicar mi primer libro sobre ciencia de datos, me di cuenta de que la curiosidad sobre este tema va mucho más allá del ámbito empresarial. Una pregunta que surgió de alguien vinculado al mundo de la política fue: **"¿Esto también se puede hacer en la política?"**. La respuesta es clara: **sí, absolutamente**. El potencial de la **inteligencia artificial** y la **ciencia de datos** puede transformar de manera profunda el funcionamiento de cualquier organización, ya sea pública, cultural, deportiva o empresarial. Así que me animé a escribir este libro para hablar de ciencia de datos e inteligencia artificial en lo que defino como la industria de la política, pero que también lo haré pronto para el deporte y otras áreas porque me parece muy interesante acercar toda esta enorme área de trabajo y conocimiento a todos los sectores.

La política, al igual que otros sectores, **genera una gran cantidad de datos**. Desde la **percepción ciudadana** sobre una medida hasta el impacto real de una política pública o las necesidades futuras de un barrio, toda esta información está disponible, pero la clave está en saber **interpretarla correctamente**. Hoy, cualquier político o gestor público puede acceder a **herramientas gratuitas**, sencillas de aprender y de implementar, que permiten **analizar esa información** de manera eficaz. Ya no es necesario ser un experto en programación o contar con grandes equipos de técnicos: **los datos están al alcance de todos**. Y donde además hay que destacar, la **información**, se convierte en el recurso más valioso para **mejorar la toma de decisiones en el día a día y anticiparse a los problemas futuros**.

Este libro tiene un único propósito: **mostrar cómo la ciencia de datos y la inteligencia artificial pueden, y deben, formar parte del día a día de la política**. No importa si eres parte del gobierno o de la oposición, si estás en un equipo de trabajo o eres asesor, o incluso si estás pensando en dar el salto a la política. **Los datos** son una herramienta indispensable tanto para **mejorar la eficiencia** en la gestión de los servicios como para realizar una **fiscalización rigurosa** de cualquier administración.

A lo largo de las siguientes páginas, verás cómo estas herramientas pueden **ayudarte a prever problemas, automatizar procesos, mejorar la comunicación** con los ciudadanos y en definitiva, **convertirte en un político más eficiente**. Desde un concejal que necesita mejorar los servicios en un barrio hasta un ministro que gestiona la educación o la sanidad de un país entero, **los datos ofrecen una visión precisa y detallada** de la realidad, permitiendo tomar decisiones **más rápidas y mejor fundamentadas**.

Uno de los mayores beneficios de la **ciencia de datos** en política es la capacidad de **automatizar procesos**. Imagina no tener que esperar semanas para que el personal del ayuntamiento compile y procese las quejas ciudadanas. Con las herramientas adecuadas, puedes **automatizar la recepción, clasificación y análisis** de las consultas. De esta manera, podrás tener **informes precisos** que te indiquen cuáles son las prioridades diarias, qué problemas requieren atención inmediata y qué asuntos pueden esperar. **La automatización libera recursos**, permitiendo que te centres en las decisiones estratégicas y no en la burocracia.

La **inteligencia artificial** también ofrece la capacidad de **anticiparse a los problemas**, lo que es fundamental en un entorno político en constante cambio. En lugar de esperar a que los ciudadanos presenten sus quejas o que los indicadores tradicionales muestren un problema evidente, la IA permite **detectar patrones** en los datos que anticipan las crisis antes de que ocurran. Por ejemplo, si los datos históricos muestran que las incidencias en el transporte público aumentan en ciertos periodos del año, puedes prever esta situación y **tomar medidas preventivas**. Esto te permitirá estar preparado cuando llegue el momento, evitando que los problemas se agraven.

En el caso de la oposición, los **datos** te ofrecen una **herramienta incomparable para la fiscalización**. Ya no se trata solo de criticar basándose en opiniones o percepciones. Con datos bien analizados, puedes presentar **informes detallados** que demuestren cómo se han gestionado los recursos, qué áreas han sido desatendidas o dónde se podrían haber tomado mejores decisiones. Esto no solo fortalece tus argumentos, sino que también te permite **proponer soluciones** basadas en hechos verificables.

Pero los datos no solo sirven para mejorar la eficiencia o anticipar problemas. **La visualización de datos** es una herramienta poderosa para la **comunicación política**. Los gráficos y mapas interactivos no son solo formas de simplificar la información; son formas de **contar historias**. Mostrar un gráfico que ilustre cómo una medida ha reducido el desempleo en una zona específica o cómo la calidad del transporte ha mejorado, **transmite un mensaje claro y persuasivo. Los datos no solo informan, también convencen**, sobre todo cuando se presentan de manera visual.

Además, la capacidad de **segmentar** a la población a través de los datos permite mejorar significativamente la **personalización del mensaje político**. No todos los ciudadanos tienen las mismas preocupaciones. Mientras algunos valoran más la seguridad, otros se centran en la mejora de los servicios públicos. Con un análisis detallado, es posible identificar estos grupos y **adaptar el mensaje** para que cada ciudadano reciba la información que más le importa. **Personalizar los mensajes** no solo mejora la comunicación, sino que **aumenta la eficacia** de las campañas políticas y la **fidelización** de los votantes.

La ciencia de datos también tiene un papel clave en el ámbito de las **campañas electorales**. Con el análisis de datos históricos, es posible **identificar patrones de comportamiento** de los votantes, prever cambios en las preferencias electorales y **ajustar la estrategia en tiempo real**. Por ejemplo, si los datos muestran un cambio en la percepción de una política en una zona específica, puedes ajustar tu mensaje antes de que sea demasiado tarde, maximizando así tu impacto.

Otra área crucial es la **medición del impacto** de las políticas públicas. La capacidad de analizar los resultados de una medida en tiempo real te permite **ajustar sobre la marcha**, en lugar de esperar meses o incluso años para evaluar si ha sido efectiva. Por ejemplo, una política de fomento al empleo juvenil puede ser monitoreada casi al instante mediante datos sobre el número de empleos creados y la satisfacción de los beneficiarios. Esto te permite no solo medir el éxito, sino también detectar qué áreas necesitan más atención.

La **política del futuro** no será liderada por aquellos que toman decisiones basadas únicamente en intuición o experiencia. Los líderes del futuro serán aquellos que sepan **interpretar y utilizar los datos** para **tomar decisiones más precisas** y adaptadas a las necesidades reales de los ciudadanos. Hoy, más que nunca, la ciencia de datos y la inteligencia artificial están al alcance de cualquier político dispuesto a aprender y aplicar sus beneficios.

Este libro es tu **puerta de entrada** a este mundo de posibilidades. No necesitas ser un experto en tecnología, solo necesitas la disposición para aprender lo básico y rodearte de las **herramientas adecuadas. La política basada en datos no es el futuro, es el presente.** Los datos ya están disponibles para quien quiera aprovecharlos, y los políticos que sepan utilizarlos estarán mejor posicionados para liderar en esta nueva era.

Y aquí te digo una cosa, si no tienes tiempo para aprender y necesitas empezar a trabajar con datos, siempre puedes **llamar a un experto**. Mi consejo aquí es que ese experto **conozca la política**. Está bien meter a teóricos, pero a la hora de trasladar los datos, de saber **comunicar** y de **plantear estrategias**, si conoce mejor el mundo de la política, el salto que darás será increíble. Por lo tanto, no tienes excusas para o bien ponerte a trabajar o bien **enviarme un mail o llamarme** para que comencemos a **planificar tu victoria en las próximas elecciones**.

¿Estás preparado para dar ese paso? **Los datos son el futuro de la política.** Tú tienes la llave para liderar ese cambio.

Email: data@rubenmaestre.com
Teléfono: +34 670 21 05 39

1.- EL DÍA A DÍA DEL POLÍTICO LOCAL IMPULSADO POR LOS DATOS Y LA IA

1.1.- ¿Cómo pueden los datos y la inteligencia artificial mejorar la labor diaria de un político?

Imagina que pudieras ver con claridad lo que está ocurriendo en cada rincón de tu territorio, tener en tus manos la capacidad de analizar miles de datos y convertir esa información en decisiones rápidas, acertadas y transparentes. **¿Te das cuenta del poder que esto representaría para ti, como político, ya sea en el gobierno o en la oposición?** La ciencia de datos, el análisis profundo de la información, la visualización de esa realidad en gráficos claros y directos... Todo esto ya está aquí, y puede ser tu mejor aliado.

Si estás en la oposición, **¿cuántas veces has querido demostrar que el gobierno está fallando, pero no tenías las pruebas concretas para respaldarlo?** Si estás en el gobierno, **¿cuántas veces has tenido que reaccionar bajo presión, con poca información, y esperando no cometer errores?** La ciencia de datos y las tecnologías como Python o la inteligencia artificial pueden cambiar por completo la forma en la que gestionas, analizas y propones soluciones. Todo esto **existe**, es una realidad. **Y puede ser tremendamente útil para ti.**

Hoy ya no hablamos de la política del futuro, sino de la política del **presente**, aquella en la que puedes contar con sistemas capaces de analizar patrones, procesar miles de quejas en tiempo real, prever problemas antes de que se agraven y, sobre todo, ayudarte a tomar decisiones basadas en información precisa y verificada. **Es posible visualizar los datos, contar historias con ellos y, lo más importante, automatizar procesos** que antes te obligaban a desviar recursos o que simplemente quedaban atascados en la burocracia.

Piensa en una herramienta como **Python**, un lenguaje de programación que quizás te suene ajeno, pero que tiene la capacidad de organizar grandes volúmenes de datos, de procesar y analizar información en segundos. **No necesitas ser un experto en programación**; lo que necesitas es saber que este tipo de tecnología está a tu disposición y que puedes utilizarla, o contar con asesores que lo hagan por ti, para extraer conclusiones valiosas que te ayuden a mejorar la vida de las personas que representas.

Quizá te estés preguntando: **¿por qué debería importarme aprender sobre ciencia de datos, visualización y automatización, si llevo toda la vida tomando decisiones de la manera tradicional?** La respuesta es simple: **porque te ofrece una ventaja competitiva, y porque quienes no se adapten a esta nueva era quedarán obsoletos.** Hoy no basta con tener experiencia; la clave está en **interpretar y utilizar bien los datos**. El mundo, y la política, se mueven a un ritmo mucho más rápido de lo que lo hacían hace una o dos décadas. Aquellos que sepan aprovechar estas herramientas estarán mejor posicionados para tomar decisiones más eficaces y acertadas.

Ya seas político en la oposición o parte del gobierno, los **datos te ofrecen la capacidad de construir narrativas sólidas y fundamentadas en hechos reales**. No es lo mismo criticar al gobierno sin pruebas claras que llegar a un pleno o a un debate con gráficos, análisis y proyecciones que muestren la realidad sin filtros. **Los datos te permiten contar una historia más veraz.** Si lo que quieres es ganar terreno, convencer a los votantes, o demostrar que hay una mejor manera de hacer las cosas, entonces tienes que hacer uso de esta herramienta tan poderosa.

Imagina estar en una sesión parlamentaria y poder decir, con total seguridad: **"El 75% de los ciudadanos de este barrio han reportado problemas con el servicio de transporte, y el análisis de los datos de movilidad muestra que las rutas actuales no están cubriendo las necesidades reales de la población"**. O bien, como concejal de una pequeña localidad, presentar un informe con visualizaciones que muestren cómo la calidad del aire ha empeorado en los últimos meses y qué acciones correctivas se pueden tomar. **No es lo mismo decir que hay un problema, que demostrarlo con hechos claros y contundentes.**

La visualización de datos te da el poder de comunicar de forma clara, accesible y convincente. Muchas veces, como político, te enfrentas al reto de explicar situaciones complejas a una audiencia que no siempre tiene el mismo conocimiento o acceso a la información que tú. Gráficos, mapas interactivos y proyecciones ayudan a simplificar esa complejidad, a contar una historia que cualquiera pueda entender y que genere impacto. **Los datos tienen un lenguaje propio, y tú puedes aprender a hablarlo.**

Y no solo se trata de tener acceso a los datos, sino de cómo los utilizas para tomar decisiones. **¿Te has preguntado alguna vez cómo podrías anticiparte a los problemas que enfrentan los ciudadanos de tu comunidad?** No es suficiente esperar a que las quejas lleguen o a que las encuestas de opinión te den una señal de alarma. La inteligencia artificial, aplicada al análisis de datos, permite **detectar patrones, prever problemas y actuar antes de que la crisis sea visible**. En lugar de ser reactivo, puedes ser proactivo. **No esperes a que la crisis toque tu puerta, anticípate a ella.**

Como político en la oposición, esta capacidad de **previsión** puede ser tu mejor arma. No se trata solo de esperar a que el gobierno cometa errores, sino de estar un paso por delante, ofreciendo alternativas fundamentadas en datos reales y en análisis predictivos que demuestren que el gobierno podría haber evitado el problema, si hubiera actuado a tiempo. Si estás en el gobierno, la historia cambia, pero la oportunidad es la misma: **tienes en tus manos la capacidad de hacer que tu gestión sea mucho más eficiente.**

Hablemos también de la **automatización de procesos**. Seguro que muchas veces te has encontrado con quejas que se acumulan, proyectos que no avanzan, trámites que parecen eternos. **La automatización con Python y otras herramientas permite liberar una gran parte de esa carga.** Con un buen sistema de automatización, puedes procesar solicitudes, analizar datos en tiempo real y gestionar tareas repetitivas de manera mucho más eficiente. **No se trata de reemplazar el trabajo humano, sino de potenciarlo.** Los datos te permiten centrarte en lo que realmente importa: en las decisiones, en la estrategia, en la política con mayúsculas.

Piénsalo. **¿Cuánto tiempo podrías ganar si muchos de esos procesos fueran automáticos?** ¿Cuánto podrías mejorar la calidad de los servicios que ofreces a los ciudadanos si pudieras gestionar sus peticiones de forma rápida y eficiente? El tiempo que pierdes en la burocracia podría transformarse en tiempo para escuchar a tus votantes, en tiempo para analizar mejor los problemas de fondo y proponer soluciones que realmente impacten.

Quizás nunca has considerado aprender sobre **Python, visualización de datos o inteligencia artificial** porque te suena demasiado técnico o ajeno a tu día a día como político. Pero te garantizo que, una vez que entiendas lo que estas herramientas pueden hacer por ti, cambiará tu forma de pensar. **No se trata de volverse un programador o un científico de datos, sino de entender las posibilidades que estas tecnologías te ofrecen y cómo puedes aplicarlas en tu trabajo.**

Este libro está aquí para abrirte los ojos a esas posibilidades. Para mostrarte que **el análisis de datos puede ser tu mejor aliado, tanto si quieres criticar una gestión, como si buscas mejorarla.** La ciencia de datos ya no es una herramienta exclusiva de los grandes sectores tecnológicos o de las empresas privadas. **Es una herramienta que está a tu disposición como político,** para que puedas interpretar la realidad de una manera más precisa, tomar mejores decisiones y, en última instancia, hacer un mejor trabajo para la gente a la que representas.

Ahora te pregunto: **¿Estás dispuesto a dar ese paso hacia una política basada en datos?** Los votantes cada vez exigen más transparencia, más eficacia y más resultados. Si no eres tú quien adopta estas herramientas, otro lo hará. **La política del futuro está aquí, y los datos son el motor que la mueve. ¿Estás preparado para subirte a ese tren?**

Cuando hablamos de **datos** en política, no nos referimos solo a cifras o estadísticas aisladas. Hablamos de **patrones, tendencias, información interrelacionada** que, cuando se analiza y presenta de manera adecuada, puede convertirse en una herramienta poderosa para la toma de decisiones. **¿Te imaginas poder identificar tendencias antes de que se conviertan en problemas reales?** Saber que el número de quejas sobre un servicio público en particular ha aumentado mes a mes, o detectar que una determinada zona de la ciudad está experimentando un crecimiento demográfico inesperado y que necesitará más infraestructuras en breve, no es algo que deberías descubrir cuando ya sea tarde. Los datos te permiten actuar con antelación.

Pero los datos, por sí solos, no son suficientes. **Aquí es donde entra la visualización de datos.** Si bien los políticos están acostumbrados a recibir informes extensos llenos de tablas y gráficas estáticas, la verdadera ventaja competitiva está en la capacidad de **interpretar esos datos de manera clara y visualmente accesible. No es lo mismo leer un informe de cincuenta páginas que ver, en un gráfico interactivo, cómo una tendencia ha ido evolucionando a lo largo del tiempo.** Un mapa interactivo, por ejemplo, puede mostrarte en segundos las áreas donde los servicios públicos están funcionando peor, o las zonas con mayores problemas de vivienda.

Esto no solo te ayuda a **tomar decisiones más rápidas y eficaces**, sino que te da una ventaja a la hora de **comunicar esas decisiones**. Imagina que estás en la oposición y quieres demostrar que la gestión de los fondos públicos ha sido ineficiente. Podrías presentar una larga lista de cifras y tablas, pero **¿no sería más potente un gráfico que mostrara claramente cómo el gasto ha aumentado en áreas menos prioritarias, mientras que otras más urgentes han sido desatendidas?** En lugar de un discurso repleto de datos crudos, ofreces una visualización que **cuenta una historia**. Y esa historia tiene el poder de cambiar opiniones y ganar apoyo.

Contar historias con datos es una habilidad que pocos políticos han desarrollado. La realidad es que las personas no suelen reaccionar solo a números, necesitan una **narrativa**. Si te limitas a presentar datos sin más, corres el riesgo de perder la atención del público o, peor aún, de que esos datos sean interpretados de manera errónea. La visualización y la narrativa te permiten **controlar el mensaje**, asegurando que el impacto sea el que tú deseas.

¿Y qué pasa cuando tienes que gestionar no solo unos pocos datos, sino **miles o millones** de puntos de información? Aquí es donde entra en juego la **automatización**. Piensa en cuántas tareas repetitivas realizas cada día, o cuántos informes manuales se generan en tu oficina que requieren horas de trabajo para ser elaborados. **¿Qué pasaría si pudieras automatizar estos procesos?** Un sistema que utilice Python, por ejemplo, puede encargarse de recopilar datos, analizarlos y generar un informe automático que te entregue exactamente la información que necesitas, sin intervención humana. Esto no solo te ahorra tiempo y recursos, sino que **te garantiza que la información esté siempre actualizada y sea precisa**.

En política, el tiempo es un recurso escaso. Las decisiones no pueden esperar a que se recopile manualmente toda la información. Por eso, contar con sistemas automatizados que te brinden datos en tiempo real **te coloca un paso por delante**. Pongamos un ejemplo concreto: si estás gestionando un municipio o una región, **¿cuántas veces te has encontrado con quejas ciudadanas que se acumulan, pero no sabes cuál es la más urgente?** Un sistema automatizado de IA podría clasificar esas quejas, analizar el nivel de urgencia y darte una lista priorizada de problemas que requieren atención inmediata. **¿Te imaginas lo que eso representaría en términos de eficiencia y capacidad de respuesta?**

La **automatización de procesos** no solo se limita a la gestión de quejas. También puedes aplicarla a áreas como la **distribución de presupuestos**, el

análisis de infraestructuras o incluso la **gestión del personal**. Por ejemplo, en lugar de hacer un seguimiento manual del estado de las infraestructuras en una ciudad, podrías contar con sensores y sistemas automatizados que te informen en tiempo real del estado de las carreteras, las tuberías o el alumbrado público. **Con un simple vistazo a un panel de control, podrías saber qué áreas requieren mantenimiento inmediato, y cuáles pueden esperar, optimizando así la inversión de recursos públicos.**

Tanto si estás en la oposición como en el gobierno, **los datos te ofrecen la posibilidad de actuar con mayor certeza y transparencia.** Hoy más que nunca, los ciudadanos exigen que los políticos no solo tomen decisiones rápidas, sino que las fundamenten en hechos concretos y verificables. **Ya no es suficiente confiar en la intuición o en promesas vagas.** La ciencia de datos te permite respaldar cada decisión, mostrarle a la ciudadanía que tus acciones están basadas en análisis profundos y, sobre todo, garantizar que esas decisiones sean las correctas.

¿Has considerado alguna vez el impacto que tendría una campaña basada en datos? No se trata solo de recopilar la opinión de los ciudadanos a través de encuestas, sino de **analizar patrones de comportamiento, detectar problemas antes de que sean visibles** y, lo más importante, **predecir** cómo evolucionarán ciertas situaciones en el futuro. **La inteligencia artificial tiene la capacidad de anticipar tendencias sociales, económicas o políticas, permitiéndote adaptarte antes que el resto.** Si estás en la oposición, esta puede ser la clave para ofrecer soluciones proactivas antes de que el gobierno en turno siquiera haya detectado el problema. Si estás en el gobierno, esta capacidad te permite evitar crisis y adelantarte a las demandas ciudadanas.

Pongamos un caso concreto. Si gestionas una región en crecimiento, **¿cómo sabes cuántas nuevas viviendas necesitarás en los próximos años?** Sin datos, esta sería una estimación difícil de hacer. Pero utilizando la ciencia de datos, puedes analizar el crecimiento demográfico, las tasas de natalidad, la migración y otros factores que te permitan prever con precisión cuántas viviendas se necesitarán y dónde. Esto te da la capacidad de **planificar con antelación** y evitar crisis de vivienda o problemas de hacinamiento. Lo mismo puede aplicarse a servicios de salud, transporte, educación y cualquiera otra área de gestión pública.

La clave está en entender que los datos no son solo una herramienta técnica, son una herramienta política. Te permiten tomar el control de la narrativa, basar tus decisiones en hechos y no en suposiciones, y ofrecer a los ciudadanos una gestión mucho más transparente y eficiente. Tanto si estás en el gobierno como en la oposición, los datos pueden ser tu mayor aliado para ganar la confianza de los ciudadanos y, en última instancia, mejorar su calidad de vida.

Es cierto que todo esto puede sonar abrumador al principio. **Python, inteligencia artificial, automatización...** Si no estás familiarizado con estos términos, es normal que te sientas un poco perdido. Pero lo más importante que debes entender es que **no necesitas ser un experto técnico** para beneficiarte de estas herramientas. Existen plataformas, asesores y equipos que pueden ayudarte a implementar estas tecnologías en tu gestión diaria. Lo único que necesitas es tener la **mente abierta** y estar dispuesto a **aprender lo suficiente** para entender cómo puedes aplicarlas a tu contexto político.

En el fondo, todo se reduce a **optimizar la toma de decisiones**. Ya no se trata de ser el político que más habla, sino de ser el político que **mejor entiende** la realidad que gestiona. **Y los datos te dan esa capacidad.** No importa si gestionas un pequeño ayuntamiento o una comunidad autónoma entera. **Los datos están ahí, esperando a ser utilizados, y solo aquellos que sepan aprovecharlos estarán preparados para liderar el futuro de la política.**

Piensa en cuántas veces has tenido que **preparar informes o propuestas** con la presión del tiempo sobre los hombros. Sabes que cualquier fallo o dato incorrecto puede costarte la credibilidad frente a tus votantes o frente a la prensa. **¿Cuántas veces has tenido que depender de asesores o de equipos técnicos para recopilar información dispersa en diferentes departamentos?** En esos momentos, el tiempo parece siempre insuficiente, y lo que podría haberse resuelto con un análisis rápido, termina requiriendo días de trabajo. **Aquí es donde la ciencia de datos y las tecnologías automatizadas pueden cambiar tu día a día por completo.**

Uno de los grandes **desafíos** que enfrentan los políticos, tanto en el gobierno como en la oposición, es la **gestión de la información**. Vivimos en una era donde la cantidad de datos disponibles es mayor que nunca, pero **¿cómo procesas, analizas y presentas toda esa información de manera efectiva?** Muchas veces, el problema no es la falta de datos, sino la falta de herramientas adecuadas para procesarlos. **Tener acceso a los datos no garantiza que sepas interpretarlos bien.**

Por ejemplo, imagina que eres un **diputado en la oposición** que quiere fiscalizar el gasto público de una determinada partida presupuestaria. Tienes acceso a los informes financieros del gobierno, pero esos documentos están llenos de cifras desordenadas, tablas de Excel extensas y, muchas veces, no están organizados de una forma que facilite la comprensión. **¿Cuánto más sencillo sería tu trabajo si pudieras automatizar el análisis de esos datos, detectando en segundos las anomalías o las áreas donde se está despilfarrando dinero?** No solo podrías hacer tu labor fiscalizadora de manera más efectiva, sino que también podrías **demostrarles a tus votantes** que cuentas con una herramienta objetiva para evaluar la gestión del gobierno. No se trata de criticar por criticar, sino de basar tu oposición en **hechos irrefutables**.

Ahora bien, si estás en el **gobierno**, el reto es otro. Ya no solo tienes que responder a la crítica, sino que debes **demostrar resultados**. Ahí es donde la ciencia de datos y las herramientas de visualización juegan un papel fundamental. **No basta con implementar una política pública, necesitas medir su impacto en tiempo real.** Pongamos un ejemplo: si tu gobierno ha lanzado una nueva política para fomentar el empleo juvenil, ¿cómo sabes si está funcionando? No puedes esperar a que termine el año fiscal para ver los resultados. Necesitas herramientas que te muestren, semana a semana, cómo están evolucionando los indicadores de empleo, dónde se están generando nuevas oportunidades y qué áreas necesitan más inversión. **La capacidad de medir y ajustar sobre la marcha es clave** para que las políticas públicas no solo sean efectivas, sino también transparentes.

Además, **la narrativa basada en datos** no solo mejora la gestión interna, también transforma la manera en que te comunicas con los ciudadanos. ¿Te imaginas el impacto que tendría una campaña electoral en la que, en lugar de prometer cambios sin más, pudieras **demostrar con datos** lo que ya has logrado? **Visualizaciones claras, datos comparativos de antes y después, proyecciones futuras basadas en hechos concretos...** Todo eso refuerza tu credibilidad y genera confianza entre los votantes.

Si estás en la oposición, la ciencia de datos te ofrece una **ventaja similar**. En lugar de hacer críticas vagas o basadas en percepciones, puedes construir una **narrativa alternativa con datos contrastables.** Por ejemplo, si crees que el gobierno no está destinando suficientes recursos a la educación, podrías demostrarlo con gráficos que comparen el gasto en educación con otros sectores. **Una imagen bien fundamentada con datos puede tener más impacto que horas de discurso.**

Lo más interesante de la ciencia de datos es que no se limita a analizar el pasado o el presente. **La inteligencia artificial te permite prever el futuro.** **¿Qué pasaría si pudieras anticiparte a las crisis sociales, económicas o de infraestructura antes de que se hagan visibles para el resto?** Imagina que, a través de un análisis de datos, detectas que la población de una región está envejeciendo rápidamente y que en pocos años habrá un aumento considerable en la demanda de servicios de salud para personas mayores. Si estás en la oposición, esto te da un argumento sólido para proponer políticas que anticipen el problema y eviten una crisis futura. Si estás en el gobierno, puedes utilizar esta información para ajustar tu planificación y evitar que la situación se descontrole en unos años. **La IA te permite tomar decisiones con visión de futuro**, un rasgo cada vez más valorado en la política moderna.

Pero volvamos a un concepto clave que mencionábamos antes: **la automatización de procesos.** Si bien ya hemos hablado de cómo esta tecnología puede ayudarte a gestionar grandes volúmenes de datos, **hay más aplicaciones que pueden mejorar tu eficiencia diaria.** Por ejemplo, imagina que eres responsable de **gestionar los servicios públicos** de una ciudad: desde el mantenimiento de las calles hasta la recolección de residuos o el suministro de agua. Normalmente, estarías esperando a que los ciudadanos te reporten un fallo o a que tu equipo de mantenimiento te notifique de un problema. **¿Qué pasaría si, en lugar de esperar a que surjan los** problemas, un sistema automatizado te alertara de las áreas que necesitan atención antes de que los ciudadanos siquiera se den cuenta? Podrías gestionar tu equipo de una manera mucho más eficiente, asignando recursos de manera precisa y evitando crisis innecesarias.

Lo mismo ocurre con la **gestión presupuestaria**. Tanto si estás en el gobierno como en la oposición, una de las grandes preocupaciones es siempre la correcta asignación de los fondos públicos. **La IA y los sistemas automatizados pueden ayudarte a detectar patrones de gasto**, identificar áreas donde se están malgastando recursos o, mejor aún, **predecir cómo evoluciona el presupuesto** a lo largo del tiempo. Esto te permite no solo reaccionar ante posibles problemas, sino planificar a largo plazo de manera más eficaz.

Los datos no son un lujo, son una necesidad en la política moderna. Ya no puedes basar tus decisiones en suposiciones o en informes antiguos. La información fluye constantemente y, como político, **tu responsabilidad es estar al tanto de lo que está ocurriendo en tiempo real**. Con la ciencia de datos y la automatización, puedes lograrlo. Puedes tener una visión completa de tu gestión, ya sea para evaluar tu propio desempeño o para fiscalizar al gobierno de turno.

Quizás te preocupe la complejidad técnica de todo esto. Tal vez pienses que **Python, inteligencia artificial** o **big data** son términos demasiado complicados para alguien que no viene del mundo de la tecnología. Pero lo que debes entender es que **no necesitas ser un experto** para beneficiarte de estas herramientas. Lo que necesitas es **conocer sus capacidades** y cómo pueden aplicarse a tu gestión política. En muchos casos, basta con contar con los **asesores adecuados** o con plataformas que simplifiquen el uso de estas tecnologías. **Tu trabajo no es aprender a programar, sino entender cómo usar la información que estos sistemas te proporcionan** para mejorar tu toma de decisiones.

Imagina lo que esto significaría para tu gestión diaria. **Poder acceder a los datos en tiempo real, visualizarlos de manera clara y precisa, automatizar procesos y prever problemas antes de que ocurran.** Ya no estarías gestionando a ciegas, sino con un conocimiento completo y detallado de la realidad que te rodea. **Y lo mejor de todo es que esto no es una visión futurista. Es una realidad que ya está al alcance de tu mano.**

La **política basada en datos** es más que una moda o una tendencia. Es una revolución que está transformando la manera en que los políticos toman decisiones y gestionan sus territorios. Y lo que marcará la diferencia en los próximos años será la capacidad de cada político para adaptarse a este cambio y **aprovechar las herramientas que la tecnología pone a su disposición**. Tanto si estás en el gobierno como en la oposición, los datos son la clave para **gobernar mejor, fiscalizar con rigor y, en última instancia, servir mejor a los ciudadanos**.

1.2.- Python, IA y otras herramientas digitales para gestionar problemas locales

Antes de adentrarnos en el uso de Python, la inteligencia artificial (IA) y otras herramientas digitales para gestionar problemas locales, me gustaría mencionar un punto importante. Hace un tiempo publiqué un libro titulado "Introducción a la Ciencia de Datos para PYMES y autónomos". Aunque estaba enfocado en pequeñas empresas y autónomos, el contenido tiene un **valor inmenso también para los políticos, asesores y equipos de gestión** que buscan mejorar su toma de decisiones. El objetivo de aquel libro era **introducir conceptos fundamentales de ciencia de datos**, tales como Python, análisis de datos y visualización, y hoy quiero mostrarte cómo todo esto también puede ser útil en la **gestión pública**.

La ciencia de datos no es exclusiva de las grandes empresas tecnológicas, sino una herramienta que cualquier político o asesor puede utilizar en su gestión diaria para hacer frente a los problemas locales. Si eres nuevo en este campo, te garantizo que **no necesitas ser un experto en programación** para empezar a aprovechar el potencial de estas herramientas. Puedes comenzar con algo tan básico como **organizar y analizar datos** para mejorar tus decisiones o incluso **automatizar tareas repetitivas**.

Ahora bien, centrémonos en cómo herramientas como **Python** y la **inteligencia artificial** pueden ser utilizadas para gestionar problemas locales. En la política local, uno de los grandes desafíos es la **eficiencia en la administración de recursos** y la **capacidad de respuesta rápida a las demandas ciudadanas**. Con la cantidad de datos que se generan diariamente, resulta complicado gestionarlos y transformarlos en acciones concretas sin las herramientas adecuadas. Aquí es donde entra Python.

Python se ha convertido en el lenguaje preferido para el análisis de datos y la inteligencia artificial, gracias a su **simplicidad y versatilidad**. Para un político, ya sea concejal, alcalde o diputado, **esta herramienta abre la puerta a una nueva forma de gestionar problemas**. Con bibliotecas como **Pandas** y **NumPy**, se pueden procesar grandes volúmenes de datos y **extraer conclusiones rápidamente**, lo que es crucial cuando se trata de gestionar servicios urbanos.

Imagina, por ejemplo, que gestionas el servicio de **recogida de basura** en una ciudad. Tradicionalmente, el servicio sigue rutas preestablecidas, pero a menudo es ineficiente. Con Python, podrías analizar los datos históricos de recogida de residuos, **identificar patrones** y ajustar las rutas para hacerlas más eficientes. Tal vez descubras que ciertos barrios generan más basura los fines de semana o que algunas zonas necesitan más contenedores durante el verano. **Optimizar estos recursos no solo mejora el servicio, sino que también reduce costes y evita acumulaciones innecesarias.**

La ventaja de Python es que no necesitas ser un experto para empezar.

Con unos pocos comandos, puedes filtrar, organizar y analizar datos de manera sencilla. Pero Python no se limita solo a analizar datos históricos. Herramientas como **Matplotlib** y **Seaborn** permiten que esos datos se visualicen de manera clara y efectiva. **¿Te imaginas poder mostrarles a tus votantes, a través de un gráfico, cómo has logrado reducir las quejas sobre el servicio de limpieza en tu ciudad gracias a decisiones basadas en datos?** No solo mejoras la eficiencia en la gestión, sino que además tienes una **herramienta poderosa de comunicación.**

En la política, **la visualización es clave.** Los datos crudos pueden ser difíciles de interpretar para muchas personas, pero un gráfico bien diseñado puede hacer que **un problema complejo sea fácil de entender.** Los ciudadanos quieren ver resultados, y las herramientas de visualización te permiten mostrar, de forma tangible, los avances que has logrado. Imagina un concejal que presenta un gráfico mostrando cómo la cantidad de **incidentes viales ha disminuido** en una intersección conflictiva tras implementar medidas correctivas basadas en un análisis de datos. **Esa es la diferencia entre promesas vagas y hechos comprobables.**

Además de la capacidad de análisis, Python también permite **automatizar tareas repetitivas,** un aspecto que muchas veces se pasa por alto, pero que puede **ahorrar mucho tiempo** en la gestión diaria. Por ejemplo, puedes **automatizar la recolección de datos** de múltiples fuentes, como redes sociales, páginas web o bases de datos municipales, lo que te permite tener un flujo constante de información sin la necesidad de realizar procesos manuales. **¿Cuántas veces has tenido que esperar días para obtener un informe actualizado de los servicios de tu localidad?** Con la automatización, los datos siempre están disponibles, y tú puedes centrarte en lo importante: **tomar decisiones rápidas y bien fundamentadas.**

La inteligencia artificial también entra en juego aquí. Si bien Python es ideal para organizar y visualizar datos, la IA te permite **predecir problemas antes de que ocurran.** Esto no es algo que solo grandes empresas tecnológicas puedan hacer. Con las herramientas adecuadas, **cualquier político local puede implementar algoritmos de IA** que analicen patrones de quejas o incidentes, y ofrezcan soluciones antes de que los problemas se agraven. Por ejemplo, mediante el uso de algoritmos de **machine learning,** es posible predecir **qué zonas de la ciudad serán más propensas a sufrir cortes de agua** o problemas de infraestructuras en el futuro. Con esta información, puedes destinar recursos de manera más eficiente, **anticipándote a las crisis** y ganando tiempo para implementar soluciones.

Otro caso práctico donde la IA resulta tremendamente útil es la **gestión del tráfico.** Con **scikit-learn,** una biblioteca de Python para machine learning, puedes analizar los patrones de tráfico de una ciudad y predecir **dónde y cuándo se producirán embotellamientos.** De esta manera, puedes **ajustar las señales de tráfico** o proponer nuevas rutas para mejorar la movilidad urbana. Para un político, poder decir que ha implementado medidas que **redujeron los atascos en horas punta** no solo mejora la vida de los ciudadanos, sino que también aumenta tu credibilidad como gestor.

Además de Python y la IA, hay otras herramientas digitales que no se pueden pasar por alto. Por ejemplo, los **chatbots** son cada vez más utilizados por gobiernos locales para **mejorar la interacción con los ciudadanos**. Estos chatbots, integrados en plataformas como **WhatsApp** o **Telegram**, pueden responder automáticamente a consultas frecuentes, como horarios de apertura de oficinas municipales o información sobre trámites. Esto **libera tiempo** a los equipos de gestión, permite una atención **más rápida** y garantiza que los ciudadanos siempre obtengan una respuesta, aunque sea fuera del horario laboral.

Otra herramienta poderosa son los dashboards interactivos. Con plataformas como **Streamlit** o **Google Data Studio**, puedes crear **paneles de control en tiempo real** que te muestren los datos más relevantes sobre tu ciudad o región: desde informes de tráfico hasta el estado de los servicios públicos o el consumo energético. Estos dashboards no solo te permiten tener **una visión clara y actualizada de la situación**, sino que además facilitan que los **equipos políticos trabajen de manera coordinada** y tomen decisiones basadas en hechos y no en suposiciones.

Por último, no podemos olvidar la importancia de las **herramientas de geolocalización**. Con **GIS (Sistemas de Información Geográfica)**, puedes ver en un mapa dónde están ocurriendo los problemas más urgentes en tu ciudad. Imagina que eres el encargado de gestionar las infraestructuras de una provincia. Con GIS y Python, puedes **superponer datos de incidencias** en tiempo real, lo que te permite identificar **qué zonas necesitan intervención inmediata**. Este tipo de herramientas son esenciales para planificar la **mejora de carreteras**, la **instalación de infraestructuras básicas** o incluso para **optimizar los servicios de emergencias**.

En resumen, **Python, la IA y otras herramientas digitales** son indispensables para mejorar la gestión de problemas locales. No solo te permiten organizar y visualizar datos, sino que también te brindan la capacidad de **anticiparte a los problemas** y **automatizar procesos** que antes consumían horas de trabajo. **Las ventajas son claras**: una gestión más eficiente, mejores decisiones y, lo más importante, **mejores resultados para los ciudadanos**. La política local no tiene por qué ser lenta o burocrática. Con las herramientas digitales adecuadas, puedes **transformar tu gestión**, y los resultados se verán reflejados tanto en la mejora de los servicios como en la confianza que depositan en ti los ciudadanos.

1.3.- ¿Qué es Python? ¿Qué es Visual Studio Code? ¿Qué es Pandas, NumPy y otras librerías que vamos a ir viendo en este libro?

No quiero que nadie se asuste o se sienta abrumado al leer los términos que estamos por introducir en esta sección. Al contrario, el objetivo aquí es **hacer accesible el uso de herramientas digitales** para la gestión pública. Sé que términos como Python, Visual Studio Code, Pandas o NumPy pueden sonar técnicos, pero no se trata de que te conviertas en un programador de la noche a la mañana. Sin embargo, **es importante entender qué son estas herramientas y cómo pueden ayudarte** en tu labor como político, asesor o gestor público.

Vamos a entrar un poco más en **detalle técnico**, pero te aseguro que no necesitas un conocimiento profundo en programación para empezar a ver resultados. La idea es que, al entender lo básico de cada una de estas tecnologías, puedas aplicarlas de manera práctica en tu día a día. Y, al final de este capítulo, te recordaré recursos adicionales, incluyendo mi libro anterior, para que puedas profundizar si así lo deseas.

- **¿Qué es Python?**

Python es un lenguaje de programación que se ha convertido en uno de los más utilizados en el mundo, no solo en la industria tecnológica, sino también en áreas como la **ciencia de datos**, **automatización de procesos** e incluso en el ámbito de la **gestión pública**. A diferencia de otros lenguajes más complejos, como Java o C++, **Python es conocido por su sencillez y legibilidad**. Esto significa que el código escrito en Python se parece mucho a frases en lenguaje natural, lo que lo hace más fácil de entender, incluso para personas que nunca han programado antes.

Una de las razones por las que Python es tan popular es la **cantidad de bibliotecas** que tiene disponibles. Las bibliotecas son **conjuntos de funciones y herramientas predefinidas** que otros programadores han creado para facilitar el desarrollo de programas. Por ejemplo, si necesitas **trabajar con datos** en Python, no tienes que escribir todo desde cero. Puedes usar bibliotecas como **Pandas** o **NumPy** para manipular datos de manera rápida y eficiente.

En términos más técnicos, **Python es un lenguaje interpretado**. Esto significa que no necesitas compilar el código antes de ejecutarlo. Puedes escribir un bloque de código, ejecutarlo y obtener resultados de inmediato. Esta característica es especialmente útil cuando estás trabajando con análisis de datos o quieres probar diferentes enfoques rápidamente. Además, Python es un **lenguaje de propósito general**, lo que significa que no está limitado a un solo tipo de tareas. Puedes usarlo para analizar datos, crear gráficos, automatizar procesos, desarrollar aplicaciones web y mucho más.

Para poner un ejemplo práctico de su uso, imagina que eres responsable de gestionar los **servicios públicos** de una ciudad y necesitas analizar el patrón de quejas ciudadanas. En lugar de hacerlo manualmente, podrías usar Python para **procesar esos datos de forma automática**. Con solo unas líneas de código, podrías analizar cuántas quejas se han recibido en un periodo de tiempo, de qué zonas provienen y sobre qué temas específicos. **Python te permite hacer todo esto de manera eficiente y sin esfuerzo**, proporcionando resultados rápidos y visualizaciones claras.

- **¿Qué es Visual Studio Code?**

Para trabajar con Python, necesitas un **entorno de desarrollo** donde puedas escribir y ejecutar tu código. Aquí es donde entra en juego **Visual Studio Code** (o **VS Code**). VS Code es un **editor de código fuente** desarrollado por Microsoft, y aunque soporta muchos lenguajes de programación, es especialmente popular entre los desarrolladores de Python por su **versatilidad y facilidad de uso**.

Desde un punto de vista técnico, **VS Code es un editor liviano** que puede ser extendido con **extensiones**. Estas extensiones son paquetes que puedes instalar para añadir funcionalidades adicionales. Por ejemplo, existe una extensión específica para **Python** que facilita la **depuración**, el **autocompletado** de código y la **gestión de entornos virtuales**, entre otras cosas. La interfaz de VS Code es **intuitiva** y está diseñada para que puedas **escribir, probar y depurar tu código** en el mismo lugar.

Una de las características más potentes de VS Code es su **integración con Git**, una herramienta para el **control de versiones**. Si estás trabajando en equipo, Git te permite **guardar y rastrear los cambios en tu código**, lo que facilita la colaboración entre varios miembros del equipo. Esto puede ser útil si, por ejemplo, varios asesores o equipos de gestión pública están trabajando en **el mismo proyecto de análisis de datos**. Además, VS Code incluye un terminal integrado donde puedes **ejecutar comandos** directamente, sin necesidad de cambiar de ventana, lo que mejora mucho la productividad.

Si nunca has utilizado un editor de código antes, no te preocupes. **VS Code es muy accesible**, y hay una gran cantidad de tutoriales en línea que te enseñarán a usarlo paso a paso. En este libro, lo utilizaremos principalmente para **escribir y ejecutar scripts en Python**. Con unos pocos ajustes iniciales, estarás listo para empezar a programar y **ver resultados inmediatos**.

- **¿Qué es Pandas?**

Una vez que empieces a trabajar con datos en Python, **Pandas** será probablemente la primera biblioteca que utilices. **Pandas** es una biblioteca diseñada específicamente para el **análisis y manipulación de datos estructurados**. Su punto fuerte es la capacidad de trabajar con **DataFrames**, que son estructuras de datos tabulares, muy parecidas a las hojas de cálculo de

Excel, pero con mucho más poder y flexibilidad.

Técnicamente, **Pandas te permite cargar datos de diferentes formatos** (como archivos CSV, Excel o bases de datos) y luego **filtrar, ordenar y realizar cálculos** sobre esos datos de manera muy eficiente. Por ejemplo, si estás gestionando un conjunto de datos que contiene todas las **quejas ciudadanas** recibidas en los últimos meses, Pandas te permite realizar operaciones como:

Filtrar las quejas por fecha, tipo o ubicación.
Calcular cuántas quejas se han recibido por cada tipo de problema.
Agrupar los datos para **identificar patrones o tendencias**.

Pandas es especialmente útil para **limpiar datos desordenados**. Muchas veces, los datos que obtienes del mundo real no están en el formato adecuado para ser analizados. Tal vez tienen valores faltantes, están duplicados o contienen errores. **Pandas ofrece una gran variedad de funciones** para limpiar y preparar esos datos antes de analizarlos. Además, Pandas se integra muy bien con otras bibliotecas, como **Matplotlib** para la visualización de datos y **NumPy** para el cálculo numérico, lo que lo convierte en una herramienta indispensable para cualquier tipo de análisis.

En este libro, utilizaremos Pandas para analizar datos relacionados con la **gestión pública**: estadísticas de tráfico, informes de consumo energético, datos de población, entre otros. Si alguna vez has trabajado con hojas de cálculo, te sentirás cómodo con Pandas, ya que la lógica de manipulación de datos es muy similar, pero con la ventaja de que puedes manejar volúmenes de información mucho mayores.

- **¿Qué es NumPy?**

NumPy es otra de las bibliotecas clave cuando trabajas con datos en Python, especialmente cuando necesitas realizar **cálculos numéricos avanzados**. Mientras que Pandas se enfoca en datos estructurados (tablas), NumPy está diseñado para trabajar con **matrices multidimensionales**, lo que lo hace ideal para **operaciones matemáticas a gran escala**.

Técnicamente, NumPy es muy eficiente porque sus operaciones están **implementadas en lenguajes de bajo nivel como C**, lo que significa que puede manejar grandes volúmenes de datos y realizar cálculos de manera muy rápida. Si alguna vez necesitas hacer **cálculos matemáticos complejos** o trabajar con **grandes cantidades de datos numéricos**, NumPy es la herramienta que debes usar. Además, muchas otras bibliotecas de Python, como **scikit-learn** para machine learning o **TensorFlow** para redes neuronales, utilizan NumPy como base para sus operaciones.

En términos más prácticos, NumPy es útil cuando necesitas hacer **cálculos rápidos y precisos** sobre grandes conjuntos de datos. Imagina que estás gestionando un **presupuesto público** y necesitas calcular **diferentes escenarios** sobre cómo repartir los fondos. Con NumPy, puedes realizar esos cálculos de manera inmediata, simulando diferentes distribuciones y comparando los resultados en cuestión de segundos. También es útil para **trabajar con datos financieros**, indicadores económicos o cualquier otro tipo de información que requiera **cálculos repetitivos** y precisos.

- **¿Qué es Matplotlib y Seaborn?**

Matplotlib es la biblioteca principal para la **visualización de datos** en Python. Es lo que utilizamos cuando queremos crear **gráficos, diagramas y visualizaciones** que nos ayuden a entender los datos de manera visual. Una de las grandes ventajas de Matplotlib es su **flexibilidad**: puedes personalizar prácticamente cualquier aspecto del gráfico, desde el tipo de gráfico hasta los colores, las etiquetas y las leyendas. **Seaborn** es una extensión de Matplotlib que **simplifica la creación de gráficos estadísticos** más avanzados.

Tanto Matplotlib como Seaborn son fundamentales cuando necesitas **presentar tus datos de manera clara**. No solo te permiten ver los datos con mayor claridad, sino que también te ayudan a **comunicar esos resultados** a otras personas. Imagina que tienes un informe de consumo energético de tu ciudad y quieres mostrarle al equipo de gestión **cómo han evolucionado los niveles de consumo** en los últimos años. Un gráfico claro y bien diseñado puede hacer que esa información sea más **comprensible** y **fácil de interpretar** que una tabla llena de números.

- **¿Qué es scikit-learn?**

Scikit-learn es una de las bibliotecas más potentes y populares para **machine learning** en Python. Su simplicidad y flexibilidad la han convertido en una de las favoritas tanto para principiantes como para expertos. ¿Qué es lo que hace exactamente scikit-learn? Te permite construir **modelos predictivos** basados en datos históricos y te ayuda a hacer **predicciones** sobre futuros eventos o tendencias. Aunque el término **machine learning** puede sonar complejo, lo cierto es que muchas de las técnicas que ofrece scikit-learn son bastante accesibles.

Por ejemplo, uno de los algoritmos más comunes en **machine learning** es el **regresor lineal**. Este modelo te permite **predecir un valor numérico** basado en datos anteriores. Si eres responsable de un área de gestión pública, podrías usar un regresor lineal para predecir cómo **evolucionará el presupuesto de una ciudad** según diferentes variables: crecimiento de la población, recaudación de impuestos, entre otros. La idea es que, mediante un modelo como este, puedas **anticiparte a problemas futuros** y tomar medidas antes de que se conviertan en crisis.

Otro ejemplo es el uso de algoritmos de **clasificación**, que te permiten **asignar etiquetas** a diferentes datos. Si tienes un conjunto de datos con miles de **quejas ciudadanas**, podrías utilizar un algoritmo de clasificación para **categorizar automáticamente** esas quejas según su tipo (por ejemplo: seguridad, alumbrado público, transporte). Así, te ahorras la tarea manual de clasificación y puedes **gestionar de manera más eficiente los problemas** que requieren intervención inmediata.

Además, scikit-learn incluye algoritmos más avanzados, como los **árboles de decisión** o los **bosques aleatorios**, que te permiten tomar decisiones basadas en una serie de reglas y condiciones. Un **árbol de decisión** es útil cuando necesitas tomar decisiones complejas con múltiples factores a considerar. En el contexto de la **gestión pública**, podrías usarlo para determinar **dónde invertir los recursos** en función de varios criterios: número de quejas, presupuesto disponible, impacto social, etc.

La integración de scikit-learn con Python y Pandas es muy fluida, lo que facilita la preparación de los datos, la creación de modelos y la visualización de los resultados. Aunque puede parecer intimidante al principio, la biblioteca está diseñada para que **cualquiera pueda comenzar a usar machine learning** sin necesidad de tener un doctorado en inteligencia artificial. Lo importante es que te permite obtener **predicciones** y **resultados prácticos** a partir de tus datos.

- **¿Qué es Streamlit?**

Streamlit es una de las herramientas más útiles para los políticos y gestores públicos que quieren **compartir visualizaciones interactivas** y **aplicaciones basadas en datos** sin necesidad de aprender desarrollo web. Con Streamlit, puedes convertir cualquier análisis de datos en Python en una **aplicación web interactiva** en cuestión de minutos.

Desde un punto de vista técnico, Streamlit es una herramienta que te permite **construir interfaces visuales** que tus colegas o ciudadanos pueden usar para interactuar con los datos que estás gestionando. Lo mejor de todo es que **no necesitas ser un desarrollador web** para usarlo. **Se integra directamente con Python** y las bibliotecas que ya has aprendido a usar, como Pandas, NumPy, Matplotlib y scikit-learn. Esto significa que puedes convertir tus análisis en aplicaciones **totalmente interactivas** con unas pocas líneas de código.

Imagina que has hecho un análisis de los **niveles de contaminación** en diferentes barrios de tu ciudad y quieres compartir esos resultados con otros políticos o ciudadanos. En lugar de enviarles un documento estático, podrías usar Streamlit para crear una aplicación web donde ellos mismos puedan **explorar los datos**: elegir qué barrio quieren analizar, ver la evolución de la contaminación a lo largo del tiempo, comparar con otros barrios, etc. **Esto no solo mejora la transparencia**, sino que también facilita que otros puedan **entender y visualizar mejor los problemas locales**.

Otra ventaja de Streamlit es que permite crear **dashboards interactivos** en tiempo real. Esto significa que, por ejemplo, podrías crear un panel de control que muestre **las quejas ciudadanas** en tiempo real, visualizando los datos en un mapa interactivo y permitiendo que el equipo de gestión pública **priorice las respuestas** según la urgencia o el número de quejas recibidas en cada área.

- **¿Qué es TensorFlow?**

Aunque en este libro no profundizaremos en las redes neuronales y el **deep learning**, no puedo dejar de mencionar **TensorFlow**, otra de las herramientas más potentes en el ecosistema de Python para la inteligencia artificial. TensorFlow, desarrollado por Google, es una **biblioteca de código abierto** que permite construir y entrenar **redes neuronales profundas**, utilizadas en aplicaciones más complejas de machine learning.

Desde un punto de vista técnico, **TensorFlow está diseñado para trabajos más avanzados** en inteligencia artificial, como el reconocimiento de imágenes, el procesamiento del lenguaje natural o el análisis predictivo en grandes volúmenes de datos. **Las redes neuronales** permiten a los sistemas aprender de los datos de una manera muy parecida a cómo lo hace el cerebro humano. Por ejemplo, si tienes una cantidad enorme de datos sobre la **gestión de infraestructuras** de tu ciudad, podrías usar una red neuronal para detectar **patrones ocultos** que te ayudarían a **optimizar el mantenimiento** de esas infraestructuras de manera más eficiente.

Aunque TensorFlow es más complejo que scikit-learn y otras bibliotecas que hemos visto, es importante mencionar que está ahí para cuando quieras dar el siguiente paso en el uso de inteligencia artificial. En este libro, nos centraremos más en herramientas accesibles y prácticas, pero si alguna vez decides profundizar en **deep learning**, TensorFlow es la biblioteca por excelencia.

- **Otras herramientas y bibliotecas**

Además de las herramientas principales que hemos visto, existen otras bibliotecas en Python que pueden ser útiles dependiendo del tipo de análisis que quieras realizar. Aquí te menciono algunas:

  - **SciPy**: Si necesitas realizar cálculos científicos o matemáticos avanzados, **SciPy** es la biblioteca adecuada. Está construida sobre NumPy y ofrece funciones para álgebra lineal, optimización, integrales y otras operaciones numéricas complejas. Por ejemplo, podrías utilizar SciPy para analizar **modelos financieros** o para resolver problemas de optimización en la gestión del presupuesto público.
  - **Plotly**: Si bien ya hemos hablado de Matplotlib y Seaborn para la creación de gráficos, **Plotly** es una excelente alternativa si quieres crear **gráficos interactivos**. A diferencia de Matplotlib, que genera gráficos estáticos, Plotly te permite **interactuar con los gráficos**, lo que es muy útil cuando quieres explorar los datos en profundidad o permitir que otros lo hagan.
  - **Flask y Django**: Si alguna vez decides **crear aplicaciones web más complejas**, **Flask** y **Django** son dos de las bibliotecas más utilizadas para desarrollar aplicaciones en Python. Aunque Streamlit es más

sencillo y está orientado a crear dashboards rápidos, Flask y Django te permiten construir aplicaciones web completas con **bases de datos, autenticación de usuarios** y mucho más. Esto es útil si en algún momento deseas desarrollar una **plataforma web personalizada** para la gestión pública.

- **QGIS y geopandas**: Si trabajas con **datos geoespaciales**, como mapas o ubicaciones, herramientas como **QGIS** y la biblioteca **geopandas** son fundamentales. Estas herramientas te permiten **visualizar datos geográficos en un mapa** y hacer análisis basados en la ubicación. Esto es especialmente útil en la gestión pública, cuando necesitas tomar decisiones basadas en **la distribución geográfica de los problemas** u **optimizar recursos** según la ubicación.

Para finalizar esta sección más técnica, quiero reiterar que **no es necesario que domines todas estas herramientas al detalle** para empezar a usarlas en tu día a día. Lo más importante es que **entiendas qué son y cómo pueden ayudarte** a mejorar la gestión pública mediante el análisis de datos, la visualización y la inteligencia artificial. A medida que avances en el uso de Python, Pandas, scikit-learn y otras bibliotecas, verás que los resultados empiezan a aparecer rápidamente.

Y si en algún momento te sientes abrumado por la cantidad de conceptos, te invito a consultar mi libro anterior, "Introducción a la Ciencia de Datos para PYMES y autónomos". Aunque está enfocado en pequeñas empresas, te será útil para **familiarizarte con Python** y las bibliotecas básicas de análisis de datos. Además, existen innumerables **recursos gratuitos** en línea, como cursos, vídeos y tutoriales, que te pueden guiar en este proceso. **Lo más importante es empezar**, y verás que con cada paso que des, estas herramientas tecnológicas se convertirán en **aliados clave** en tu gestión pública.

1.4.- Recopilación y uso de datos para la toma de decisiones en la gestión pública

El uso de **datos** se ha convertido en una herramienta esencial para la toma de decisiones en la política actual. Cuando los datos son bien gestionados y correctamente aplicados, permiten a los políticos y a sus equipos **detectar patrones, anticipar problemas y optimizar recursos** con el objetivo final de mejorar la calidad de vida de los ciudadanos. No se trata solo de acumular información, sino de saber **recopilar los datos relevantes, analizarlos adecuadamente** y aplicarlos de forma estratégica en la **gestión pública**.

Para cualquier político, tanto en gobierno como en la oposición, o ya sea a nivel local, autonómico o nacional, los datos ofrecen una forma objetiva de entender lo que sucede en su entorno. La **toma de decisiones basada en datos** no solo permite reaccionar con mayor rapidez y eficacia ante los problemas, sino también ser proactivo, identificando áreas que necesitan atención **antes** de que los problemas se conviertan en crisis.

Uno de los principales retos para los políticos de todos los niveles es la cantidad de información que manejan a diario. Los datos provienen de **múltiples fuentes**: encuestas ciudadanas, estadísticas de tráfico, informes sobre consumo de recursos, quejas en redes sociales o mensajes en aplicaciones de mensajería. Con la llegada de nuevas tecnologías, la **recopilación de datos** se ha automatizado, facilitando un proceso que antes era manual y tedioso.

El primer paso en la gestión de datos es **definir claramente los objetivos**. Un concejal, por ejemplo, puede necesitar datos sobre infraestructuras en su municipio, mientras que un diputado autonómico podría centrarse en servicios de salud o educación, y un senador podría requerir información más global sobre seguridad nacional o políticas fiscales. La clave está en recopilar los datos que realmente aporten valor a cada área de gestión.

Las principales fuentes de datos en la gestión pública incluyen:
1. **Encuestas y consultas ciudadanas**: Estas son esenciales para medir la opinión pública sobre temas clave. Gracias a la tecnología, es posible enviar y analizar miles de respuestas en poco tiempo, lo que resulta fundamental para comprender las inquietudes ciudadanas sobre servicios públicos, seguridad o infraestructuras.
2. **Sistemas de gestión municipales**: Los organismos locales generan una enorme cantidad de datos administrativos sobre consumo de agua, residuos, índices de criminalidad o tráfico. Estos datos, gestionados adecuadamente, ofrecen una base sólida para tomar decisiones precisas en el día a día.
3. **Redes sociales y plataformas de comunicación**: Hoy en día, las redes sociales son un canal crucial para conocer las preocupaciones ciudadanas en tiempo real. La inteligencia artificial permite **analizar**

grandes volúmenes de datos de estas plataformas, identificando tendencias que de otro modo pasarían desapercibidas.
4. **Datos abiertos (open data)**: Muchos gobiernos publican datasets accesibles al público que incluyen información sobre el gasto en infraestructuras, políticas de salud y más. Estos datos ofrecen una visión detallada que permite a los políticos comparar su gestión con la de otros gobiernos y optimizar sus políticas.
5. **Sensores e Internet de las Cosas (IoT)**: En muchas ciudades, sensores monitorizan el tráfico, la calidad del aire o el consumo energético en tiempo real. Para un político que gestiona servicios como el transporte público o la energía, estos datos son vitales para ajustar recursos de forma inmediata y mejorar la calidad del servicio.

Una vez que los datos se han recopilado, el siguiente paso es su **análisis**. Aquí es donde herramientas como **Python**, con bibliotecas como **Pandas, NumPy** y **scikit-learn**, juegan un papel clave. Python permite procesar grandes volúmenes de datos de forma eficiente, filtrando lo relevante y desechando lo que no aporta valor. Por ejemplo, un alcalde puede usar Python para analizar datos de tráfico y detectar las zonas con más accidentes en horas punta, generando informes actualizados diariamente o cada hora.

Además del **análisis descriptivo**, la **inteligencia artificial** permite utilizar estos datos para **predecir** futuros comportamientos. Los algoritmos predictivos, entrenados con datos históricos, pueden anticipar problemas. Por ejemplo, un concejal podría prever **aumentos en la delincuencia** en ciertas zonas de la ciudad basándose en datos de los últimos años. Esto permite tomar decisiones proactivas, como aumentar la presencia policial o instalar cámaras de seguridad antes de que los problemas se agraven.

La IA también es útil para gestionar mejor los **recursos públicos**. Un gobierno autonómico que necesita distribuir el presupuesto entre hospitales puede usar algoritmos de IA para analizar datos demográficos, enfermedades comunes y presión hospitalaria, asegurando que los recursos se asignen de manera óptima, eliminando la subjetividad de los modelos más tradicionales.

Una de las mayores ventajas del uso de datos en la política es la capacidad de crear **paneles de control interactivos** (dashboards) que permiten ver toda la información relevante de un vistazo. Herramientas como **Tableau, Power BI** o **Streamlit**, integradas con Python, permiten visualizar datos en tiempo real y tomar decisiones informadas en cuestión de minutos. Estos paneles son especialmente útiles para la coordinación entre equipos, ya que ofrecen una visión clara de las áreas con más quejas ciudadanas, las zonas que requieren más recursos o las políticas que están funcionando mejor.

Los datos también juegan un papel crucial en la **evaluación de políticas públicas**. Después de implementar una medida, es fundamental medir su impacto. Por ejemplo, un alcalde que introduce un proyecto de transporte sostenible puede usar datos sobre el uso de bicicletas compartidas o vehículos eléctricos para determinar si la política ha sido exitosa o si requiere ajustes.

Este análisis ayuda a mejorar la **eficiencia de las políticas** y es una poderosa herramienta de rendición de cuentas ante los ciudadanos, demostrando que las decisiones están basadas en datos y que los recursos públicos se usan de forma eficaz.

Otro recurso valioso es el **análisis geoespacial**, que permite a los políticos visualizar los problemas en un mapa. Con herramientas como **GIS** o integraciones con Python, se pueden crear mapas interactivos que muestren problemas de vivienda, infraestructuras deterioradas o áreas con más necesidades sociales. Esta información es esencial para tomar decisiones localizadas, ajustadas a las características de cada región.

Recopilar y utilizar datos en la gestión pública permite no solo mejorar la capacidad de reacción ante los problemas, sino también planificar de manera más inteligente, optimizando recursos y adelantándose a posibles complicaciones, siempre en beneficio de los ciudadanos.

1.5.- Uso de la IA para predecir problemas y necesidades ciudadanas

La **inteligencia artificial (IA)** ya no es una herramienta exclusiva de grandes empresas tecnológicas o del ámbito académico. Hoy en día, es una aliada clave en la política, especialmente para aquellos que buscan **anticiparse a los problemas y actuar de manera proactiva**. Para los políticos, ya sea desde el gobierno o la oposición, **la IA permite gestionar mejor los recursos, prever necesidades futuras y ofrecer soluciones antes de que los problemas se agraven**. Este enfoque proactivo no solo mejora la calidad de vida de los ciudadanos, sino que también posiciona a los políticos como líderes visionarios que se adelantan a las crisis.

En este sentido, la pregunta es **¿por qué aún no estás usando la IA en tu día a día como político?** La cantidad de datos que generan los ciudadanos de forma constante, a través de **encuestas, redes sociales, sensores urbanos y registros históricos**, es vastísima. Al analizarlos, los **algoritmos de IA pueden detectar patrones**, identificar problemas emergentes y prever necesidades futuras con gran precisión. Tanto si formas parte del gobierno como si eres un político de la oposición, anticiparse a las demandas ciudadanas puede marcar la diferencia entre una política **reactiva y una proactiva**.

Imagina, por ejemplo, que eres un **concejal de la oposición** en una ciudad que celebra un gran festival anual. Este evento atrae a miles de turistas y tiene un impacto directo en la **movilidad urbana, el alojamiento y los servicios públicos**. Tradicionalmente, el gobierno local ha gestionado estos eventos con estimaciones basadas en los datos del año anterior, lo que muchas veces deja a la ciudad desbordada. Como político en la oposición, tienes una oportunidad única: con la ayuda de la IA, podrías anticipar con mayor precisión **cuántos turistas llegarán, en qué días se producirá el mayor flujo de personas y qué áreas requerirán más atención** en términos de transporte público o servicios de limpieza.

Con un **modelo predictivo de IA**, puedes analizar no solo los datos históricos de turistas, sino también variables como el clima, la promoción del evento en redes sociales, o incluso el impacto de eventos similares en otras ciudades. **La IA puede cruzar estos datos y prever picos de demanda en transporte y alojamiento**, ayudándote a proponer medidas concretas al gobierno antes de que la ciudad se vea saturada. Tal vez sugieras **reforzar el transporte público** en días específicos, **aumentar el personal de limpieza** en ciertas áreas o coordinar con hoteles locales para garantizar que haya suficientes habitaciones disponibles para los turistas. Esta estrategia no solo te permite **fiscalizar al gobierno** si no actúa a tiempo, sino que también te posiciona como alguien que **ofrece soluciones proactivas** basadas en hechos.

Ahora bien, si estás en el **gobierno**, la IA te da la ventaja de **gestionar mejor el evento y evitar que los problemas lleguen a los medios**. Podrías implementar un sistema que utilice IA para **prever los movimientos de las personas dentro de la ciudad**, anticipando qué estaciones de transporte o áreas de la ciudad estarán más concurridas en función de datos históricos y de redes sociales. Este tipo de análisis permite distribuir mejor los recursos, como el personal de seguridad, los equipos de limpieza y los servicios de emergencia, para **evitar el caos antes de que ocurra**. Así, el evento transcurre sin contratiempos, y tú puedes **presentar datos concretos de éxito** a los ciudadanos y los medios de comunicación.

Un uso aún más avanzado de la IA en la política lo encontramos en la **gestión forestal**. Imagina que eres un **diputado autonómico** que debe gestionar los **bosques de tu región**. Durante los meses de verano, los incendios forestales son un riesgo real que pone en peligro a las comunidades y la biodiversidad. A lo largo de los años, has visto cómo cada vez más incendios arrasan áreas más grandes, y las **medidas reactivas** que se toman para apagar los fuegos no son suficientes. Aquí es donde entra la **IA para la predicción de incendios**.

Con un modelo de IA, podrías analizar datos históricos sobre incendios, combinados con factores como **las temperaturas actuales, la humedad del suelo, la cantidad de materia orgánica acumulada en los bosques y la dirección del viento**. Estos modelos pueden **predecir con exactitud cuándo y dónde es más probable que se inicie un incendio**, permitiéndote actuar antes de que se desate. Podrías, por ejemplo, **enviar equipos de prevención** a las áreas de mayor riesgo antes de que ocurra el incendio, o **coordinar evacuaciones preventivas** en las comunidades cercanas.

Como político en la oposición, también podrías utilizar estos datos para **criticar la gestión del gobierno** en caso de que no esté actuando de manera proactiva. Si el gobierno no invierte lo suficiente en **infraestructura de prevención de incendios**, podrías utilizar el análisis de IA para **demostrar con datos concretos** que se están tomando decisiones ineficientes y proponer una mejor distribución de los recursos. **No se trata solo de criticar**, sino de **ofrecer soluciones realistas** basadas en hechos y análisis predictivos.

Otro sector clave donde la IA puede marcar la diferencia es el **sector turístico**, que es vital para muchas ciudades y regiones. Imagina que eres responsable de la política turística en una ciudad costera que recibe cientos de miles de turistas cada verano. **¿Cómo puedes prever cuántos turistas llegarán exactamente este año?** Y, lo más importante, **¿cómo puedes planificar los recursos para evitar problemas de saturación?**

Con un modelo de IA, puedes analizar factores como las **reservas de hoteles, el clima, los eventos en la ciudad, las tendencias de búsquedas en Internet sobre la ciudad, e incluso los comentarios en redes sociales**.

Esto te permitirá prever no solo cuántos turistas llegarán, sino también **cuándo y de qué países o ciudades** provienen. Esta información es crucial para **planificar la logística**: puedes **reforzar el personal de atención al cliente, aumentar la frecuencia de autobuses turísticos**, o incluso coordinar con los restaurantes locales para garantizar que puedan gestionar el aumento de clientes.

Pero este modelo no solo es útil para el turismo en sí. Imagina que, como político en la oposición, detectas que la industria hotelera de la ciudad no está siendo lo suficientemente competitiva. Analizando datos del sector, podrías prever que, si la situación continúa igual, **muchos turistas elegirán destinos alternativos** en los próximos años. Con la IA, podrías identificar cuáles son los factores que están afectando a la industria y **proponer políticas que mejoren la competitividad**: desde **reducciones fiscales temporales** hasta **programas de formación para el personal**. De esta manera, estarías utilizando datos para anticiparte a un problema futuro y proponiendo medidas para solucionarlo antes de que la economía turística de la ciudad se vea afectada.

Otro aspecto crucial donde la IA puede ayudar es en el **ámbito de la vivienda**. En muchas ciudades, especialmente las grandes capitales o zonas turísticas, el **acceso a la vivienda** se está convirtiendo en uno de los principales problemas sociales. Como **político en el gobierno**, necesitas adelantarte a esta crisis para evitar tensiones sociales. Con la IA, puedes **analizar datos demográficos, precios de la vivienda, proyecciones de crecimiento poblacional y tendencias económicas** para prever **en qué zonas de la ciudad** será necesario construir más viviendas o aplicar medidas de regulación en los alquileres.

Un modelo de IA podría decirte, por ejemplo, que dentro de cinco años la demanda de viviendas en un determinado barrio aumentará un 30%, debido a la construcción de nuevas infraestructuras o la llegada de grandes empresas. Con esta información, podrías comenzar a **planificar la construcción de nuevas viviendas o aplicar políticas de alquiler asequible** antes de que la situación se vuelva crítica. Si estás en la oposición, podrías utilizar esos mismos datos para **criticar la inacción del gobierno** y proponer políticas que **resuelvan el problema antes de que se agrave**.

En la **gestión industrial**, la IA también puede jugar un papel fundamental. Si tu ciudad o región está tratando de atraer nuevas industrias, podrías usar la IA para **analizar las perspectivas de crecimiento de diferentes sectores y anticipar cuáles serán las demandas de mano de obra especializada** en los próximos años. Si los datos indican que un sector en particular, como la **industria tecnológica**, va a experimentar un crecimiento significativo, podrías proponer medidas como la **formación de trabajadores locales** en esas habilidades, o incluso **incentivos fiscales** para atraer a empresas tecnológicas.

Como político en la oposición, si detectas que el gobierno no está haciendo lo suficiente para preparar a la ciudad para este crecimiento industrial, podrías **anticiparte a la tendencia** y proponer políticas que no solo atraigan nuevas industrias, sino que también aseguren que la ciudad esté preparada para **aprovechar las oportunidades económicas** que se avecinan. Un ejemplo de esto podría ser **ofrecer programas de formación subvencionados** para jóvenes en áreas tecnológicas, asegurando que haya **mano de obra cualificada** disponible cuando las empresas lleguen.

Por último, hablemos de la **cultura**. En muchas ciudades, la cultura es un **motor económico** fundamental, pero ¿cómo puedes anticiparte a las necesidades culturales de una población? Imagina que formas parte del equipo de gestión cultural de una ciudad que organiza varios festivales al año. Con la IA, podrías analizar datos sobre **preferencias culturales**, basados en encuestas, comentarios en redes sociales y datos de asistencia a eventos pasados. Esto te permitiría **prever qué tipo de espectáculos o eventos tendrán mayor demanda en el futuro**, ajustando la programación cultural de la ciudad para **maximizar la asistencia y el impacto económico**.

2.- ESCUCHAR A LOS CIUDADANOS: CÓMO USAR DATOS Y IA PARA GESTIONAR MEJOR LOS PROBLEMAS LOCALES

2.1.- La importancia de escuchar a los ciudadanos

El **contacto directo con los ciudadanos** siempre ha sido una de las bases fundamentales de la política. Escuchar a quienes confían en sus representantes a través de su voto no solo es una obligación ética, sino también una herramienta estratégica. Es a través de este contacto que los políticos pueden obtener información de primera mano sobre los problemas que afectan a las comunidades y, con ello, construir una **gestión más cercana y efectiva**. Sin embargo, en la actualidad, aunque las herramientas tecnológicas han facilitado la comunicación entre los ciudadanos y los políticos, este proceso no siempre resulta tan beneficioso como debería ser.

Con el auge de las **redes sociales** y otras plataformas digitales, la política se ha vuelto más accesible y directa. Los ciudadanos, ahora más que nunca, tienen la posibilidad de **comunicarse en tiempo real** con sus representantes, expresar sus opiniones y trasladar sus inquietudes con rapidez. Este fenómeno ha acercado la política a las personas de una manera nunca antes vista, rompiendo las barreras que históricamente existían entre los políticos y los ciudadanos. Sin embargo, esta apertura también ha traído consigo un **nuevo desafío**: la **gestión de la sobrecarga de información**.

Muchos políticos, aunque bien intencionados, se enfrentan a una **avalancha de peticiones, quejas y sugerencias** por parte de los ciudadanos. Las redes sociales, por ejemplo, pueden convertirse en **canales desbordantes de solicitudes**, desde demandas simples hasta reclamos más complejos. Es fácil imaginar cómo, ante esta situación, los políticos y sus equipos pueden verse **superados**. Las demandas son tantas y tan diversas que, en lugar de acercar al político a sus ciudadanos, el resultado suele ser el contrario: **se alejan** y **optan por no responder** o, peor aún, **contestar de forma automática y sin prestar atención**. Esto genera una **pérdida de confianza** en los ciudadanos, quienes empiezan a sentir que sus voces no son escuchadas, y que las promesas de cercanía realizadas durante las campañas se desvanecen una vez que los políticos alcanzan el poder.

Esta situación es preocupante porque afecta directamente a la **percepción pública** de los políticos y a la **confianza en las instituciones**. Cuando los ciudadanos sienten que sus quejas o sugerencias no son atendidas o ni siquiera reconocidas, es natural que se distancien de la política y se genere un **clima de descontento**. Pero ¿cómo puede un político, ya sea en el gobierno o en la oposición, gestionar de manera eficaz este **flujo constante de comunicación** sin perder el contacto directo con los ciudadanos?

Aquí es donde la **ciencia de datos** y la **inteligencia artificial (IA)** entran en juego como **grandes aliados**. Estas herramientas tecnológicas ofrecen soluciones prácticas y eficientes para enfrentar este **desafío contemporáneo**. En lugar de seguir lidiando con la sobrecarga de información de manera manual o ineficiente, los políticos pueden valerse de **algoritmos y sistemas automatizados** para **organizar, filtrar y priorizar** las demandas ciudadanas, garantizando que las cuestiones más importantes sean tratadas con la urgencia que merecen y que ninguna queja quede olvidada en el proceso.

- **El valor del contacto directo y su complemento tecnológico**
  Es importante destacar que el **contacto directo** con los ciudadanos sigue siendo una **pieza clave** en la política moderna. Escuchar de forma directa a las personas, organizar reuniones presenciales, hacer visitas a los barrios y participar en **foros públicos** sigue siendo una de las formas más efectivas de **ganar la confianza** de los ciudadanos. Este tipo de interacción no solo permite entender de primera mano los problemas y las necesidades locales, sino que también transmite un mensaje claro: el político está presente, comprometido y dispuesto a actuar. Estos momentos de **interacción personal** son insustituibles en términos de generar cercanía, empatía y reforzar los lazos con la comunidad.

  Sin embargo, **la tecnología no debe verse como un sustituto de este contacto directo**, sino como un **complemento** que ayuda a mejorar y hacer más eficiente el proceso de escucha. Mientras que las reuniones presenciales y las visitas a los barrios son cruciales, la **ciencia de datos y la IA** permiten gestionar la **enorme cantidad de información** que fluye a través de los canales digitales. Con el uso adecuado de estas herramientas, los políticos pueden estar **mejor informados** sobre los problemas recurrentes, las preocupaciones prioritarias y las necesidades de diferentes sectores de la población, incluso antes de participar en una reunión presencial.

- **La IA como herramienta para la gestión eficiente de las quejas y sugerencias**
  Uno de los problemas más comunes en la política moderna es la **mala gestión de las quejas ciudadanas**. Los políticos a menudo reciben decenas o incluso cientos de quejas cada día a través de diferentes canales: **redes sociales, correos electrónicos, formularios online**, entre otros. Sin una **herramienta adecuada** para gestionar este flujo de información, es fácil que algunas quejas importantes pasen desapercibidas o se resuelvan con retraso.

  La IA permite automatizar el proceso de gestión de quejas de manera eficiente. Gracias a algoritmos avanzados, las quejas pueden ser **clasificadas automáticamente** según su urgencia, temática o área geográfica. Imagina que eres responsable de la **gestión de infraestructuras urbanas** en una ciudad y recibes cientos de quejas relacionadas con problemas de **alumbrado público, baches en las calles o falta de mantenimiento de parques**. Con un sistema de IA bien implementado, podrías **filtrar automáticamente** las quejas por tipo de problema y geolocalización, lo que te permitiría **priorizar las intervenciones** en las zonas donde los problemas son más recurrentes o graves. Además, los **modelos predictivos** de IA pueden identificar patrones, por ejemplo, si las quejas sobre el alumbrado público tienden a aumentar en ciertos barrios durante los meses de invierno, lo que te permitiría **actuar de**

forma preventiva en lugar de reactiva.

Para los políticos en la **oposición**, la IA también es una herramienta poderosa para **fiscalizar la gestión del gobierno**. Con el análisis de datos públicos, los políticos opositores pueden **identificar fallos en la gestión** de las quejas, demostrando que el gobierno no está actuando de manera eficiente en áreas clave. Por ejemplo, si se recopilan datos que muestran un aumento constante de quejas en una zona específica y no se han tomado medidas para solucionarlo, un político opositor puede utilizar esta información para criticar la gestión actual y proponer **soluciones concretas basadas en datos**.

- **Beneficios de la ciencia de datos y la IA para la gestión pública**

El **análisis de datos** y la IA no solo facilitan la **gestión eficiente de las quejas**, sino que también permiten a los políticos **estar más conectados con las preocupaciones de los ciudadanos** de forma constante, no solo durante los periodos electorales. Los **algoritmos de IA** pueden analizar grandes volúmenes de datos en tiempo real, detectar **problemas emergentes** y generar **modelos predictivos** que anticipen necesidades futuras.

Por ejemplo, si un **político local** detecta, a través del análisis de datos, un aumento de quejas relacionadas con la **movilidad urbana** puede utilizar esta información para **proponer cambios en las rutas de transporte público** o sugerir la creación de nuevas infraestructuras viales antes de que los problemas se conviertan en crisis. **Actuar de forma proactiva** gracias a los datos no solo mejora la calidad de los servicios públicos, sino que también refuerza la confianza de los ciudadanos en sus representantes, ya que perciben que sus problemas están siendo atendidos con rapidez y eficacia.

El uso de **IA también permite segmentar mejor a la población**, lo que ayuda a los políticos a entender qué grupos específicos tienen mayores problemas o preocupaciones. Por ejemplo, un análisis de datos podría mostrar que los **jóvenes en ciertas áreas** están especialmente preocupados por la **falta de oportunidades de empleo**, mientras que los **adultos mayores** en otras zonas están más centrados en **problemas de accesibilidad a servicios de salud**. **Con esta información en mano**, los políticos pueden tomar decisiones más informadas y personalizadas, dirigidas a mejorar las condiciones de vida de diferentes sectores de la población.

- **La necesidad de recuperar la confianza ciudadana**

Uno de los principales problemas de la política contemporánea es la **desconfianza generalizada de los ciudadanos** hacia sus representantes. Este fenómeno, que ha ido en aumento en los últimos años, está vinculado a la percepción de que los políticos solo se preocupan por la opinión de los ciudadanos durante las campañas electorales, para luego **desconectarse** de sus problemas cotidianos. La **falta de diálogo continuo** entre los ciudadanos y sus representantes genera una brecha que no solo afecta a la **calidad de la gestión pública**, sino también a la **legitimidad** de las instituciones.

Para recuperar la **confianza de los ciudadanos**, los políticos deben **aprovechar al máximo las herramientas tecnológicas** a su disposición, integrando la **IA y el análisis de datos** en su rutina diaria. Escuchar a los ciudadanos no tiene que ser una tarea abrumadora ni imposible de gestionar. Con la **infraestructura tecnológica adecuada**, los políticos pueden mantenerse en contacto con las preocupaciones de la ciudadanía, atenderlas de manera eficiente y tomar decisiones basadas en datos reales y actualizados.

En definitiva, **la IA y la ciencia de datos** ofrecen una oportunidad única para que los políticos se conviertan en **representantes más accesibles y eficaces**, capaces de **gestionar los problemas locales** con una **visión proactiva** y **una respuesta rápida**. No se trata de reemplazar el contacto directo con los ciudadanos, sino de complementarlo con herramientas que permiten escuchar, analizar y actuar de manera más eficiente y certera. En el fondo, el desafío no es solo utilizar la tecnología, sino integrarla en un marco político que **priorice la escucha continua** y la **atención efectiva** a las preocupaciones ciudadanas, mejorando así la confianza y la relación entre los políticos y los votantes.

2.2.- Recolección de datos de quejas, sugerencias y problemas ciudadanos

Recoger datos sobre las **quejas, sugerencias y problemas** que enfrentan los ciudadanos es una de las tareas más críticas para cualquier político o administración pública que quiera mantener un **contacto real** y cercano con la ciudadanía. Estos datos proporcionan una visión clara de las áreas que necesitan mejoras, de los servicios que no están funcionando correctamente y de las demandas más urgentes de la comunidad. La capacidad para gestionar esta información de forma eficiente puede marcar la diferencia entre un gobierno que **responde rápidamente** a las necesidades de sus ciudadanos y uno que parece estar **desconectado** de la realidad diaria.

A lo largo de los años, los **canales de comunicación** entre los ciudadanos y sus representantes han evolucionado enormemente. Si en el pasado las quejas se recogían principalmente en **oficinas físicas** o por **teléfono**, hoy en día el uso de **plataformas digitales, redes sociales y aplicaciones móviles** ha revolucionado la manera en que los ciudadanos pueden expresar sus inquietudes. Este aumento en las vías de comunicación facilita la recolección de información, pero también genera un **volumen masivo de datos** que debe ser gestionado con eficacia para que no se convierta en una carga insostenible para los equipos de gestión pública.

El primer paso para cualquier político que quiera estar **en sintonía** con los ciudadanos es establecer un sistema claro y eficiente para **recoger datos**. No se trata solo de acumular información sin más, sino de diseñar un enfoque estratégico que permita **transformar esos datos en decisiones útiles**. Definir qué tipo de información se va a recopilar, cómo se va a gestionar y qué **herramientas tecnológicas** se utilizarán para **organizar** y **analizar** estos datos es crucial. De esta manera, los datos dejan de ser una lista interminable de quejas para convertirse en una **base sólida de información** que puede guiar la toma de decisiones.

En este sentido, es esencial identificar **qué información es realmente relevante**. Las quejas suelen centrarse en problemas que afectan de manera directa la **calidad de vida** de los ciudadanos, como los servicios públicos (limpieza, alumbrado, transporte), el estado de las infraestructuras o la seguridad pública. Estos son los temas que los ciudadanos esperan que se resuelvan de manera rápida y efectiva, y donde un mal manejo de la situación puede tener **consecuencias políticas** serias.

Hoy en día, contar con los **canales adecuados** para la recolección de datos es imprescindible. Mientras que en el pasado los ciudadanos acudían a las oficinas municipales o llamaban por teléfono para reportar problemas, en la actualidad las **plataformas digitales** permiten una comunicación **más ágil y directa**. Páginas web oficiales, **aplicaciones móviles** y redes sociales permiten a los ciudadanos reportar problemas **en tiempo real**, lo que no solo agiliza el proceso, sino que también facilita la recolección de grandes cantidades de datos que pueden ser **almacenados y gestionados** de manera eficiente.

Un ejemplo claro de esta evolución son las plataformas de mensajería como **WhatsApp o Telegram**, que muchos municipios han implementado como canales de **atención ciudadana**. Gracias a estas herramientas, los ciudadanos pueden **enviar mensajes, fotos o localizaciones** para reportar incidencias, y estas se centralizan automáticamente en una base de datos para su posterior análisis. Además, el uso de **chatbots** en estas plataformas permite responder de forma **inmediata** a las preguntas o dudas más comunes, liberando así a los equipos de atención ciudadana de tareas repetitivas y permitiendo que se enfoquen en los **problemas más complejos** que requieren una respuesta humana.

Las **redes sociales** también juegan un papel clave en la recolección de datos, ya que son plataformas donde los ciudadanos expresan sus preocupaciones y opiniones de manera constante. **Twitter, Facebook e Instagram** se han convertido en canales donde las quejas sobre **problemas locales** se vuelven visibles de forma pública, generando **debate** y atención inmediata. Aunque estas plataformas proporcionan una gran cantidad de información valiosa, su carácter **no estructurado** hace que sea necesario contar con **herramientas especializadas** que permitan **analizar** esa información de manera eficiente.

Una vez que los canales de comunicación están establecidos, es fundamental contar con una **infraestructura tecnológica** que permita centralizar toda la información recibida. No tiene sentido que las quejas lleguen por diferentes vías y no se gestionen de forma **unificada**. Aquí es donde los **sistemas de gestión de datos (CRM)** juegan un papel crucial. Estos sistemas permiten **agrupar toda la información** en una sola plataforma, independientemente de si proviene de formularios en línea, mensajes de WhatsApp o publicaciones en redes sociales. Esto proporciona una **visión completa** y actualizada de las preocupaciones ciudadanas, facilitando así una **gestión más eficiente**.

No obstante, no todos los datos son igual de urgentes. Para que la recolección de datos sea realmente efectiva, es esencial contar con un sistema de **clasificación** que permita organizar las quejas según su prioridad. Un problema con el **alumbrado público** en una zona muy transitada puede requerir una **respuesta más rápida** que una queja sobre el estado de un parque. Aquí es donde la **inteligencia artificial** y la **ciencia de datos** entran en juego, ayudando a automatizar la clasificación y la **priorización de las quejas** según su urgencia y el impacto que tengan en la comunidad.

El siguiente paso, una vez los datos están centralizados, es proceder al **análisis** de esta información. Las **herramientas tecnológicas** como **Python** y sus bibliotecas, junto con los algoritmos de **inteligencia artificial**, juegan un papel fundamental en este proceso. Gracias a la IA, es posible identificar

patrones y tendencias en grandes volúmenes de datos, lo que facilita una respuesta más rápida y eficiente a los problemas que van surgiendo. Por ejemplo, un político local podría analizar miles de quejas relacionadas con el **tráfico urbano** y descubrir que los problemas se concentran en determinadas intersecciones o en horarios específicos. Con esta información, se pueden planificar **mejoras en la infraestructura** de tráfico de manera más acertada y efectiva.

Otra herramienta muy útil en este proceso es el **procesamiento del lenguaje natural (NLP)**, que permite interpretar automáticamente el contenido de los mensajes que los ciudadanos envían a través de redes sociales, correos electrónicos o formularios. El **NLP** no solo clasifica las quejas en función de su contenido, sino que también identifica rápidamente las principales preocupaciones y las agrupa en categorías como **seguridad, transporte, sanidad o servicios públicos**. Gracias a esta tecnología, los políticos pueden detectar **problemas emergentes** o **recurrencias** en determinadas áreas antes de que se conviertan en crisis.

A medida que se avanza en la gestión de estos datos, es esencial actuar con **responsabilidad** y asegurarse de que se cumplan todas las normativas relacionadas con la **protección de datos personales**. Los ciudadanos deben tener plena confianza en que sus datos serán manejados de manera adecuada, y para ello es necesario establecer **protocolos claros** que aseguren la **confidencialidad** y la **seguridad** de la información recolectada.

Tras el análisis de los datos, llega el momento más crucial: **actuar**. Si los datos muestran un aumento en las quejas sobre el **estado de las carreteras** en una determinada zona, el equipo de gobierno debe tomar medidas para **priorizar la reparación** antes de que la situación se agrave. Del mismo modo, si las sugerencias de los ciudadanos apuntan a una **falta de actividades recreativas**, se pueden planificar nuevos parques o programas deportivos basados en las **demandas reales** de la población.

La recolección de datos, cuando se gestiona correctamente, ofrece una oportunidad única para que los políticos actúen **de forma proactiva** y no solo reactiva. Al establecer una **infraestructura tecnológica clara**, que permita no solo recoger sino **centralizar y analizar los datos**, los equipos políticos estarán mejor preparados para **tomar decisiones informadas** que respondan a las necesidades reales de la comunidad. El verdadero valor de la recolección de datos no radica solo en la capacidad de escuchar, sino en la **capacidad de actuar de manera eficiente** y transformar esas quejas y sugerencias en **mejoras tangibles** que realmente beneficien a la ciudadanía.

En resumen, la recolección de datos sobre quejas, sugerencias y problemas ciudadanos es un **proceso fundamental** que se simplifica enormemente con las **herramientas tecnológicas** adecuadas. La clave para que este proceso sea efectivo es la **organización, clasificación y análisis** de los datos de manera que estos puedan traducirse en **acciones concretas**. Con un **enfoque bien estructurado**, apoyado por la ciencia de datos y la inteligencia artificial, los políticos pueden **mejorar la calidad de los servicios públicos** y, al mismo tiempo, reforzar su **relación con los ciudadanos,** demostrando que sus voces no solo son escuchadas, sino que tienen un impacto real en las decisiones de gobierno.

2.3.- Uso de Python e IA para analizar y clasificar automáticamente las consultas ciudadanas

El uso de **Python** y la **inteligencia artificial (IA)** para analizar y clasificar automáticamente las consultas ciudadanas representa una de las soluciones tecnológicas más eficientes para gestionar el enorme volumen de información que generan los ciudadanos a diario. Tanto para los políticos en el gobierno como en la oposición, disponer de herramientas automatizadas para procesar esta información supone una ventaja crítica. No se trata solo de responder rápidamente, sino de **organizar, priorizar y detectar patrones** que permitan a los equipos de gestión pública **anticiparse a los problemas** y actuar de forma proactiva.

Como ya hemos visto anteriormente, **Python** ofrece una gran versatilidad a la hora de trabajar con grandes volúmenes de datos. Sin embargo, para profundizar en cómo se puede aplicar específicamente en la **clasificación automática de las consultas ciudadanas**, es necesario entender de forma técnica qué pasos y herramientas específicas se emplean en este tipo de tareas.

El proceso completo de clasificación automática consta de varias fases: **recolección, preprocesamiento, análisis de texto, modelado y priorización**, cada una de las cuales puede optimizarse utilizando **bibliotecas y frameworks de Python**. El objetivo es automatizar todo el flujo de trabajo, desde que llega una consulta hasta que se clasifica y prioriza para su gestión, ahorrando tiempo y mejorando la precisión.

- **Recolección y preprocesamiento de los datos**

    El primer paso para cualquier sistema de **clasificación automática** es la **recolección de los datos**. Las consultas ciudadanas llegan a través de múltiples canales: **redes sociales, correos electrónicos, formularios web, aplicaciones de mensajería instantánea** y otras plataformas digitales. Python, con su extensa gama de bibliotecas, permite **extraer y unificar datos** de diferentes fuentes. Herramientas como **Selenium** o **BeautifulSoup** permiten automatizar la recolección de datos de **páginas web** y redes sociales, mientras que **APIs** como la de **Twitter** o **Facebook Graph** facilitan la extracción de contenido en tiempo real. Para las plataformas de mensajería, **Twilio** puede ser una opción útil para gestionar el flujo de mensajes.

    Una vez recogida la información, el siguiente paso es el **preprocesamiento de los datos**. Las consultas ciudadanas suelen ser **texto no estructurado** y en ocasiones contienen **errores gramaticales, abreviaciones o caracteres especiales**. En este punto, **Python** y sus bibliotecas especializadas como **re** (para expresiones regulares) y **NLTK** (Natural Language Toolkit) son útiles para **limpiar el texto**. El preprocesamiento incluye la **eliminación de caracteres no deseados**, la **normalización del lenguaje** (por ejemplo, convertir todo el texto a minúsculas), **eliminación de palabras irrelevantes** (stop words) y **tokenización** (dividir el texto en palabras o frases relevantes).

- **Análisis de texto y procesamiento del lenguaje natural**

    Una vez que los datos están preprocesados, comienza la fase de **análisis de texto**. Aquí es donde el **procesamiento del lenguaje natural (NLP)** cobra protagonismo. **NLP** es una rama de la inteligencia artificial que se centra en permitir que las máquinas comprendan e interpreten el lenguaje humano de manera efectiva. Python ofrece herramientas potentes para trabajar con NLP, como **spaCy** y **Transformers**, que permiten realizar análisis avanzados de texto.

    El análisis de texto implica varios procesos. En primer lugar, la **extracción de entidades clave** del texto. Por ejemplo, si un ciudadano envía un mensaje diciendo: *"Las calles del barrio están llenas de baches"*, el sistema de **NLP** debe poder extraer la entidad relevante, en este caso, "baches", y vincularla al concepto de **infraestructura vial**. Esto se logra mediante **modelos entrenados para la detección de entidades** (NER, Named Entity Recognition) que pueden ser entrenados para **reconocer palabras o frases clave** que coincidan con categorías predefinidas, como "alumbrado", "seguridad" o "transporte".

    La **tokenización** del texto, que convierte el mensaje en unidades más manejables como palabras o frases, y la **lemmatización**, que transforma cada palabra a su forma base (por ejemplo, "corriendo" a "correr"), son pasos esenciales para que el análisis sea más preciso. Estos procesos son realizados eficientemente por **spaCy**, que además permite etiquetar las partes del discurso (sustantivos, verbos, etc.) de forma automática.

    El siguiente paso es la **vectorización del texto**. Para que un algoritmo de machine learning pueda trabajar con datos textuales, es necesario convertir las palabras en **vectores numéricos**. Uno de los enfoques más comunes es usar el método **TF-IDF** (Term Frequency-Inverse Document Frequency), que calcula la importancia de una palabra en un conjunto de documentos. Otra técnica más avanzada es utilizar **Word Embeddings**, que representan palabras en vectores que capturan su contexto y relaciones semánticas. Python, a través de bibliotecas como **Gensim**, facilita la creación de embeddings que son esenciales para **modelos de clasificación de texto más complejos**.

- **Modelado con machine learning**

    Una vez que los datos han sido preprocesados y convertidos en vectores, se puede proceder a la fase de **modelado**. Aquí es donde los **algoritmos de machine learning** entran en juego para clasificar automáticamente las consultas ciudadanas. Modelos como los **árboles de decisión**, **máquinas de soporte vectorial (SVM)** y **regresión logística** son particularmente útiles para tareas de clasificación. **Scikit-learn**, una biblioteca que ya hemos mencionado anteriormente proporciona una amplia gama de algoritmos que se pueden entrenar y ajustar para lograr **modelos eficientes**.

Un punto clave en el modelado es la creación de un **dataset etiquetado**. Esto significa que es necesario disponer de un conjunto de datos históricos donde cada consulta esté **previamente clasificada** según la categoría a la que pertenece. Este dataset etiquetado se utiliza para **entrenar el modelo de machine learning**. El modelo aprende a detectar patrones a partir de estos ejemplos, y una vez entrenado, será capaz de **clasificar nuevas consultas automáticamente**.

Una técnica avanzada que ha revolucionado el análisis de texto es el uso de **modelos preentrenados** como **BERT** (Bidirectional Encoder Representations from Transformers). BERT es capaz de **comprender el contexto bidireccional** de una palabra, lo que lo convierte en una herramienta extremadamente precisa para la clasificación de texto. Utilizando **Transformers**, una biblioteca de Python especializada en modelos basados en BERT, se pueden cargar modelos preentrenados que luego se ajustan con datos específicos del contexto de gestión pública. Estos modelos son capaces de **detectar matices en las consultas ciudadanas**, como la **sutileza de una queja** frente a una **sugerencia positiva**, lo que permite un **análisis más fino** de la información.

- Priorización de consultas

Una vez que las consultas están clasificadas, el siguiente paso es la **priorización**. No todas las quejas tienen el mismo nivel de urgencia, y no todas las sugerencias requieren la misma cantidad de recursos. Aquí es donde la IA también ofrece un valor añadido significativo. **Python**, mediante el uso de técnicas de **análisis de patrones** y **análisis de sentimientos**, permite priorizar automáticamente las consultas que requieren atención inmediata.

El **análisis de sentimiento** evalúa el **tono emocional** de una consulta, es decir, si es positiva, neutral o negativa. Si un ciudadano envía un mensaje sobre un problema de alumbrado público diciendo: *"Las luces de la calle no han funcionado en semanas y nadie está haciendo nada"*, el sistema debe identificar no solo que el problema es de **infraestructura**, sino que el tono es de **frustración creciente**. Python cuenta con bibliotecas como **TextBlob** y **VADER** para realizar este análisis de sentimiento. El resultado del análisis ayuda a asignar una **prioridad más alta** a aquellas consultas que transmiten **mayor descontento**, permitiendo a los equipos de gestión pública responder antes de que el problema genere un **clima de insatisfacción generalizada**.

- Automatización de respuestas

Un aspecto importante que complementa el análisis y la clasificación es la **automatización de respuestas**. Si bien no todos los problemas pueden resolverse de inmediato, es fundamental que el ciudadano sienta que su consulta ha sido recibida y está en proceso de gestión. **Python** puede integrarse fácilmente con **plataformas de mensajería** como **WhatsApp**, **Telegram** o **correo electrónico** para enviar respuestas automáticas.

Por ejemplo, si un ciudadano reporta un problema relacionado con el estado de las carreteras en su barrio, el sistema puede **clasificar automáticamente** la consulta en la categoría de **infraestructuras viales**, determinar la prioridad de la intervención y, a continuación, enviar una respuesta automatizada que diga: *"Hemos recibido su queja sobre el estado de las carreteras en su zona. Estamos trabajando para solucionar el problema lo antes posible. Le mantendremos informado sobre los avances."* Esto no solo mejora la percepción de **eficiencia** por parte del ciudadano, sino que también libera recursos humanos para que puedan concentrarse en **resolver los problemas más críticos**.

- Mejora continua del modelo

Es fundamental destacar que los **modelos de machine learning** no son estáticos; requieren **mejora continua**. A medida que se reciben más consultas ciudadanas y el modelo las clasifica y prioriza, los resultados deben ser evaluados para comprobar su **precisión y eficacia**. Si se detectan errores o si el contexto de las consultas cambia con el tiempo (por ejemplo, en periodos de elecciones o tras desastres naturales), el modelo puede ajustarse para adaptarse mejor a las nuevas circunstancias. Python, junto con **scikit-learn** y **TensorFlow**, facilita el **reentrenamiento de modelos** y la integración de nuevos datos para mejorar la precisión y adaptabilidad del sistema.

El uso de **Python e IA para analizar y clasificar automáticamente las consultas ciudadanas** proporciona a los **gobiernos locales y políticos en la oposición** una herramienta poderosa para gestionar el creciente volumen de datos. La capacidad de **automatizar** tanto la **clasificación** como la **priorización** de quejas permite ofrecer respuestas rápidas y precisas, mejorar la **eficiencia** en la gestión pública y mantener un contacto constante con las demandas ciudadanas.

2.4.- Segmentación de problemas por zonas y áreas específicas usando IA predictiva

La **inteligencia artificial (IA)** ha revolucionado la forma en que los gobiernos locales gestionan los problemas ciudadanos. Una de sus aplicaciones más potentes es la capacidad de **segmentar y analizar problemas** por zonas geográficas, ayudando a las administraciones a prever y priorizar intervenciones. Los **modelos predictivos** basados en datos históricos permiten anticiparse a problemas emergentes en barrios o áreas específicas, facilitando una respuesta más estratégica y eficiente. Este enfoque permite descomponer la información y enfocar los recursos donde más se necesitan, optimizando la gestión en **ciudades, provincias y regiones**.

Cada zona de una ciudad puede presentar **desafíos distintos**: algunas áreas enfrentan más problemas de transporte, mientras que otras sufren cuestiones relacionadas con la **seguridad** o el **mantenimiento de infraestructuras**. Con la IA predictiva, es posible **identificar no solo problemas actuales**, sino prever aquellos que podrían surgir, basándose en patrones de datos históricos y actuales. Esto es crucial para una **gestión pública proactiva**.

El uso de **algoritmos de machine learning** aplicados a **datos geoespaciales** es una de las formas más efectivas para segmentar problemas. **Python**, con herramientas como **GeoPandas, scikit-learn** y **TensorFlow**, permite procesar grandes volúmenes de datos y aplicarlos en **mapas interactivos**. Al combinar **registros de incidentes, quejas ciudadanas**, datos meteorológicos y de sensores, los modelos de IA crean **mapas predictivos** que muestran qué zonas podrían enfrentar problemas específicos en un futuro cercano.

Por ejemplo, en una ciudad con varios distritos, algunas áreas pueden sufrir más **problemas de movilidad**. Usando datos históricos de tráfico y accidentes, junto con las quejas ciudadanas sobre congestión, la IA puede identificar patrones y prever en qué **horas del día** o **días de la semana** es más probable que ocurran atascos. Con esta información, las autoridades pueden **ajustar semáforos**, modificar rutas o lanzar campañas informativas para reducir el tráfico en momentos críticos.

Otro ámbito donde la IA puede ser clave es en la **gestión de servicios públicos**. Supongamos que un gobierno local recibe numerosas quejas sobre el servicio de **recolección de residuos** en ciertas zonas. Un modelo predictivo puede analizar estos datos y prever qué barrios son más susceptibles a sufrir problemas de acumulación de basura en épocas como **eventos masivos** o temporadas festivas. Esto permite anticiparse y **reforzar los servicios** en las zonas críticas antes de que el problema se agrave.

En el ámbito de la **seguridad pública**, la IA puede analizar datos históricos de **delitos** y combinarlos con información geoespacial y socioeconómica para predecir en qué áreas podría aumentar la delincuencia. Por ejemplo, si en un barrio ha habido una serie de robos, la IA puede analizar factores como la temporada, la densidad de población y el estado de las infraestructuras, prediciendo si el problema se repetirá. Con estos datos, las autoridades pueden **aumentar la vigilancia**, mejorar la iluminación o instalar cámaras de seguridad para prevenir futuros delitos.

La **planificación urbana** también se beneficia de la segmentación geográfica y la IA predictiva. Los datos de sensores en carreteras, puentes o redes de suministro permiten prever **fallos estructurales** antes de que ocurran. Si combinamos datos sobre tráfico pesado con el estado actual de las infraestructuras, la IA puede prever si una carretera necesitará reparaciones pronto, facilitando la **planificación del mantenimiento preventivo** y evitando costes mayores.

En el campo medioambiental, los modelos predictivos pueden ayudar a detectar **problemas ambientales**. Datos históricos sobre la **calidad del aire** o la **contaminación del agua**, combinados con factores climáticos, permiten prever sequías, inundaciones o picos de contaminación. Los gobiernos locales pueden entonces implementar **medidas preventivas**, como mejorar los sistemas de drenaje en zonas propensas a inundaciones o lanzar campañas de reducción de emisiones en áreas afectadas por la contaminación.

La segmentación predictiva no solo sirve para **anticipar problemas**, sino también para **planificar mejor las soluciones**. Imagina que un gobierno local quiere mejorar el acceso a **instalaciones deportivas**. Usando datos sobre la densidad de población y el uso actual de las instalaciones, la IA puede identificar qué áreas se beneficiarían más de **nuevas infraestructuras** o la ampliación de los horarios. Este enfoque asegura que las **inversiones públicas** se destinen a las zonas donde tendrán un impacto más directo y positivo.

Además, la segmentación predictiva mejora la **equidad en la distribución de los servicios públicos**. Las zonas más desfavorecidas de una ciudad suelen enfrentar **infraestructuras inadecuadas** o servicios deficientes. Con datos socioeconómicos, la IA puede identificar las áreas más vulnerables y prever qué zonas serán más afectadas por la falta de recursos. Esto permite **intervenciones específicas** que mejoran la calidad de vida en las zonas más necesitadas, garantizando una **distribución equitativa de los recursos**.

Python es una herramienta fundamental en todo este proceso. Con **GeoPandas**, es posible trabajar con datos espaciales y crear **mapas predictivos** que muestren la distribución de problemas y soluciones en una ciudad o región. Además, los modelos de machine learning pueden ajustarse continuamente a medida que se recopilan nuevos datos, mejorando la **precisión de las predicciones** en tiempo real. Este enfoque dinámico permite que las autoridades se **adapten rápidamente** a los cambios y aseguren que las soluciones sean efectivas a largo plazo.

Un caso destacado es la **gestión de los recursos hídricos**. En algunas regiones, el acceso al agua es limitado por la creciente demanda o factores climáticos. La IA, analizando datos de **consumo de agua**, crecimiento poblacional y patrones climáticos, puede prever escaseces y ayudar a los gobiernos a implementar **políticas de conservación** antes de que el problema sea crítico. Estas soluciones preventivas permiten actuar antes de que la crisis se haga evidente.

La **segmentación de problemas** por zonas con IA predictiva es una herramienta invaluable para que los gobiernos no solo gestionen los problemas actuales, sino que también **se anticipen a los desafíos futuros**. Al identificar las áreas más vulnerables, los políticos pueden planificar **soluciones específicas** y tomar decisiones más informadas, mejorando la eficiencia y asegurando que los **recursos públicos** se utilicen de manera inteligente. Aprovechar los datos para hacer **predicciones precisas** permite una gestión pública más eficaz y centrada en las **necesidades reales de los ciudadanos**.

2.5.- Introducción al uso de Manychat para la automatización de respuestas

Mantener un **contacto constante con los ciudadanos** es esencial para cualquier político, ya sea a nivel local, provincial, autonómico o nacional. Responder de manera rápida y eficiente a las consultas, quejas y sugerencias puede marcar una **diferencia significativa** en la percepción pública de su gestión. A medida que crece el número de interacciones, **automatizar** parte de este proceso se convierte en una necesidad. Aquí es donde herramientas como **Manychat** ofrecen soluciones prácticas para gestionar grandes volúmenes de consultas sin perder el **contacto personal**.

Manychat es una plataforma de **chatbots** que permite automatizar conversaciones en **Facebook Messenger, Instagram Direct y WhatsApp**. Estas plataformas, pertenecientes al ecosistema de Meta, son de las más utilizadas por los ciudadanos para interactuar con sus representantes políticos. La elección de Manychat en este contexto se debe a su **fácil integración** con estas plataformas, permitiendo a los políticos, desde concejales hasta diputados nacionales, **automatizar la atención** y mejorar la eficacia en la gestión diaria de consultas.

La automatización de respuestas no solo ahorra tiempo, sino que también **libera recursos** del equipo político para que puedan enfocarse en tareas de mayor valor, como la creación de políticas y la **planificación estratégica**. Muchas veces, los ciudadanos buscan respuestas rápidas a preguntas simples, como horarios de atención o el estado de ciertos trámites. **Manychat** permite crear un sistema de respuestas automáticas que proporcione esta información de forma instantánea, además de recopilar **datos útiles** sobre las inquietudes más comunes.

Por ejemplo, si eres un concejal y recibes muchas quejas sobre el **alumbrado público**, en lugar de gestionar manualmente cada mensaje, puedes implementar un chatbot que recoja detalles como la ubicación del problema y el tiempo que lleva sin resolverse. Esta información se almacena en una **base de datos** para que tú o tu equipo podáis **analizar** y priorizar las áreas más críticas. Esto no solo permite **actuar** con mayor rapidez, sino que también te da argumentos sólidos para **proponer soluciones** o criticar la gestión actual.

Aunque Manychat es una opción excelente, hay otras plataformas como **Kommo, Twilio** o **Chatfuel** que también permiten automatizar respuestas. La elección de una herramienta dependerá del entorno y los canales de comunicación que se utilicen con más frecuencia. **Kommo**, por ejemplo, ofrece una integración profunda con **CRM** para mantener un seguimiento continuo de las interacciones con los ciudadanos, mientras que **Twilio** es útil para integrar canales como **SMS** o **correo electrónico** en una sola plataforma.

Lo que hace a **Manychat** particularmente atractiva es su **interfaz**

intuitiva, que permite crear **flujos de conversación automatizados** sin necesidad de conocimientos técnicos avanzados. Si eres un diputado autonómico o un alcalde, puedes crear un chatbot funcional en pocas horas. Este chatbot puede guiar al ciudadano según el tipo de consulta, derivando el problema a un asesor si es necesario. Esto es ideal para **consultas complejas** que requieren atención humana, sin que el ciudadano sienta que está interactuando con una máquina de forma fría.

Además, Manychat permite **recoger datos** durante estas interacciones, generando informes sobre las consultas más comunes o las zonas geográficas con más problemas. Para un asesor político, esta información es valiosa para ajustar el **mensaje político**, priorizar temas en los discursos o diseñar **propuestas de acción** en función de las necesidades reales de la población.

Por ejemplo, si recoges muchos comentarios sobre problemas de **infraestructura vial**, puedes utilizar los datos para proponer soluciones concretas en **plenos municipales** o en el parlamento autonómico. Incluso si estás en la oposición, estos datos te permiten **fiscalizar** al gobierno con base en hechos y proponer **alternativas realistas**.

Es importante aclarar que la **automatización** no implica desentenderse de las preocupaciones ciudadanas. Al contrario, permite **gestionar de forma más eficiente** las interacciones diarias, asegurando que las consultas más sencillas se resuelvan rápidamente y que las más complejas lleguen a los equipos adecuados. Los ciudadanos reciben una respuesta **inmediata**, lo que mejora la **percepción de cercanía** y la **eficacia** del político.

Si bien este libro se enfoca en Manychat debido a su fácil integración con Meta, la elección de una plataforma debe basarse en las **necesidades específicas** del político. Si tu enfoque está en **campañas electorales**, podrías preferir herramientas con **integración de bases de datos** y seguimiento de votantes. En cambio, si tu prioridad es gestionar las quejas diarias, Manychat es una opción **rápida y sencilla** para mantener una comunicación fluida.

La automatización de respuestas con **Manychat** o herramientas similares es una **estrategia clave** para optimizar la comunicación con los ciudadanos. Ya seas un asesor, concejal o diputado, la automatización te permite estar disponible sin comprometer el tiempo y los recursos necesarios para gestionar tu agenda política. Lo importante no es la herramienta en sí, sino cómo se utiliza para **mejorar el servicio** a quienes confían en ti para representar sus intereses.

2.6.- Automatización de la gestión de respuestas con WhatsApp o Telegram

La **automatización de la gestión de respuestas** mediante plataformas como **WhatsApp** o **Telegram** representa una evolución clave en la **comunicación política**, tanto para los que están en el gobierno como para aquellos en la oposición. En un entorno donde la **expectativa de los ciudadanos** es recibir respuestas rápidas y claras, la capacidad de **automatizar interacciones** no solo aligera la carga de trabajo de los equipos políticos, sino que también permite una **gestión mucho más eficiente** de las consultas, quejas y sugerencias que llegan a diario.

Como ya hemos introducido con **Manychat**, esta es una herramienta muy útil para **automatizar conversaciones** en **Facebook Messenger, Instagram Direct y WhatsApp**, permitiendo que los políticos mantengan una comunicación constante sin tener que estar respondiendo manualmente a cada mensaje. Sin embargo, **WhatsApp** y **Telegram** también cuentan con sus propias **plataformas específicas** que permiten a los equipos políticos **automatizar respuestas**, y no se trata solo de responder a preguntas simples, sino de gestionar la comunicación de manera inteligente, segmentar la audiencia y generar **base de datos** valiosas para futuras campañas o gestiones públicas.

Tanto **WhatsApp Business API** como la **integración con Telegram** permiten crear **sistemas automatizados** que no solo responden a consultas, sino que también pueden enviar mensajes proactivos con **información relevante** para los ciudadanos. Esta capacidad de automatización permite a los políticos no solo gestionar las consultas de los ciudadanos de manera eficaz, sino también **personalizar** la comunicación en función de **intereses específicos**, lo que genera una **mayor interacción** y una percepción de cercanía con el votante. Ya sea que el político esté en el gobierno o en la oposición, la automatización ofrece una oportunidad de **agilizar procesos** y **mantenerse conectado** con la ciudadanía de manera continua.

Uno de los aspectos más importantes de estas herramientas es su **capacidad para segmentar** la información. Imagina que eres un **concejal** que está trabajando en **mejoras de infraestructura** en un barrio específico. En lugar de enviar un mensaje genérico a toda tu base de datos, puedes **segmentar** a los ciudadanos según su **ubicación geográfica** y enviar solo a los residentes de esa zona información sobre las acciones que se están llevando a cabo. Lo mismo se aplica si eres un **diputado autonómico** o **nacional** y quieres dirigirte a grupos específicos de ciudadanos, como aquellos interesados en temas de **movilidad** o **medio ambiente**. Esto no solo hace que la comunicación sea más **eficaz y relevante**, sino que también evita que los ciudadanos reciban mensajes que no son de su interés, mejorando así la **experiencia de comunicación**.

Además de la segmentación, la **automatización** permite gestionar **consultas frecuentes** de manera mucho más eficiente. Los ciudadanos suelen preguntar sobre temas recurrentes como el **estado de obras públicas**, los **horarios de servicios municipales** o las **fechas de eventos locales**. En estos casos, un **chatbot** configurado con las preguntas más comunes puede encargarse de proporcionar **respuestas inmediatas**, sin la intervención de un humano. Esto libera a los equipos de gestión política para que puedan centrarse en problemas más complejos y de mayor prioridad. Por ejemplo, si muchos ciudadanos preguntan sobre el estado de una obra en particular, el chatbot puede proporcionar información detallada sobre la fecha de finalización prevista, el tipo de trabajos que se están realizando, o incluso el **número de contacto** para obtener más detalles.

WhatsApp Business API y **Telegram Bots** permiten no solo responder preguntas, sino también **recopilar datos** valiosos sobre las **consultas más comunes** y las **preocupaciones principales** de los ciudadanos. Estos datos se pueden almacenar en una base de datos y analizar para detectar **tendencias** o **preocupaciones recurrentes** en ciertas áreas geográficas o grupos demográficos. Por ejemplo, si un concejal recibe muchas quejas sobre problemas de **infraestructura vial** en un barrio, puede priorizar las reparaciones basándose en la **frecuencia de las quejas** y la **gravedad** del problema, mejorando así la eficiencia en la **gestión de recursos**.

Uno de los usos más interesantes de la automatización es su capacidad para **enviar mensajes personalizados** de manera proactiva. Por ejemplo, si un **político local** está desarrollando un proyecto de **mejoras en transporte público**, puede segmentar a los ciudadanos interesados en **movilidad** y enviarles **actualizaciones periódicas** sobre el estado del proyecto. Esta capacidad de enviar mensajes proactivos aumenta la **transparencia** y hace que los ciudadanos se sientan más involucrados en el proceso. Del mismo modo, si el político está trabajando en un **nuevo plan de urbanismo**, puede enviar una **encuesta automatizada** para pedir la opinión de los residentes afectados, y analizar las respuestas para tomar **decisiones más informadas**. Esto no solo fomenta la **participación ciudadana**, sino que también permite al político **adaptar su mensaje** en función de las necesidades y preocupaciones reales de la población.

El uso de **WhatsApp** y **Telegram** también abre la puerta a la posibilidad de realizar **campañas informativas** mucho más **amplias y segmentadas**. Un **diputado autonómico** puede, por ejemplo, enviar **boletines legislativos** a ciudadanos interesados en temas específicos, como **medio ambiente** o **educación**, manteniéndolos informados de los avances en esas áreas. Al mismo tiempo, las plataformas permiten que la información llegue de manera **precisa y oportuna**, algo que es clave en situaciones donde los ciudadanos necesitan saber cómo les afectan las **decisiones políticas** en su vida diaria. Esto es especialmente relevante en situaciones de **crisis**, como desastres naturales o emergencias, donde la capacidad de **informar rápidamente** a los ciudadanos sobre medidas de seguridad o acciones preventivas puede ser vital. El hecho de que las plataformas de **mensajería instantánea** sean **inmediatas y accesibles** para la mayoría de los ciudadanos hace que superen a otros canales más tradicionales como el **correo electrónico** o incluso las **llamadas telefónicas**, que a menudo son percibidas como **intrusivas** o poco eficaces. Además, las herramientas como **WhatsApp Business API** permiten integrar **automatización de respuestas** con **segmentación inteligente**, haciendo que la comunicación sea mucho más **personalizada** y **relevante**.

Imagina que un **político en la oposición** quiere fiscalizar la gestión del gobierno local en cuanto a los servicios de **limpieza urbana**. Utilizando un **chatbot** automatizado en WhatsApp, podría pedir a los ciudadanos que reporten cualquier problema de **limpieza** en sus calles o barrios. Cada vez que un ciudadano envíe un mensaje, el chatbot podría recopilar detalles como la **ubicación exacta** del problema, la **frecuencia** con la que ocurre y el **nivel de impacto** que tiene en la comunidad. Estos datos se pueden **analizar automáticamente** para detectar **patrones** y, posteriormente, usar la información para presentar una propuesta bien fundamentada en un pleno municipal o para **criticar** de manera constructiva la gestión actual del gobierno. Esto no solo permite a los políticos **opositores** fiscalizar de manera más efectiva, sino que también fortalece su conexión con la **realidad ciudadana**, mostrando que están **en sintonía** con las preocupaciones diarias de la población.

Otra gran ventaja de la automatización con estas plataformas es que permite **recoger opiniones** y realizar **encuestas** de manera muy eficiente. Por ejemplo, un político que quiera saber qué piensan los ciudadanos sobre una **nueva política** de urbanismo puede enviar un mensaje automatizado solicitando su opinión a través de una breve encuesta. Las respuestas pueden almacenarse en una base de datos y **analizarse automáticamente** para detectar **tendencias** y **preferencias**. Esto ayuda a los políticos a tomar decisiones **más informadas** y a ajustar sus propuestas en función de las **necesidades reales** de la población.

En términos de **marketing político**, la automatización en **WhatsApp** y **Telegram** ofrece oportunidades únicas. Estas plataformas permiten segmentar a los ciudadanos en función de los **intereses** que hayan mostrado previamente, lo que significa que los mensajes pueden ser mucho más **personalizados y eficaces**. Si un ciudadano ha expresado interés en temas medioambientales, el sistema puede enviarle automáticamente **información regular** sobre los avances en ese campo, manteniendo su interés y fomentando una **relación más cercana** con el votante. Del mismo modo, si otro ciudadano está preocupado por el **transporte en su barrio**, puede recibir actualizaciones específicas sobre mejoras en ese sector.

La **segmentación geográfica** también juega un papel clave en la **automatización de respuestas**. Por ejemplo, si un político está implementando mejoras en **infraestructuras urbanas** en una zona concreta, puede asegurarse de que solo los ciudadanos de esa área reciban las actualizaciones pertinentes. Esto evita saturar a la población con información irrelevante y asegura que los mensajes sean siempre **contextualmente apropiados**.

Un caso práctico sería la implementación de una **zona recreativa** en un barrio específico. El político podría utilizar **WhatsApp** o **Telegram** para enviar un mensaje automatizado a los **residentes locales**, informándoles sobre el proyecto y pidiéndoles su opinión o incluso invitándolos a un **evento de presentación**. Esta segmentación no solo garantiza que la **comunicación sea eficiente**, sino que también crea un **sentimiento de comunidad** al hacer que los ciudadanos se sientan más involucrados en las decisiones locales.

2.7.- Ejemplo práctico: automatización de respuestas a ciudadanos sobre los servicios públicos

Imagina que eres el **concejal de asuntos sociales** de un pequeño municipio de 20.000 habitantes. En comunidades de este tamaño, los vecinos suelen conocerse entre sí y muchas cuestiones se resuelven de manera informal. Como concejal, has decidido hacer tu **número de teléfono público**, permitiendo que los ciudadanos te contacten fácilmente a través de **WhatsApp** con dudas sobre ayudas sociales, becas, programas de apoyo a familias o iniciativas de inclusión social.

A lo largo del día, recibes un flujo constante de mensajes, que van desde preguntas simples sobre las fechas de solicitud de ayudas hasta consultas más complejas que requieren un mayor seguimiento. Aunque el **contacto directo** con los ciudadanos es esencial para tu trabajo, gestionar este volumen de consultas manualmente puede volverse agotador y poco eficiente. Esto no solo consume mucho tiempo, sino que corres el riesgo de dejar preguntas sin respuesta o no priorizar las más urgentes. Aquí es donde entra la **automatización de respuestas** utilizando **Manychat** y **WhatsApp**, herramientas que te permiten optimizar las interacciones sin comprometer la cercanía que esperas mantener como concejal.

Manychat ofrece una solución eficaz para gestionar grandes volúmenes de consultas al permitir la creación de **chatbots** que automatizan respuestas. Integrando Manychat con WhatsApp, puedes diseñar un **flujo automatizado** de comunicación donde las preguntas más frecuentes se resuelven de manera automática, brindando a los ciudadanos la información que buscan de forma inmediata. Lejos de despersonalizar la relación, esta automatización te permite **ofrecer respuestas rápidas** y liberar tiempo para concentrarte en otras áreas importantes de la gestión.

Imaginemos un caso concreto: una de las consultas más recurrentes que recibes es sobre la **ayuda para el alquiler**. Todos los días te contactan vecinos interesados en saber si ya pueden solicitarla, qué documentos necesitan o dónde presentar la solicitud. Esta consulta es perfecta para ser **automatizada**. Con Manychat, puedes identificar palabras clave como "ayuda", "alquiler" o "solicitud", y configurar una respuesta automática que diga:

"Hola, veo que te interesa la ayuda para el alquiler. El plazo de solicitud está abierto hasta el 15 de noviembre. Puedes acceder al formulario aquí: [enlace]. Si necesitas más detalles sobre los requisitos, consulta esta página oficial: [enlace]."

Este mensaje no solo da una **respuesta inmediata**, sino que ofrece toda la información necesaria para que el ciudadano complete el trámite sin más intervención.

No obstante, no todas las consultas pueden resolverse con **respuestas automáticas**. Por ejemplo, cuando un vecino te pregunta cómo acceder a un programa de **apoyo a personas con discapacidad**, suele ser necesario ofrecer una respuesta más detallada. Aquí es donde un chatbot bien diseñado puede actuar como filtro, **recogiendo la información básica** antes de pasarte la consulta. Si el ciudadano escribe: "Tengo un familiar con discapacidad, ¿cómo puedo solicitar apoyo?", el bot puede responder:

"Para poder ayudarte mejor, ¿tu familiar está registrado en el sistema de servicios sociales? ¿Qué tipo de apoyo buscas: económico, asistencial o médico?"

Con esta información recopilada, el chatbot te envía un resumen de la situación, lo que te permite responder de manera más **precisa** y **eficiente**.

Otro aspecto crucial de la automatización es la **segmentación de los ciudadanos**. No todos los ciudadanos están interesados en los mismos temas. Por ejemplo, algunos están más enfocados en **ayudas sociales**, mientras que otros prefieren recibir información sobre **eventos locales** o **iniciativas políticas**. Con herramientas como Manychat, puedes **segmentar** a los ciudadanos en función de sus intereses y enviarles solo la información relevante. Si hay una nueva convocatoria de **ayudas al alquiler**, puedes configurar un mensaje dirigido únicamente a aquellos ciudadanos que hayan mostrado interés en este tipo de ayudas, evitando saturar al resto con información que no les resulta útil.

Supongamos que tienes un **acto político** planificado. Puedes enviar un mensaje personalizado a los afiliados del partido para informarles del lugar y la hora, e incluso pedir confirmación de asistencia. Si, por otro lado, has aprobado una nueva **ayuda para la discapacidad**, puedes informar directamente a los ciudadanos interesados en este tipo de programas. **Segmentar** de esta manera no solo mejora la eficacia de la comunicación, sino que asegura que los ciudadanos reciban **contenido relevante**.

Además de automatizar las respuestas entrantes, **WhatsApp** puede utilizarse para enviar **actualizaciones proactivas**. Por ejemplo, cuando se abre un nuevo plazo para solicitar **becas escolares**, puedes enviar un mensaje automático a los ciudadanos que se inscribieron en años anteriores o que han mostrado interés. El mensaje podría ser algo como:

"Te recordamos que el plazo para solicitar la nueva beca escolar se abre el 1 de diciembre. Toda la información está disponible aquí: [enlace]."

Este tipo de comunicación proactiva mantiene a los ciudadanos informados y facilita su participación sin que ellos tengan que buscar la información activamente.

La automatización no implica perder el **contacto humano**; más bien, permite gestionar mejor tu tiempo y asegurarte de que las respuestas lleguen a quienes las necesitan de manera **rápida y eficaz**. Si un ciudadano puede resolver su duda mediante una **respuesta automatizada**, se siente atendido de inmediato. Y cuando una consulta requiere atención personalizada, el sistema actúa como un **filtro**, recopilando los datos básicos para que puedas responder con mayor detalle.

Implementar soluciones automatizadas no solo mejora la **comunicación** con los ciudadanos, sino que también te proporciona una **base de datos** valiosa que permite tomar decisiones más informadas. Si detectas que la mayoría de las consultas giran en torno a **ayudas al alquiler** o **becas**, puedes ajustar tus esfuerzos hacia la **mejora de esos programas**. Además, la automatización te ofrece un **seguimiento detallado** de las interacciones, ayudándote a analizar tendencias y mejorar la **gestión pública**.

En resumen, la automatización de respuestas en **WhatsApp** mediante **Manychat** es una herramienta esencial para gestionar las consultas diarias de los ciudadanos de manera eficiente. Al **liberar tiempo** y ofrecer respuestas rápidas, mejoras tanto la relación con los ciudadanos como la gestión general de tu concejalía. La **segmentación** y el envío de mensajes personalizados aseguran que cada ciudadano reciba la información que le interesa, mientras que la **comunicación proactiva** te permite mantenerlos siempre informados de las novedades más relevantes.

2.8.- Priorizar las consultas ciudadanas en un dashboard sencillo con algoritmos de IA

La cantidad de información que un político puede recibir de los ciudadanos diariamente es abrumadora. Consultas sobre problemas locales, quejas, sugerencias de mejora y solicitudes de ayuda son solo algunos ejemplos del volumen de mensajes que llegan constantemente. Si bien la **automatización de respuestas** facilita la gestión de consultas comunes, el verdadero reto está en **priorizar** aquellas que requieren **atención inmediata** para evitar que se pierdan entre el flujo general de información.

Aquí es donde un **dashboard** sencillo combinado con **algoritmos de inteligencia artificial** se convierte en una herramienta clave. Un dashboard es una **herramienta visual** que organiza y presenta datos en tiempo real, ayudando a tomar decisiones rápidas. Sin embargo, la verdadera potencia de estos paneles está en su capacidad para **interpretar** y **clasificar** las consultas mediante **IA**, asegurando que las más urgentes o aquellas que afectan a un mayor número de ciudadanos sean gestionadas primero.

El proceso de **priorización** comienza desde el momento en que se recibe una consulta. Si gestionas la interacción ciudadana a través de plataformas como **WhatsApp**, **Telegram** o **redes sociales**, los sistemas de automatización pueden recoger los datos y enviarlos automáticamente al dashboard, donde se presentan de manera organizada. En este punto, la inteligencia artificial entra en juego para **analizar el contenido** y determinar la **urgencia** de cada consulta.

Un método eficaz para esta priorización es el **procesamiento del lenguaje natural** (NLP). Esta tecnología permite a los algoritmos "entender" el lenguaje humano y detectar palabras clave como "urgente", "inmediato" o "crítico". Por ejemplo, si un ciudadano menciona repetidamente problemas con el **alumbrado público** utilizando términos que sugieren urgencia, el algoritmo puede asignar automáticamente una **prioridad alta** a esa consulta dentro del dashboard. De esta manera, problemas graves no se pierden entre las consultas cotidianas de menor importancia.

Además de las palabras clave, los algoritmos de IA pueden **analizar patrones** de interacción, identificando cuántas veces un tema ha sido mencionado o detectando si las consultas provienen de una **zona geográfica** específica. Por ejemplo, si varias personas de un barrio están reportando problemas con el suministro de agua, la IA puede dar prioridad a esas consultas, ayudando a **focalizar recursos** en áreas donde se concentran los problemas.

Para un político, contar con un dashboard basado en IA tiene múltiples ventajas. Evita que consultas urgentes se pierdan en la avalancha de mensajes, algo que puede **perjudicar la imagen pública** y la **gestión efectiva**. Cuando un ciudadano percibe que sus problemas no son atendidos, se genera desconfianza en la gestión. Por el contrario, una respuesta rápida y eficiente genera **satisfacción** y mejora la **relación** entre el político y los ciudadanos.

Además, la IA también puede ayudar a priorizar consultas en función de **datos geográficos**. Si en un área específica se acumulan quejas, el algoritmo puede identificar el patrón y destacar el problema en el dashboard, permitiendo una **respuesta proactiva** que beneficie a una mayor cantidad de personas. Esta capacidad de **aprender** y **mejorar** con el tiempo convierte al sistema en una herramienta aún más eficiente, ajustándose a las **prioridades** del político y su equipo.

El **entrenamiento supervisado** es fundamental para que los algoritmos de IA se adapten a las necesidades específicas de gestión. Al principio, el sistema puede cometer errores, pero con ajustes continuos, aprende a identificar las consultas que realmente requieren atención prioritaria. Por ejemplo, podrías configurar el algoritmo para que las consultas sobre **seguridad** o **salud pública** siempre tengan una prioridad más alta que las relacionadas con problemas menos críticos.

Un dashboard con IA también puede generar **alertas automáticas** para temas recurrentes o consultas que requieren una respuesta en un plazo determinado. Si el algoritmo detecta un aumento significativo de quejas sobre el estado de las **calles** o **transporte público**, puede generar una alerta en el dashboard, destacando el tema como prioritario. Esto permite que el político **se anticipe** a los problemas antes de que se agraven, gestionando de forma **proactiva** y mejorando la **satisfacción ciudadana**.

Otro aspecto clave es el **análisis de sentimiento**, que permite identificar el **tono emocional** de los mensajes. Si varios ciudadanos expresan **frustración** o **descontento** sobre un tema específico, el sistema puede dar más importancia a esas consultas, priorizándolas sobre otras que, aunque traten el mismo tema, son más neutrales. Esto ayuda a medir la **urgencia emocional** de los problemas y priorizar las respuestas según el **nivel de insatisfacción**.

Un ejemplo práctico del uso de un dashboard con IA es la gestión de **campañas de vacunación** o **distribución de ayudas sociales**. En estos casos, donde se manejan grandes volúmenes de consultas, un sistema de **priorización eficiente** garantiza que los ciudadanos en situaciones más **vulnerables** reciban respuestas primero. Además, el sistema ajusta sus recomendaciones en función de los patrones de comportamiento de los ciudadanos, mejorando la **eficacia de la gestión** a largo plazo.

Implementar un dashboard con algoritmos de IA no requiere una gran inversión tecnológica. Existen herramientas accesibles como **Google Data Studio, Streamlit** o **Power BI** que permiten crear **dashboards visuales** conectados a bases de datos donde los algoritmos procesan la información en tiempo real. El objetivo no es que el político se convierta en un **experto en tecnología**, sino que utilice estas herramientas para facilitar su trabajo, **priorizando** lo que realmente importa y tomando decisiones basadas en

datos sólidos.

Un **dashboard sencillo** con **algoritmos de IA** es una solución clave para cualquier político que gestione un gran volumen de interacción ciudadana. No solo permite **visualizar** y **priorizar** las consultas, sino que también mejora la **rapidez** y la **calidad** de las respuestas. Al integrar IA en el proceso de priorización, los políticos pueden fortalecer la **relación** con los ciudadanos, aumentando su capacidad de **gestión en tiempo real** y respondiendo de manera más **estratégica** a los problemas locales.

3.- COMUNICACIÓN CONSTANTE CON LOS CIUDADANOS: AUTOMATIZACIÓN DE MENSAJES E IA

3.1.- ¿Por qué es importante la comunicación continua, más allá de las elecciones?

La **comunicación constante** entre los políticos y los ciudadanos es un pilar fundamental para asegurar una gestión pública eficaz y transparente. Más allá de las elecciones, mantener una **relación continua** con la ciudadanía es esencial para que los ciudadanos no solo se sientan escuchados, sino también **involucrados en el proceso** de toma de decisiones. Sin embargo, la realidad política nos muestra que, tras el periodo electoral, muchos representantes pierden el contacto cercano con los votantes, algo que genera una **desconexión evidente** y afecta negativamente la **percepción pública** de su gestión.

Uno de los **errores más comunes** en la política moderna es pensar que el contacto con los ciudadanos solo debe intensificarse durante las campañas electorales. Mientras que en esos periodos la **presencia pública** se incrementa significativamente, es habitual que una vez en el poder, los políticos desaparezcan hasta las siguientes elecciones. Este patrón genera una **desconfianza creciente** en los ciudadanos, que perciben que sus intereses solo son importantes cuando se necesita su voto. No obstante, en la **era digital** en la que vivimos, donde la información circula a gran velocidad y los ciudadanos tienen más herramientas para **expresar sus opiniones**, **limitar el contacto** a esos momentos puntuales se traduce en una pérdida de legitimidad.

La clave para revertir esta desconexión es aprovechar las herramientas tecnológicas para **mantener una comunicación constante y fluida** con los ciudadanos durante todo el mandato. La **automación de mensajes** y el uso de **inteligencia artificial (IA)** permiten gestionar grandes volúmenes de interacciones, manteniendo una **presencia activa** sin que ello suponga una sobrecarga de trabajo para los equipos de comunicación. Con el uso de plataformas como **WhatsApp Business API** o **chatbots** integrados en **Telegram**, es posible responder de manera inmediata a las preguntas de los ciudadanos, compartir información relevante y **escuchar sus sugerencias** de forma continua.

Este enfoque no solo favorece a los políticos en el **gobierno**, sino que es especialmente útil para aquellos que están en la **oposición**. En muchos casos, los políticos opositores tienen la responsabilidad de **fiscalizar** al gobierno, denunciando problemas que los ciudadanos enfrentan diariamente. Sin embargo, si no existe un **diálogo continuo** con los votantes, esa crítica puede parecer superficial o fuera de contexto. Al utilizar herramientas que permitan **recoger información en tiempo real** sobre las quejas o inquietudes de la población, los políticos en la oposición pueden formular **propuestas más concretas** y **basadas en datos** reales. Esto les otorga mayor credibilidad y los posiciona como una **oposición constructiva**, que no solo se limita a criticar, sino que ofrece **soluciones factibles**.

En este sentido, la **automatización** es la mejor aliada para evitar que las consultas ciudadanas queden sin respuesta. **Manychat**, como ya hemos mencionado, es una plataforma eficaz para automatizar las **conversaciones en canales clave** como **Facebook Messenger** o **WhatsApp**, permitiendo que los ciudadanos reciban respuestas inmediatas sobre temas recurrentes, como los **horarios de servicios públicos, proyectos en marcha** o **problemas locales**. Con **Manychat**, por ejemplo, los políticos pueden crear **flujos de conversación automatizados** que recopilen información de los ciudadanos sobre problemas específicos en sus barrios, y almacenar esos datos para **analizar patrones** y **priorizar** las áreas que requieren una intervención urgente.

El uso de la **IA** y la **automatización** no solo facilita la **respuesta inmediata** a las consultas ciudadanas, sino que también permite gestionar la **segmentación** de la comunicación de manera más eficiente. Imagina que un concejal necesita informar a los ciudadanos sobre el progreso de las obras en una calle específica. En lugar de enviar una actualización genérica a todos los ciudadanos, puede utilizar herramientas de **segmentación geográfica** para asegurarse de que solo los residentes de esa área reciban la información, evitando saturar al resto con datos irrelevantes. Este tipo de comunicación precisa no solo mejora la **experiencia del ciudadano**, sino que además refuerza la idea de que el político está **atento a las preocupaciones locales**.

De la misma manera, un diputado autonómico que trabaja en una nueva legislación sobre movilidad puede utilizar estas herramientas para **segmentar a los ciudadanos** interesados en este tema y enviarles **actualizaciones regulares** sobre el estado del proyecto. Esto genera un **diálogo continuo** que no solo mantiene informada a la población, sino que también permite recoger **opiniones valiosas** que pueden influir en la toma de decisiones finales. De este modo, los ciudadanos no son meros espectadores, sino **actores activos** en el proceso legislativo, lo que aumenta su **nivel de compromiso** y **participación**.

Esta **comunicación continua** tiene también un impacto positivo en la **legitimidad** del político. En una sociedad donde la **desinformación** se propaga con facilidad a través de redes sociales, mantener una **fuente constante de información oficial** es crucial para contrarrestar los rumores y las fake news. Cuando los ciudadanos están acostumbrados a recibir información transparente y directa de sus representantes, es menos probable que sean víctimas de la desinformación, lo que no solo protege la **imagen pública** del político, sino que además fortalece la **confianza en las instituciones**.

Un aspecto fundamental de la **comunicación constante** es la posibilidad de **anticiparse a los problemas**. Cuando los políticos mantienen un **diálogo fluido** con los ciudadanos, pueden detectar **señales tempranas** de problemas antes de que se conviertan en crisis. Por ejemplo, si un barrio empieza a reportar problemas con la recogida de residuos o con la seguridad en zonas públicas, actuar de manera preventiva puede evitar que el problema escale y afecte la **calidad de vida** de los ciudadanos. Este enfoque proactivo no solo mejora la **eficacia en la gestión pública**, sino que además refuerza la percepción de que los políticos son **ágiles y eficientes** en su capacidad de respuesta.

La automatización también permite **gestionar el feedback ciudadano** de manera más estructurada. Los **chatbots** o las **plataformas de mensajería** automatizadas no solo sirven para responder preguntas, sino que también pueden utilizarse para **recoger opiniones** sobre políticas específicas o para realizar **encuestas** que ayuden a los políticos a ajustar sus propuestas en función de las **necesidades reales** de la población. Imagina que se está considerando una nueva normativa sobre urbanismo. A través de **WhatsApp** o **Telegram**, se pueden enviar encuestas automatizadas a los ciudadanos afectados, pidiendo su opinión sobre los cambios propuestos. Las respuestas se almacenan en una base de datos que, posteriormente, puede ser analizada utilizando técnicas de **análisis de datos** para detectar **tendencias** y **preferencias**. De esta manera, las decisiones políticas no se toman en el vacío, sino que están basadas en datos recogidos directamente de la ciudadanía.

Es importante recordar que, si bien la **automatización** facilita la **comunicación continua**, no se trata de desentenderse del proceso. Los ciudadanos perciben cuando una interacción es completamente automatizada y, aunque la inmediatez es importante, también es necesario **humanizar el mensaje** en determinados momentos. Por ejemplo, cuando se trata de problemas más complejos o de mayor sensibilidad, es esencial que haya un **seguimiento humano** que garantice que el ciudadano se siente escuchado y atendido. La automatización no debe ser un sustituto del **contacto humano**, sino una **herramienta complementaria** que permita gestionar la comunicación de manera más eficiente.

Tanto los políticos en el gobierno como aquellos en la oposición pueden beneficiarse enormemente de estas herramientas, ya que no solo permiten **gestionar mejor las relaciones con los ciudadanos**, sino que también proporcionan **datos valiosos** que pueden utilizarse para **optimizar la toma de decisiones**. A través del análisis de los datos recogidos en las interacciones automatizadas, los equipos políticos pueden identificar **áreas de mejora**, **problemas recurrentes** y **oportunidades de acción** que, de otro modo, podrían pasar desapercibidas. Esto no solo mejora la **eficiencia** de la gestión pública, sino que también **fortalece la relación** entre los políticos y sus votantes, ya que demuestra un **compromiso constante** con la mejora de su comunidad.

El gran beneficio de la automatización es que elimina la excusa de que es **imposible mantenerse en contacto** con los ciudadanos una vez terminadas las elecciones. La tecnología está disponible y ofrece soluciones para que la **comunicación continua** no sea una carga, sino una herramienta estratégica.

Los ciudadanos perciben cuando un político solo se interesa por ellos en periodos electorales y, con el tiempo, esto genera un **desinterés** y una **pérdida de confianza** en la política. La comunicación no puede reducirse a la campaña electoral; debe ser una **constante** a lo largo de todo el mandato.

Mantener un **contacto fluido** con los ciudadanos mediante la **automatización** y el **análisis de datos** no solo mejora la percepción pública, sino que **refuerza la legitimidad** de los políticos, tanto en el gobierno como en la oposición. La tecnología ofrece las herramientas para hacerlo de forma **eficiente y eficaz**, y los políticos que saben aprovechar esta oportunidad se colocan un paso adelante en la construcción de una **relación sólida y duradera** con sus electores.

3.2.- Uso de WhatsApp Business API e IA para enviar actualizaciones automáticas y personalizadas

Integrar **WhatsApp Business API** con **inteligencia artificial (IA)** permite a los políticos gestionar la comunicación de manera eficiente, enviando mensajes automáticos, segmentados y personalizados a los ciudadanos. Aunque ya hemos hablado de la **automatización** con herramientas como Manychat, en este apartado profundizamos en cómo **WhatsApp Business API** puede utilizarse para enviar **actualizaciones automáticas**, personalizando los mensajes gracias a la IA para mejorar la comunicación continua entre los políticos y sus comunidades.

WhatsApp Business API se diferencia de la aplicación estándar de WhatsApp al ofrecer una plataforma diseñada para gestionar **altos volúmenes de mensajes** de manera profesional. Es ideal para aquellos que necesitan mantener una **comunicación precisa** y **personalizada**. A través de esta API, los mensajes automáticos no solo se pueden enviar de forma masiva, sino también adaptarse a las **características** y **preferencias** de cada ciudadano mediante la IA, logrando que las interacciones sean más relevantes y efectivas.

El valor real de esta integración es que evita que los ciudadanos reciban información genérica o irrelevante. Al combinar la API con algoritmos de IA, es posible **analizar datos** sobre los intereses, ubicación y comportamiento de los ciudadanos, lo que permite enviar mensajes personalizados que resuenen con cada grupo de personas. Este enfoque no solo mejora la interacción, sino que también aumenta la probabilidad de que los ciudadanos se involucren más activamente en las comunicaciones del gobierno.

Un ejemplo práctico puede ilustrar cómo funciona esto. Supongamos que un gobierno local está gestionando varios proyectos de infraestructura en diferentes partes de la ciudad. En lugar de enviar una actualización general sobre las obras, la IA puede segmentar a los ciudadanos según su ubicación y enviar notificaciones solo a aquellos afectados por las obras en su zona. Así, los mensajes son **oportunos y útiles**, lo que genera una **comunicación más eficiente**.

Otra gran ventaja de utilizar la **IA** en **WhatsApp Business API** es la capacidad de personalizar aún más los mensajes basados en las interacciones previas de los ciudadanos con el gobierno. Por ejemplo, si un grupo de personas ha mostrado interés en **programas de ayudas sociales**, la IA puede clasificarlos automáticamente y enviarles información sobre nuevas **subvenciones** o recordarles las fechas de inscripción. Este tipo de segmentación asegura que la comunicación sea **pertinente** y que los ciudadanos reciban solo la información que realmente les importa.

La **automatización** también resulta útil en situaciones que requieren respuestas inmediatas o ante **cambios legislativos**. Por ejemplo, si se aprueba una ley que afecta a los pequeños empresarios, el sistema de IA puede identificar a quienes han mostrado interés en temas relacionados con negocios locales y enviarles un mensaje personalizado con los detalles de cómo la nueva ley impactará sus actividades. De esta forma, cada ciudadano recibe información que es **relevante y de valor**.

Otra funcionalidad clave es la capacidad de programar mensajes. Los equipos políticos pueden configurar recordatorios automáticos para fechas importantes, como el inicio de la inscripción para becas escolares o alertas sobre interrupciones de servicios locales. Por ejemplo, si los ciudadanos se inscribieron en una lista de espera el año anterior, pueden recibir un recordatorio cuando se abra el nuevo plazo, sin necesidad de intervención manual.

La **IA** no solo ayuda en la segmentación y personalización de los mensajes, sino que también analiza la respuesta de los ciudadanos. A través de algoritmos de **machine learning**, es posible medir qué tipo de mensajes generan más interacción y ajustar la estrategia de comunicación en base a esos resultados. Si, por ejemplo, los mensajes sobre infraestructuras generan mayor interés que otros temas, el sistema puede priorizar este tipo de actualizaciones en futuras comunicaciones. Esta capacidad de **retroalimentación constante** garantiza que la comunicación se mantenga **dinámica** y adaptada a las necesidades de la población.

El éxito de la automatización de mensajes a través de WhatsApp Business API depende de asegurarse de que los ciudadanos perciban los mensajes como **información útil** y no como spam. La combinación de IA y la API es clave para ofrecer una **experiencia personalizada**, informando de manera eficaz sin saturar al ciudadano con mensajes innecesarios. Además, el uso de WhatsApp permite que los ciudadanos interactúen directamente, haciendo preguntas o solicitando más información, lo que crea una **comunicación bidireccional** más rica.

El uso de **WhatsApp Business API** combinado con la **inteligencia artificial** ofrece un gran potencial para transformar la comunicación política. No solo facilita la **gestión eficiente** de grandes volúmenes de mensajes, sino que también permite crear **experiencias de comunicación más cercanas**, segmentadas y relevantes, mejorando tanto el **compromiso ciudadano** como la **percepción pública** de los políticos y sus equipos.

3.3.- Responder de manera rápida con scripts en Python e IA: alertas y novedades

La capacidad de responder de manera rápida y eficaz a las demandas de los ciudadanos es fundamental para cualquier político o equipo de gobierno. En un contexto donde la inmediatez es una expectativa constante, contar con sistemas que gestionen grandes volúmenes de consultas y envíen alertas de forma automática marca una gran diferencia. Aquí es donde los **scripts en Python** y la **inteligencia artificial (IA)** entran en juego, permitiendo no solo automatizar respuestas, sino también optimizar la **comunicación personalizada** con los ciudadanos.

Python se ha convertido en una herramienta imprescindible para la **automatización de tareas**. Su versatilidad y las múltiples bibliotecas que ofrece permiten gestionar datos en tiempo real, integrar APIs y crear soluciones automatizadas a medida de las necesidades de cada administración. Para los políticos, los scripts en Python abren nuevas posibilidades: desde la generación de respuestas automáticas hasta la creación de **alertas segmentadas** en tiempo real. Al combinar estos scripts con **IA**, no solo se acelera el proceso, sino que se consigue adaptar el mensaje a cada ciudadano, priorizando la información relevante basada en los datos disponibles.

Imagina, por ejemplo, que en una ciudad se están realizando obras de infraestructura que están causando problemas en las carreteras. Esto genera una oleada de consultas de ciudadanos preocupados por el tiempo de finalización de las obras o las rutas alternativas disponibles. Un script en Python puede gestionar estas interacciones de manera automatizada, conectándose a una **base de datos de preguntas frecuentes** para generar respuestas inmediatas y precisas. Esto aligera la carga de trabajo del equipo y garantiza que cada ciudadano obtenga una respuesta rápida y ajustada a su situación.

Una de las ventajas de estos sistemas es la **gestión de datos en tiempo real**. A través de APIs que recogen información sobre el tráfico, infraestructuras o el clima, los scripts en Python pueden generar **alertas automáticas** adaptadas a las circunstancias. Si, por ejemplo, una carretera va a estar cerrada temporalmente, el sistema puede notificar automáticamente a los residentes de esa zona sobre la situación, sugiriendo rutas alternativas. Estas notificaciones pueden enviarse a través de plataformas como **WhatsApp**, **Telegram** o **correo electrónico**, dependiendo de las preferencias del ciudadano.

El uso de **APIs** como **Twilio** o **WhatsApp Business** es un ejemplo claro de cómo estos scripts pueden gestionar la comunicación. Un político local podría, por ejemplo, utilizar un script que reciba datos meteorológicos en tiempo real de una API como **OpenWeatherMap** y, ante la amenaza de una tormenta, enviar automáticamente una alerta a los ciudadanos en las áreas afectadas.

La **IA** complementa este proceso mejorando la **precisión** y **eficacia** de las alertas. Mediante algoritmos de machine learning, es posible aprender de los **patrones de comportamiento** de los ciudadanos y ajustar el envío de notificaciones según sus preferencias. Por ejemplo, si ciertos ciudadanos tienden a revisar sus mensajes en horas específicas del día, la IA puede programar el envío de alertas durante esos momentos, maximizando las probabilidades de que sean vistas y atendidas.

Además de las alertas, los scripts en Python pueden gestionar la **distribución de novedades** de manera eficiente. Imagina que una ciudad está llevando a cabo varios proyectos simultáneos, como la construcción de parques, mejoras en infraestructuras y nuevos programas sociales. Un sistema automatizado puede enviar actualizaciones periódicas sobre el estado de estos proyectos, manteniendo a los ciudadanos informados sin que el equipo de gobierno tenga que hacerlo manualmente. Esta transparencia constante genera una mayor **confianza** y una percepción de **proximidad** entre los ciudadanos y sus representantes.

Segmentar estas alertas y novedades es fundamental. No todos los ciudadanos desean recibir la misma información, por lo que es crucial que las actualizaciones se adapten a sus intereses. Aquí, la **IA** juega un papel clave, permitiendo analizar las preferencias de los ciudadanos y personalizar las actualizaciones en función de lo que realmente les importa. Esto evita que los ciudadanos se vean abrumados por información irrelevante y mejora la **eficacia** de la comunicación.

Un ejemplo práctico del funcionamiento de estos scripts sería el siguiente:

1. **Recopilación de datos en tiempo real**: El script se conecta a diferentes fuentes de datos (APIs de tráfico, meteorología, infraestructuras) para obtener la información más actualizada.
2. **Análisis de datos**: Con ayuda de algoritmos de machine learning, el sistema analiza los datos para detectar situaciones que ameriten una alerta o actualización (como cierres de carreteras, interrupciones de servicios o condiciones climáticas adversas).
3. **Segmentación**: Basado en las preferencias y datos históricos de interacción de los ciudadanos, el sistema segmenta los destinatarios para asegurarse de que cada uno reciba la información que más le interesa.
4. **Envío automatizado**: Utilizando APIs como Twilio o WhatsApp Business, el sistema envía las alertas y novedades a través de las plataformas preferidas por cada ciudadano.
5. **Análisis de resultados**: Después del envío, el sistema analiza la respuesta de los ciudadanos utilizando machine learning para optimizar futuras alertas y comunicaciones.

El uso de estos sistemas también tiene aplicaciones en campañas más amplias, como la distribución de **ayudas sociales** o la **vacunación masiva**.

Un script en Python podría gestionar el envío de recordatorios a las personas que son elegibles para una ayuda o una vacuna, asegurando que nadie se quede fuera por olvido. Además, la IA puede analizar los datos de aquellos que no han respondido a las primeras notificaciones y enviarles **recordatorios personalizados**, aumentando así la participación.

Por otro lado, estos sistemas también son eficaces en situaciones cotidianas. Los **chatbots** basados en Python pueden responder automáticamente a preguntas frecuentes, como los **horarios de atención** de oficinas municipales o los requisitos para tramitar una ayuda. Esto no solo mejora la experiencia del ciudadano, sino que también reduce la carga de trabajo del equipo, liberando recursos para otras tareas.

La **escalabilidad** de estos scripts permite gestionar miles de consultas simultáneamente, algo impensable de hacer manualmente. Durante picos de demanda, como una emergencia sanitaria o un evento masivo, los ciudadanos pueden recibir respuestas inmediatas y precisas gracias a la automatización, garantizando una **comunicación fluida y eficiente**.

Integrar **Python** y **IA** en la gestión de alertas y novedades permite a los políticos estar a la altura de las demandas ciudadanas, ofreciendo una **respuesta rápida, personalizada** y adaptada a las necesidades de cada persona.

3.4.- Crear mensajes automáticos de seguimiento para casos específicos (ej. problemas de infraestructura) con IA

Imagina que en un municipio de tamaño medio se produce la rotura de una cañería en una calle principal. Este tipo de incidente no solo interrumpe el suministro de agua, sino que afecta también al tráfico, especialmente si se trata de una vía de alta circulación. En una situación crítica como esta, la **comunicación inmediata** con los ciudadanos es clave. Aquí es donde la **automatización** de mensajes de seguimiento apoyados por la **IA** resulta crucial para mantener a la ciudadanía informada en cada etapa de la intervención.

El proceso comienza con una **notificación automática** del problema. Tan pronto como el ayuntamiento detecta la rotura de la cañería, se envía un mensaje a través de plataformas como **WhatsApp** o **Telegram**, además de las redes sociales, para informar a los ciudadanos afectados. El mensaje puede incluir algo como:

"Estimado vecino, hemos detectado una rotura en la red de agua en la calle Mayor. El servicio podría verse interrumpido y habrá restricciones de tráfico. Estamos trabajando para resolverlo lo antes posible. Le mantendremos informado".

La automatización garantiza que la información se entregue de inmediato a los afectados, y gracias a la **IA**, el mensaje se puede **personalizar**, dirigiéndose únicamente a los ciudadanos de la zona afectada. Esto se logra mediante **segmentación geográfica**, de modo que solo los vecinos cercanos al incidente reciban las notificaciones, evitando alertar a quienes no están implicados.

Una vez que el equipo de obras comienza a trabajar, la IA sigue gestionando las **actualizaciones automáticas**. Al cerrarse la calle, se puede enviar un nuevo mensaje con detalles sobre el cierre y rutas alternativas:

"La calle Mayor ha sido cerrada para reparar la red de agua. Utilice las rutas alternativas indicadas. Estamos trabajando para minimizar las molestias".

Incluir un **mapa interactivo** con los desvíos sugeridos facilita la planificación para los conductores y ayuda a reducir el impacto en el tráfico.

A medida que las reparaciones avanzan, la IA puede programar **mensajes automáticos de seguimiento** para mantener a los ciudadanos actualizados. Por ejemplo, si se restablece el suministro de agua en algunas zonas o se habilita parcialmente el tráfico, se enviaría un mensaje como:

"El suministro de agua ha sido restablecido parcialmente en la calle Mayor. Las obras

continúan, pero se ha habilitado un carril para el tráfico en dirección norte. Gracias por su paciencia".

La IA también puede anticipar preguntas comunes que los ciudadanos podrían tener, como la duración estimada de las reparaciones o el impacto en otras áreas. Si las obras se prolongan, se puede enviar un nuevo mensaje con una actualización del cronograma y detalles sobre los esfuerzos adicionales:

"Debido a la complejidad de la reparación, las obras en la calle Mayor continuarán mañana. Agradecemos su comprensión y estamos tomando medidas para resolverlo lo antes posible".

Finalmente, cuando las obras concluyen, la IA se encarga de enviar una **notificación final** para informar sobre la vuelta a la normalidad:

"Las obras en la calle Mayor han finalizado y el tráfico ha sido reabierto por completo. El suministro de agua ha sido restablecido en toda la zona. Gracias por su paciencia y colaboración".

Todo este flujo de **mensajes automáticos** asegura que los ciudadanos estén informados en todo momento, reduciendo además la carga de trabajo del equipo de comunicación del ayuntamiento, que puede enfocarse en gestionar la crisis. Al utilizar IA para analizar el impacto de los mensajes, también es posible ajustar la **frecuencia** y el **contenido** en tiempo real, asegurando que la comunicación sea siempre relevante y efectiva.

Este ejemplo muestra cómo la **automatización con IA** no solo mejora la **transparencia** y la **confianza** de los ciudadanos, sino que facilita una gestión pública más ágil, especialmente en situaciones críticas.

3.5.- Ejemplo práctico: cómo usar un chatbot impulsado por IA para dar información sobre proyectos en marcha

Otro ejemplo práctico de cómo la **tecnología** puede mejorar la **comunicación entre el gobierno local y los ciudadanos** es mediante el uso de un **chatbot impulsado por IA** para informar sobre proyectos en marcha. Esta herramienta es especialmente útil para eventos que abarcan varios días y que implican diversas actividades, como por ejemplo nos inventamos la **Semana del Mercadillo Medieval** en el municipio, una iniciativa organizada por varias concejalías del municipio y que incluye una amplia oferta cultural, de entretenimiento y de participación ciudadana. En este caso, el **chatbot** puede convertirse en una fuente de información centralizada, accesible y en tiempo real para los ciudadanos, ayudando a difundir cada actividad y a resolver dudas de manera automática.

La idea detrás del chatbot es facilitar que cualquier ciudadano pueda estar **informado en todo momento** sobre lo que está ocurriendo en el municipio, especialmente durante esta semana repleta de actividades. El chatbot, disponible en plataformas como **WhatsApp**, **Telegram** o incluso a través de la página web municipal, responderá a preguntas y consultas comunes como: "**¿Qué puedo hacer ahora?**" o "**¿Hay actividades para niños?**", proporcionando información instantánea y segmentada en función de las características de los eventos en marcha.

El chatbot, que habría sido anunciado previamente a la población a través de las **redes sociales del ayuntamiento**, la **página web oficial** y otros canales, se convierte en una herramienta accesible desde cualquier dispositivo móvil. A medida que los ciudadanos interactúan con él, la IA analiza las consultas y responde en base a la **base de datos** de actividades programadas. Por ejemplo, si alguien pregunta: "**¿Qué puedo hacer esta tarde?**", el chatbot puede ofrecer una lista de las actividades en marcha en ese momento, indicando la ubicación, el horario y una breve descripción de cada una: "Hoy a las 17:00 horas en la Plaza Mayor, tienes el inicio del Torneo de Caballeros. También, a las 18:00, comienza el taller de pintura medieval para niños en la Plaza del Mercado."

Este tipo de chatbot no solo responde a preguntas estáticas, sino que puede ajustar sus respuestas en función de las **preferencias o necesidades específicas** de los ciudadanos. Supongamos que alguien pregunta: "**Tengo niños, ¿qué puedo hacer?**", el chatbot puede filtrar automáticamente las actividades y ofrecer solo aquellas que estén dirigidas a familias con niños o que cuenten con actividades infantiles: "A las 16:00 horas en el Parque Central hay un taller de manualidades medievales para niños y a las 17:30 horas, en el teatro municipal, hay una obra de teatro familiar." Este nivel de personalización, facilitado por la **IA**, mejora significativamente la experiencia del ciudadano y lo hace sentir más conectado con el evento.

Además, el chatbot puede ofrecer información valiosa para quienes tienen que **desplazarse por la ciudad** durante la Semana del Mercadillo Medieval, una época en la que es común que haya **restricciones de tráfico** o cambios en la movilidad. Por ejemplo, si un ciudadano pregunta: **"Voy a la calle Mayor, ¿tendré problemas con el tráfico?"**, el chatbot puede ofrecer una respuesta automática basada en la información en tiempo real sobre las **vías cerradas** o las **rutas alternativas**. De esta forma, el ciudadano sabe de antemano si tendrá dificultades para llegar a su destino y qué opciones de desvío tiene disponibles.

Este tipo de chatbot no solo responde a las consultas de los ciudadanos de manera eficiente y rápida, sino que también puede ser **proactivo** en su comunicación. Gracias a la **segmentación de la base de datos** de ciudadanos, el chatbot puede enviar notificaciones automáticas sobre las actividades que podrían interesar a grupos específicos de personas. Por ejemplo, si el municipio tiene una base de datos donde los ciudadanos están segmentados por edad, preferencias o nivel de participación en actividades municipales previas, el chatbot puede enviar mensajes personalizados para informar sobre eventos que coincidan con sus intereses.

Imagina que un ciudadano que suele participar en actividades culturales está inscrito en la base de datos. El chatbot podría enviarle un mensaje automático antes de que comience un evento cultural destacado: **"¡Hola! No te pierdas esta tarde a las 19:00 horas el Concierto de Música Medieval en la Plaza Mayor. Sabemos que disfrutas de este tipo de eventos, así que queríamos asegurarnos de que estés al tanto."** Esta función de notificación proactiva es especialmente valiosa porque no solo facilita que los ciudadanos se enteren de lo que está ocurriendo, sino que también mejora la **participación** en los eventos ya que la información llega de manera directa a quienes tienen más probabilidades de estar interesados.

De la misma forma, si el chatbot detecta que en la base de datos hay familias con niños pequeños que han participado en actividades infantiles en el pasado, puede enviarles un recordatorio sobre los eventos dirigidos a los más pequeños: **"Mañana a las 11:00 horas en el Parque Central, taller de construcción de castillos medievales para niños. ¡Te esperamos!"** Este tipo de comunicación **segmentada** asegura que cada grupo reciba información relevante, aumentando el impacto de las actividades programadas y la satisfacción de los ciudadanos.

Otra ventaja del chatbot es que puede enviar **notificaciones automáticas** sobre cambios en la programación o problemas que surjan durante el evento. Por ejemplo, si debido a las condiciones climáticas es necesario cancelar o reprogramar una actividad, el chatbot puede informar rápidamente a todos los interesados. Un mensaje automático podría ser: **"El taller de escultura medieval previsto para hoy a las 18:00 horas en el Parque Central ha sido reprogramado para mañana a la misma hora debido a la lluvia. Gracias por su comprensión."** Esta capacidad de respuesta inmediata mejora la **gestión de imprevistos** y evita que los ciudadanos se sientan desinformados o confusos.

Además, el chatbot puede ayudar a promover actividades que no han tenido tanta atención mediática o que necesitan más promoción. Por ejemplo, si durante el evento el ayuntamiento detecta que una de las actividades programadas está recibiendo menos asistencia de la esperada, el chatbot puede enviar un mensaje proactivo a los ciudadanos que aún no han participado: **"A las 16:30, taller de danza medieval en la Plaza del Mercado. ¡Todavía estás a tiempo de unirte!"**. De esta manera, la tecnología permite hacer **ajustes rápidos** en la promoción y asegurar que todas las actividades tengan la visibilidad que merecen.

En cuanto a la **integración de la IA**, el chatbot aprende de las **interacciones** con los ciudadanos, ajustando sus respuestas y recomendaciones en función de las consultas más frecuentes. Si detecta que muchas personas están interesadas en eventos infantiles, puede comenzar a priorizar ese tipo de información en sus respuestas o incluso en sus notificaciones proactivas. Este aprendizaje continuo permite que el chatbot se adapte a las **necesidades cambiantes** de los ciudadanos durante la Semana del Mercadillo Medieval.

En definitiva, este ejemplo práctico muestra cómo un **chatbot impulsado por IA** no solo puede responder de manera eficiente a las consultas de los ciudadanos, sino también **anticiparse a sus necesidades** mediante notificaciones personalizadas y proactivas. Desde informar sobre el tráfico y las actividades disponibles, hasta enviar recordatorios sobre eventos relevantes, el chatbot se convierte en una herramienta valiosa para **mantener a la ciudadanía conectada** e **informada en tiempo real**, mejorando su **experiencia** y aumentando la **participación** en iniciativas municipales como la Semana del Mercadillo Medieval.

3.6.- Análisis de la efectividad de la comunicación con los ciudadanos usando algoritmos de IA

El análisis de la **efectividad de la comunicación con los ciudadanos** utilizando **algoritmos de IA**, como ya hemos explorado en otros puntos del libro, es esencial para medir no solo la cantidad de interacciones, sino también la **calidad** de las mismas. Ahora bien, al aplicar estas técnicas a una estrategia política, el reto no es solo entender si los ciudadanos están recibiendo los mensajes, sino si estos mensajes están generando el **impacto adecuado** y fomentando una **relación más sólida** entre el político y su electorado.

Un aspecto fundamental es la **evaluación continua** que los algoritmos de IA permiten hacer sobre la calidad de las interacciones. Aquí, no se trata solo de analizar métricas superficiales como las **tasas de apertura** o los **clics** en enlaces, sino de aplicar modelos más complejos para extraer información sobre el **grado de compromiso** de los ciudadanos y cómo este varía con el tiempo. Para esto, el uso de **modelos predictivos** y **machine learning** juega un papel clave. Estos modelos pueden analizar patrones históricos de comportamiento ciudadano e identificar **tendencias** que permitan prever cómo se comportará una audiencia en respuesta a futuros mensajes o políticas.

Al aplicar **algoritmos de clustering** (agrupamiento) o **modelos supervisados**, los equipos de comunicación política pueden segmentar a los ciudadanos en **grupos de comportamiento**. Por ejemplo, utilizando el **análisis de k-means**, es posible identificar a aquellos ciudadanos que tienden a responder de forma **activa y positiva** ante ciertos temas, frente a aquellos que suelen reaccionar de forma más crítica o que **desconectan** después de un cierto número de interacciones. Esta **segmentación avanzada** no solo permite adaptar los mensajes para ser más efectivos, sino que ayuda a gestionar **recursos de comunicación** de manera más eficiente. Para un político en la oposición, por ejemplo, esto podría traducirse en un enfoque más preciso para criticar ciertas gestiones gubernamentales, enviando mensajes a los ciudadanos que han mostrado mayor disconformidad con esos temas, y optimizando los recursos limitados de su equipo de comunicación.

Otro aspecto técnico a considerar es el uso de **redes neuronales recurrentes (RNN)**, particularmente útiles en el análisis de series temporales y en el contexto de la **comunicación continua**. Como hemos mencionado antes, la **fatiga comunicativa** puede ser un factor crucial que disminuye la efectividad de las interacciones con los ciudadanos. Las **RNN** permiten modelar secuencias de datos que tienen una dependencia temporal, es decir, que tienen en cuenta el orden y la frecuencia con la que ocurren las interacciones. Este tipo de redes neuronales puede predecir cuándo es más probable que un ciudadano deje de interactuar con los mensajes, y así ajustar automáticamente la **frecuencia** y **tono** de las comunicaciones para maximizar el compromiso.

Además, los **algoritmos de análisis de sentimiento**, que ya hemos mencionado previamente, pueden ser llevados un paso más allá al combinarse con técnicas de **deep learning**. Las redes neuronales profundas permiten no solo clasificar un mensaje en positivo, negativo o neutral, sino también **extraer emociones más complejas**, como **frustración, desinterés** o **expectativa**, que pueden ofrecer una **visión más detallada** del estado emocional del ciudadano. Por ejemplo, si un político envía una actualización sobre el progreso de un proyecto de ley y recibe una oleada de respuestas que, aunque aparentemente positivas, contienen matices de **escepticismo** (algo que modelos más simples de NLP podrían no detectar), los algoritmos de IA avanzados pueden sugerir **ajustes en la narrativa** para abordar esas preocupaciones antes de que crezcan.

A nivel técnico, la **implementación** de estas soluciones requiere un flujo de trabajo bien estructurado. Uno de los pasos críticos es la **recopilación y limpieza de datos**, asegurando que los datos provenientes de diferentes plataformas de comunicación (como **WhatsApp, Telegram, Facebook Messenger** u otros canales) se **integren correctamente** y se **preprocesen** adecuadamente. Como ya se ha discutido anteriormente, herramientas como **Pandas** en Python son fundamentales para realizar esta **limpieza de datos**, eliminando ruido, normalizando textos y creando datasets consistentes que puedan ser procesados por los algoritmos.

Una vez que los datos están listos, los **modelos de machine learning** y **deep learning** pueden entrenarse utilizando técnicas de **validación cruzada** para asegurar que los resultados no se sobre ajustan a un conjunto de datos particular y sean generalizables a nuevas interacciones. Aquí, el uso de **TensorFlow** o **PyTorch** para construir **modelos de redes neuronales** puede ser clave, especialmente si se busca una **precisión elevada** en el análisis de mensajes complejos o la predicción de comportamientos a largo plazo. Estos frameworks permiten a los equipos de comunicación política **experimentar** con diferentes tipos de redes neuronales, ajustando hiperparámetros como el número de capas, unidades y funciones de activación para optimizar el rendimiento del modelo.

Otro componente técnico clave es el uso de **pipelines de automatización**, que permiten integrar el flujo de datos, el análisis de IA y la comunicación con los ciudadanos de manera **dinámica**. Mediante plataformas como **Airflow** o **Luigi**, se pueden diseñar **workflows automatizados** que tomen los datos de las interacciones ciudadanas, los pasen por el modelo de análisis adecuado, y generen informes o ajustes automáticos en tiempo real. Esto es especialmente útil cuando se gestionan miles de interacciones diarias y se necesita una solución **escalable** que mantenga la **eficacia operativa** sin intervención manual constante.

Es importante destacar que, más allá del **análisis en tiempo real**, el **valor predictivo** de la IA puede ayudar a los políticos a **anticiparse** a la reacción ciudadana frente a proyectos o decisiones que aún no se han implementado.

Al utilizar **modelos predictivos basados en regresión** o técnicas más avanzadas como **XGBoost**, los equipos de comunicación pueden proyectar cómo un grupo de ciudadanos probablemente reaccionará a una determinada medida o cambio de política antes de que se anuncie. Esto permite **ajustar la estrategia comunicativa** con antelación, maximizando el impacto positivo y mitigando posibles reacciones adversas.

Finalmente, otro aspecto técnico relevante es la **optimización del contenido** de los mensajes utilizando **técnicas de A/B testing** apoyadas por IA. En lugar de realizar pruebas simples que comparen dos versiones de un mensaje, los **algoritmos de IA** permiten realizar **pruebas multivariadas** que analizan múltiples variaciones de contenido, tono y estructura simultáneamente, optimizando no solo qué versión genera más interacción, sino también qué elementos específicos del mensaje contribuyen al éxito de la comunicación. Esta optimización puede ser continua, ajustándose dinámicamente en función de los resultados obtenidos en tiempo real, lo que garantiza que el contenido esté siempre **afinándose** para ser lo más efectivo posible.

En resumen, el **análisis de la efectividad de la comunicación con los ciudadanos usando IA** no es solo una cuestión de medir cuántos mensajes se envían o cuántos se leen, sino de profundizar en la **calidad de las interacciones**, ajustando la estrategia de comunicación en función de las **emociones**, **reacciones** y **comportamientos** detectados. Los **modelos predictivos**, el **análisis de sentimiento avanzado**, las **redes neuronales recurrentes** y las técnicas de **automatización** permiten que los políticos mantengan una **comunicación fluida**, pero también **efectiva y relevante** con sus electores. La IA ofrece una oportunidad única de **anticiparse a los problemas** y ajustar la comunicación de manera que siempre esté alineada con las expectativas y emociones de los ciudadanos, algo que en la política moderna es **indispensable** para mantener y fortalecer la **confianza pública**.

4.- MEDICIÓN DEL IMPACTO DE LAS POLÍTICAS LOCALES CON DATOS E IA

4.1.- ¿Cómo medir si las políticas locales están funcionando?

Medir el impacto de las **políticas locales** es un desafío esencial para cualquier político, ya sea en el gobierno o en la oposición. Como en cualquier proceso de gestión, **lo que no se puede medir, no se puede mejorar**, y sin un análisis profundo basado en datos, es imposible saber si las decisiones políticas están logrando los objetivos planteados o si es necesario ajustarlas. Así como en una **campaña de marketing** se mide el **retorno de inversión (ROI)** para evaluar el éxito de las acciones realizadas, en la política es crucial definir métricas claras que permitan **valorar el impacto real de las políticas locales**.

Uno de los errores más comunes es pensar que el éxito de una política se mide simplemente por la **implementación de acciones concretas** o por la **cantidad de recursos invertidos**. Sin embargo, estos son solo datos superficiales que no revelan el **verdadero impacto** en la vida de los ciudadanos. Por ejemplo, no basta con aumentar el número de autobuses en una ciudad si los ciudadanos siguen experimentando largos tiempos de espera o congestión en las principales líneas de transporte. Las métricas que realmente importan son aquellas que reflejan la **experiencia ciudadana** y el **cambio tangible** en su calidad de vida.

El primer paso para medir el impacto de una política es **definir objetivos claros** desde el principio. Esto implica que cualquier política debe estar basada en metas específicas que permitan evaluar su **progreso** y **resultados** a lo largo del tiempo. Estos objetivos no solo son esenciales para justificar las acciones que se están llevando a cabo si se está en el gobierno, sino que también ofrecen una **base objetiva** para que la oposición pueda evaluar y criticar constructivamente las políticas en marcha. Si un político está implementando una nueva política de mejora en el transporte público, no es suficiente definir un objetivo como "mejorar el servicio", sino que se deben establecer metas claras, como **reducir los tiempos de espera en un 20%** o **aumentar la satisfacción de los usuarios en un 15%** en un periodo determinado.

Una vez que se han definido los **objetivos concretos**, el siguiente paso es implementar una estrategia de **recolección y análisis de datos** para poder medir si esos objetivos se están alcanzando. Aquí es donde las **herramientas de inteligencia artificial (IA)** juegan un papel clave. Las **soluciones basadas en IA** permiten procesar y analizar grandes volúmenes de datos en tiempo real, lo que facilita la **detección de patrones** y **tendencias** que de otro modo pasarían desapercibidos. Por ejemplo, en lugar de simplemente contar cuántos ciudadanos utilizan el transporte público después de una mejora, la IA puede analizar el **comportamiento de los usuarios**, detectando si hay **cambios en los patrones de uso**, como **horas pico** o **zonas donde la demanda aumenta** de manera más significativa.

Además, el uso de la IA en la medición del impacto de las políticas permite **predecir** cómo estas medidas afectarán a diferentes **grupos demográficos** o **geográficos**. Esto es fundamental, ya que no todos los ciudadanos experimentan los efectos de las políticas de la misma manera. Un cambio en el transporte público, por ejemplo, puede tener un impacto muy diferente en los **trabajadores de clase media** que dependen del autobús para sus desplazamientos diarios, en comparación con las personas que solo lo utilizan ocasionalmente. **Segmentar los datos** en función de diferentes **grupos de interés** permite evaluar de manera mucho más precisa el impacto de la política y **ajustar las acciones** para maximizar sus beneficios.

El **análisis de sentimiento** también es una herramienta útil que puede aportar valor a la hora de medir el impacto de las políticas locales. Como hemos mencionado en otros capítulos del libro, los **chatbots** y **plataformas de mensajería** como **WhatsApp Business API** o **Telegram** permiten una comunicación constante con los ciudadanos, y al analizar las **respuestas y comentarios** de estos, es posible obtener una **visión directa** sobre cómo están percibiendo las políticas implementadas. No basta con medir cuántos ciudadanos responden a una encuesta o cuánto tiempo permanecen en una conversación; lo importante es **evaluar la calidad** de esas interacciones. **Los algoritmos de procesamiento del lenguaje natural (NLP)** permiten analizar el **tono y el sentimiento** detrás de las respuestas ciudadanas, diferenciando entre comentarios **positivos, negativos o neutrales**, e incluso profundizando en **emociones más complejas** como la frustración o la esperanza.

Por ejemplo, si una encuesta sobre una nueva política de **infraestructuras viales** muestra que muchos ciudadanos sienten que el proyecto se ha demorado más de lo esperado, el análisis de sentimiento puede revelar un **creciente descontento**, aunque las métricas iniciales como el **número de respuestas** o la **tasa de participación** sean altas. Esto da la oportunidad al equipo de gobierno o a la oposición de ajustar sus estrategias y abordar las **preocupaciones** de manera **proactiva**, antes de que el descontento se extienda más ampliamente. Esto no solo mejora la **percepción pública** del proyecto, sino que refuerza la **confianza en la capacidad de respuesta** de las instituciones.

La **retroalimentación ciudadana** es clave para cualquier estrategia política eficaz. Los **datos cuantitativos**, como el número de infraestructuras construidas o el aumento de usuarios en el transporte público, son importantes, pero no pueden analizarse de manera aislada. Las **encuestas y sondeos** proporcionan un canal directo para que los ciudadanos **expresen sus opiniones** sobre las políticas en marcha. Utilizando la IA para analizar la **retroalimentación cualitativa**, se puede tener una visión más profunda de lo que realmente piensan los ciudadanos y **ajustar** las políticas en función de esa percepción.

Pero más allá de la evaluación **a corto plazo**, uno de los mayores beneficios del uso de IA es la capacidad para **medir el impacto a largo plazo**. Las políticas públicas, especialmente las relacionadas con **infraestructuras, servicios públicos o medio ambiente**, pueden tardar años en mostrar sus efectos completos. La IA permite realizar **análisis predictivos**, anticipando cómo evolucionarán los resultados de una política a medida que se implementan más proyectos o que pasa el tiempo. Esto es fundamental para hacer **ajustes a lo largo del tiempo**, ya que permite a los políticos corregir el curso de una política antes de que sus efectos negativos sean irreversibles o demasiado evidentes para la ciudadanía.

Por ejemplo, en una **política de urbanismo**, puede que los primeros meses después de su implementación no muestren una mejora significativa en el tráfico o la calidad de vida en las áreas afectadas. Sin embargo, al analizar los datos históricos y **modelar** diferentes escenarios con IA, es posible prever que la política tendrá un impacto positivo a más largo plazo, ya que la infraestructura y las **mejoras urbanas** necesitan tiempo para madurar y mostrar su verdadero efecto. Este tipo de **visión a largo plazo** es invaluable para los políticos que buscan **justificar sus decisiones** y **mantener el apoyo** de los ciudadanos, incluso en aquellos casos en los que los beneficios no son inmediatos.

Otro aspecto esencial a considerar es la **personalización de la comunicación** en función de los **datos recopilados**. Como ya hemos discutido, no todos los ciudadanos responden de la misma manera ni a la misma velocidad. La IA permite **personalizar la frecuencia y el tipo de mensajes** que se envían a cada grupo de ciudadanos en función de sus intereses o **nivel de preocupación** por un tema en particular. Esto es crucial para garantizar que las políticas locales no solo sean **visibles**, sino que lleguen a aquellos ciudadanos a los que más les afectan.

Por último, la **IA** no solo sirve para medir y ajustar el impacto de las políticas ya implementadas, sino también para **anticiparse a las consecuencias futuras**. Al utilizar **modelos predictivos avanzados**, los equipos políticos pueden prever cómo reaccionará el público ante una política aún no implementada. Esto permite diseñar estrategias de comunicación que **preparen** a los ciudadanos para los cambios, mitigando posibles **reacciones negativas**. Si, por ejemplo, se anticipa que una política de **recorte en los servicios públicos** generará **reacciones negativas** en ciertos grupos de la población, los datos predictivos pueden ayudar a crear un **plan de comunicación** que aborde las preocupaciones antes de que se manifiesten abiertamente.

En definitiva, la medición del impacto de las **políticas locales** es un proceso continuo que va mucho más allá de las cifras inmediatas. La **recolección de datos**, el **análisis profundo** a través de la **IA** y la **retroalimentación constante** de los ciudadanos son esenciales para evaluar no solo si una política está funcionando, sino también **cómo** se puede ajustar para maximizar sus beneficios. Al igual que en el marketing, donde las métricas permiten evaluar el **éxito de una campaña**, en la política, las **métricas son fundamentales** para asegurar que las acciones políticas estén **cumpliendo su propósito** y mejorando la vida de los ciudadanos a largo plazo. **Sin medición no hay mejora,** y sin mejora, la confianza y credibilidad en la gestión pública pueden erosionarse rápidamente. La clave está en usar **datos precisos**, analizarlos de manera efectiva con **tecnología avanzada** y, sobre todo, tener la **flexibilidad** para ajustar las políticas según las necesidades cambiantes de la sociedad.

4.2.- Uso de encuestas y herramientas de IA para analizar el feedback ciudadano

Las **encuestas** son un recurso indispensable para los políticos, ya sea en el gobierno o en la oposición, proporcionando una vía directa para medir el pulso de la opinión pública sobre políticas o iniciativas específicas. Tradicionalmente, estas encuestas han sido utilizadas para obtener una visión cualitativa que va más allá de los indicadores formales. Sin embargo, con el avance de la **inteligencia artificial (IA)**, no basta con recopilar respuestas; ahora se pueden procesar y analizar con una mayor profundidad, obteniendo **insights** más precisos y valiosos. **La clave no está solo en preguntar, sino en interpretar las respuestas de forma exhaustiva.**

Una encuesta bien diseñada puede ser extremadamente reveladora, pero la formulación de las preguntas es crucial. Preguntar simplemente si los ciudadanos están de acuerdo o no con una política no aporta la información suficiente. Para obtener insights accionables, las preguntas deben profundizar en los motivos detrás de esas respuestas y lo que los ciudadanos cambiarían si estuvieran en el lugar de quienes toman las decisiones. **El diseño de las encuestas es un arte que debe ser manejado con precisión** para asegurar que los datos obtenidos sean útiles y puedan ser procesados posteriormente por herramientas de IA para identificar patrones o áreas clave de preocupación.

Hoy en día, **la IA permite procesar volúmenes masivos de datos en tiempo récord**, lo que hace posible que los equipos políticos ajusten rápidamente sus estrategias basándose en la retroalimentación ciudadana. Herramientas de **procesamiento del lenguaje natural (NLP)** pueden analizar respuestas abiertas, detectando temas recurrentes y el **sentimiento predominante** en las respuestas. Por ejemplo, si en una encuesta sobre el acceso a la vivienda se detecta una frecuencia alta de términos como "alquiler alto" o "inasequible", la IA no solo cuantificará estos términos, sino que analizará el tono emocional que los acompaña, lo que permite al equipo político **ajustar su discurso y sus acciones en tiempo real**.

La segmentación también es un área donde la IA brilla, permitiendo un análisis mucho más detallado y específico de la población encuestada. Ya no es suficiente con clasificar a los ciudadanos por edad o ubicación. Los algoritmos de **machine learning** pueden identificar subgrupos dentro de la población que comparten preocupaciones específicas, pero que podrían no ser evidentes a simple vista. Por ejemplo, una encuesta sobre el transporte público puede mostrar diferencias marcadas entre ciudadanos del centro urbano y aquellos de áreas rurales, lo que requeriría soluciones distintas para cada grupo.

Además, la IA permite una **segmentación avanzada**, identificando grupos de ciudadanos que podrían estar más inclinados a responder positivamente a ciertos mensajes, basándose en sus respuestas anteriores o en su comportamiento online. Esto es especialmente útil en campañas políticas, donde es fundamental **personalizar los mensajes** para maximizar su impacto. De hecho, el uso de encuestas combinado con la IA no solo ofrece una ventaja en términos de análisis de los datos, sino que también permite a los políticos **anticiparse a las necesidades y preocupaciones** de los ciudadanos antes de que se conviertan en problemas mayores.

Un aspecto clave es la capacidad de la IA para **adaptar las estrategias en tiempo real**. Si una encuesta muestra que una política está generando descontento, los algoritmos pueden ayudar a los políticos a **detectar estas señales tempranas** y ajustar la comunicación o incluso las políticas mismas para corregir el rumbo. Por ejemplo, si se detecta que un grupo de ciudadanos está insatisfecho con la frecuencia de los servicios de transporte público, la IA puede sugerir ajustes que respondan de manera proactiva a esas inquietudes.

En resumen, el uso de encuestas, junto con herramientas avanzadas de IA, no solo facilita la recolección de datos, sino que **transforma esos datos en estrategias accionables**. Esto es vital para que los políticos se mantengan conectados con las preocupaciones reales de los ciudadanos, ajustando sus políticas en tiempo real y asegurando que sus decisiones están alineadas con lo que la población realmente necesita y espera.

4.3.- Análisis de datos y predicciones automáticas: cómo interpretar el éxito o fracaso de una medida

El **análisis de datos** y las **predicciones automáticas** se han convertido en herramientas indispensables para interpretar el éxito o fracaso de una política, permitiendo a los políticos, ya sea desde el gobierno o la oposición, **tomar decisiones más informadas** y **ajustar medidas en tiempo real**. En la era de la **inteligencia artificial (IA)**, no solo es posible analizar los resultados de manera retrospectiva, sino también proyectar **futuros escenarios** basados en **datos históricos** y **tendencias actuales**, lo que permite anticiparse a posibles problemas u oportunidades.

La primera consideración clave para llevar a cabo este tipo de análisis es que los **efectos de una política** no suelen ser inmediatos. Es común que, tras la implementación de una medida, los primeros **indicadores** muestren datos que aún no reflejan su verdadero impacto. Aquí es donde entran en juego los **algoritmos predictivos**. Como ya hemos mencionado en otras partes del libro, estos algoritmos permiten no solo **evaluar el presente**, sino prever **cómo evolucionará** la situación a lo largo del tiempo, lo que resulta fundamental para políticas cuyo impacto total se revelará **a medio o largo plazo**.

Tomemos el ejemplo de una **política de infraestructuras** que busca aumentar el uso del transporte público mediante la ampliación de la red de **bicicletas compartidas** en una ciudad. Si bien los primeros datos pueden mostrar un uso moderado de las bicicletas, los **modelos predictivos** permiten proyectar cómo aumentará ese uso a medida que los ciudadanos se familiaricen con el sistema, o a medida que se añadan más estaciones de bicicletas en puntos estratégicos de la ciudad. Si las predicciones indican que, sin un impulso adicional, el uso se mantendrá bajo, el **modelo predictivo** puede sugerir medidas como **campañas de sensibilización** o **expansión geográfica**, antes de que la política sea percibida como un fracaso.

En el análisis de cualquier política pública, es esencial **no interpretar los datos de manera aislada**. Los resultados de una misma medida pueden variar dependiendo del **contexto local**. Una política que busca mejorar la **calidad del aire** en una ciudad densamente poblada puede generar resultados rápidos, pero en una región rural, donde la densidad de población y tráfico es menor, los **beneficios** tardarán más en ser visibles. Aquí es donde los **algoritmos de IA** juegan un papel esencial, ya que permiten adaptar los **modelos de predicción** a las **características específicas** de cada área o grupo de ciudadanos.

Para llevar a cabo este tipo de análisis predictivo, es fundamental contar con una **base sólida de datos históricos**. Estos datos permiten identificar **patrones** que se repiten a lo largo del tiempo, ya sea en el comportamiento de los ciudadanos, la utilización de los **servicios públicos**, o la **satisfacción** con las políticas implementadas. Al analizar estos patrones, es posible construir **modelos predictivos** más precisos, que anticipen **cómo impactarán las políticas** en el futuro, algo especialmente útil en políticas estructurales cuyos efectos pueden no ser visibles de inmediato.

Uno de los mayores desafíos en la interpretación de datos es la **definición de KPIs (indicadores clave de rendimiento)**. Los KPIs son métricas que permiten medir el éxito o fracaso de una política en función de **objetivos específicos**. Por ejemplo, en una política de mejora del transporte público, un KPI podría ser la **reducción de los tiempos de espera** en un porcentaje determinado o el **aumento de la satisfacción** de los usuarios en un periodo concreto. Sin embargo, los KPIs no son estáticos; deben ajustarse a medida que **evoluciona la política** y los **modelos predictivos** permiten prever qué **acciones** son necesarias para mejorar esos resultados.

Además, los **KPIs subjetivos** también deben ser considerados. No todas las métricas son numéricas. A menudo, es fundamental medir el **grado de aceptación ciudadana** hacia una política, y aquí es donde entran en juego técnicas como el **análisis de sentimiento**. A través de herramientas de procesamiento de lenguaje natural (NLP), es posible **interpretar los comentarios y respuestas** de los ciudadanos, obteniendo una visión más profunda sobre cómo están percibiendo una medida. Por ejemplo, si una nueva **política urbanística** recibe muchos comentarios negativos en redes sociales o encuestas, los **algoritmos de NLP** pueden identificar los temas de preocupación más frecuentes y permitir al político **ajustar la política** antes de que se convierta en una fuente de descontento generalizado.

La **capacidad predictiva** de la IA no solo es útil para medir el éxito o fracaso de una política, sino también para realizar **ajustes continuos** durante su implementación. En lugar de esperar hasta el final de un ciclo para evaluar los resultados, los **modelos predictivos** permiten intervenir de inmediato si los resultados no van en la dirección esperada. Por ejemplo, si una política de **recorte en los servicios públicos** está generando un **impacto negativo** en una parte específica de la población, los datos pueden alertar a los responsables antes de que el problema se agrave. Esto no solo evita la **erosión de la confianza** en el liderazgo político, sino que también demuestra una **capacidad de respuesta ágil** y una **gestión proactiva**.

Otro aspecto esencial es la **visualización de datos**, que facilita la comprensión y la interpretación tanto para los **políticos** como para los **ciudadanos**. Herramientas como **Tableau** o **Power BI**, que ya hemos mencionado, no solo permiten realizar un **análisis detallado**, sino también **presentar proyecciones futuras** basadas en modelos predictivos de forma visualmente clara. Esto es especialmente importante cuando se trata de **comunicar el impacto** de las políticas. Mostrar **gráficas** que comparen los resultados actuales con las **proyecciones futuras** ayuda a los ciudadanos a entender **cómo las decisiones políticas están funcionando** y dónde podrían requerirse **ajustes**. Además, estas visualizaciones son fundamentales para transmitir confianza, al mostrar de manera transparente el **progreso** y las **expectativas realistas**.

Para realizar un análisis profundo del éxito o fracaso de una medida, no se puede depender únicamente de una **métrica puntual**. Es necesario observar una serie de **indicadores interrelacionados**, algo que los **modelos predictivos avanzados** pueden hacer con gran precisión. Por ejemplo, en una política de **mejora del transporte**, un solo KPI, como el número de usuarios, no sería suficiente para evaluar su impacto real. Sería necesario combinar métricas de **satisfacción de los usuarios, tiempos de viaje, costos operativos** y **feedback ciudadano**, todo analizado de manera conjunta para obtener una imagen completa.

Al integrar datos históricos y **predicciones automáticas**, los **algoritmos de IA** permiten proyectar **diferentes escenarios futuros**, lo que resulta invaluable en políticas que buscan **cambios estructurales** a largo plazo. Por ejemplo, en una **política educativa**, es posible que los **resultados iniciales** no reflejen completamente su impacto en la **calidad de la educación**. Sin embargo, utilizando **modelos de regresión** y otros **algoritmos predictivos**, se pueden anticipar los efectos a medida que los estudiantes avanzan a lo largo del sistema educativo, permitiendo a los responsables ajustar los programas de acuerdo con los **cambios en las tendencias** observadas.

Este tipo de **análisis predictivo** es crucial, especialmente en la **toma de decisiones** políticas donde el **futuro es incierto**. Los datos no solo ofrecen una mirada retrospectiva sobre lo que ha funcionado, sino que proporcionan una **ventaja competitiva** al ofrecer a los políticos la capacidad de anticiparse a los problemas, **ajustar estrategias** y demostrar una **gestión proactiva**. La IA, al integrarse en el proceso de toma de decisiones, garantiza que las **políticas públicas** no solo se evalúen adecuadamente, sino que también se **mejoren continuamente**.

El **análisis de datos** y las **predicciones automáticas** permiten a los políticos ir más allá de la simple observación de resultados para proyectar **escenarios futuros** y ajustar las políticas de forma dinámica. No se trata solo de mirar hacia atrás y analizar lo que ha sucedido, sino de anticipar cómo evolucionarán las medidas y asegurar que los **objetivos a largo plazo** se alcancen de manera efectiva. La capacidad de hacer ajustes continuos con base en **modelos predictivos** convierte a la **IA** en una herramienta esencial para una **gestión política eficiente y proactiva**, asegurando que las **políticas públicas** se mantengan alineadas con las **necesidades reales** de los ciudadanos y sus **expectativas futuras**.

4.4.- Crear informes automáticos sobre los resultados de políticas implementadas con IA

Utilizar **informes automáticos generados por IA** para monitorizar el impacto de las políticas públicas es una de las herramientas más potentes para los equipos políticos. **La automatización** no solo ahorra tiempo en la recolección e interpretación de los datos, sino que asegura que la información sea **precisa y actualizada** en tiempo real, eliminando la dependencia de análisis manuales o reportes periódicos que, en muchos casos, pueden quedarse obsoletos.

Lo fundamental de estos informes automáticos es que los datos provienen de una gran variedad de fuentes: **encuestas ciudadanas**, el uso de **servicios públicos, registros financieros** o incluso **datos de redes sociales**. Con esta variedad, la **IA puede generar una visión completa** del impacto de una política, más allá de cifras aisladas, permitiendo **extraer patrones, identificar problemas potenciales y sugerir mejoras** en base a la evolución de los resultados.

Un ejemplo claro de su utilidad sería en la implementación de un programa de **infraestructura pública**. Imagina que una ciudad decide mejorar su red de **transporte urbano**: con IA, los datos sobre la frecuencia de uso, las encuestas de satisfacción y el impacto en la **congestión del tráfico** se recopilan y analizan continuamente. Los informes generados por IA no solo indicarían el nivel actual de éxito de la política, sino que además ofrecerían **predicciones** sobre el uso futuro, ajustando recomendaciones si la tendencia muestra que los objetivos iniciales no se cumplirán.

Otra gran ventaja de estos informes es su capacidad para **adaptarse al público objetivo**. Un político que lidere una iniciativa puede recibir análisis detallados, mientras que para los ciudadanos, las versiones simplificadas o visuales —como gráficos interactivos— facilitan la comprensión. Por ejemplo, **Google Data Studio o Tableau**, integrados con IA, permiten la creación de **dashboards en tiempo real**, que muestran métricas clave de forma clara y accesible.

Para los políticos en la oposición, **estos informes se convierten en una herramienta clave para fiscalizar**. Al contar con datos actualizados, pueden cuestionar decisiones del gobierno y proponer mejoras más fundamentadas, basándose en datos objetivos. Además, con la capacidad de detectar tendencias negativas, pueden anticipar problemas antes de que sean evidentes para el gobierno.

4.5.- Ejemplo práctico: visualización del impacto en proyectos locales con Python, Matplotlib y Seaborn

Visualizar el impacto de los proyectos locales es crucial para cualquier político ya que los datos sin una representación clara son difíciles de interpretar tanto para los equipos como para los ciudadanos. Afortunadamente, herramientas como **Python**, **Matplotlib** y **Seaborn** permiten transformar grandes volúmenes de datos en **gráficos visualmente atractivos** que hacen que los resultados sean fácilmente comprensibles. Tanto para los políticos en el gobierno como para aquellos en la oposición, dominar estas herramientas les permite **comunicar mejor** los avances de los proyectos, identificar posibles problemas y mostrar a los ciudadanos el impacto real de las políticas.

Un ejemplo práctico de cómo estas herramientas pueden ayudar es el análisis de un proyecto local que haya tenido un impacto significativo en la vida de los ciudadanos, como la construcción de un nuevo **parque urbano**. Imaginemos que el proyecto se ha implementado para mejorar la calidad de vida en un barrio específico, con objetivos claros como aumentar la participación en actividades recreativas, mejorar la satisfacción ciudadana y reducir los índices de criminalidad. Para medir el éxito de este proyecto, se han recopilado datos sobre el número de visitantes al parque, las actividades realizadas, la percepción de seguridad y la participación en eventos organizados en la nueva instalación.

Lo primero que haremos es **cargar los datos** de este proyecto local en Python. Usaremos bibliotecas como **Pandas** para manejar las bases de datos que hemos recogido y a partir de ahí comenzamos el proceso de visualización. Pandas facilita la importación de datos desde una variedad de fuentes, como archivos CSV o Excel, lo que es muy útil si los datos provienen de múltiples departamentos municipales. Para este caso, imaginemos que tenemos un archivo CSV con las siguientes columnas: "Fecha", "Número de visitantes", "Actividades realizadas", "Satisfacción" y "Tasa de criminalidad". Cada columna representará un indicador clave del impacto del proyecto.

```
rubenmaestre > libros > ⬛ proyecto_parque_urbano.csv > 🗋 data
  1  Fecha,Número de visitantes,Actividades realizadas,Satisfacción,Tasa de criminalidad
  2  2020-01-01,110,3,7.5,4.1
  3  2020-02-01,115,4,7.7,4.0
  4  2020-03-01,100,2,7.2,4.3
  5  2020-04-01,90,1,7.0,4.5
  6  2020-05-01,95,3,7.4,4.4
  7  2020-06-01,120,5,7.9,4.0
  8  2020-07-01,140,6,8.1,3.8
  9  2020-08-01,160,7,8.3,3.6
 10  2020-09-01,155,6,8.0,3.7
 11  2020-10-01,145,5,7.8,3.9
 12  2020-11-01,135,4,7.6,4.0
 13  2020-12-01,125,3,7.3,4.1
 14  2021-01-01,130,4,7.5,4.0
 15  2021-02-01,140,5,7.9,3.8
 16  2021-03-01,150,6,8.2,3.7
 17  2021-04-01,145,5,8.0,3.9
 18  2021-05-01,160,7,8.3,3.5
 19  2021-06-01,175,8,8.5,3.4
 20  2021-07-01,180,9,8.7,3.3
 21  2021-08-01,200,10,8.9,3.1
 22  2021-09-01,190,9,8.6,3.2
 23  2021-10-01,185,8,8.4,3.4
 24  2021-11-01,170,7,8.1,3.6
 25  2021-12-01,160,6,7.9,3.7
 26  2022-01-01,150,5,7.7,3.8
 27  2022-02-01,155,6,8.0,3.6
 28  2022-03-01,165,7,8.2,3.4
 29  2022-04-01,175,8,8.5,3.3
 30  2022-05-01,185,9,8.7,3.1
 31  2022-06-01,200,10,8.9,3.0
```

Hemos creado para nuestro ejemplo un csv con 60 filas de datos, generados aleatoriamente para simular una variabilidad más realista. Los datos incluyen:

Fecha: Abarca desde enero de 2020 hasta septiembre de 2024, con datos mensuales.

Número de visitantes: Los visitantes del parque fluctúan mensualmente.

Actividades realizadas: El número de actividades programadas en el parque cada mes.

Satisfacción: La satisfacción ciudadana promedio en una escala de 1 a 10.

Tasa de criminalidad: La tasa de criminalidad en la zona del parque, expresada por cada 1.000 habitantes.

Con eso creado, cargamos el csv en un cuaderno de Jupyter Notebook en nuestro Visual Studio Code por ejemplo tal que así:

```python
import pandas as pd

# Cargar los datos del proyecto
data = pd.read_csv("proyecto_parque_urbano.csv")

# Ver los primeros registros para asegurarnos de que los datos se han importado correctamente
print(data.head())
```

```
      Fecha  Número de visitantes  Actividades realizadas  Satisfacción  \
0  2020-01-01                   110                       3           7.5
1  2020-02-01                   115                       4           7.7
2  2020-03-01                   100                       2           7.2
3  2020-04-01                    90                       1           7.0
4  2020-05-01                    95                       3           7.4

   Tasa de criminalidad
0                   4.1
1                   4.0
2                   4.3
3                   4.5
4                   4.4
```

Una vez que tenemos los datos, el siguiente paso es visualizar la evolución del proyecto a lo largo del tiempo. Uno de los indicadores clave que queremos analizar es si ha habido un aumento en el número de visitantes al parque tras su inauguración. Para ello, utilizamos Matplotlib, una de las bibliotecas más populares para la creación de gráficos en Python. Con Matplotlib, podemos generar gráficos de líneas que nos muestran la evolución de los visitantes con el tiempo. Esto es útil tanto para los políticos que están en el gobierno, que necesitan comunicar los logros del proyecto, como para los de la oposición, que podrían usar esta información para cuestionar si se han cumplido los objetivos iniciales.

```python
import matplotlib.pyplot as plt

# Crear un gráfico de la evolución del número de visitantes
plt.figure(figsize=(10,6))
plt.plot(data["Fecha"], data["Número de visitantes"], color='b', label='Visitantes')
plt.title("Evolución del número de visitantes al parque urbano")
plt.xlabel("Fecha")
plt.ylabel("Número de visitantes")
plt.legend()
plt.grid(True)
plt.show()
```

Este gráfico nos muestra si el número de visitantes ha aumentado desde la apertura del parque. Un político podría utilizar esta visualización para demostrar el éxito del proyecto en atraer a los ciudadanos al nuevo espacio público. Sin embargo, no solo queremos ver si la gente está visitando el parque, sino también si el proyecto está teniendo un **impacto en la calidad de vida** de la comunidad. Para esto, es importante incluir más métricas en nuestro análisis, como la **satisfacción ciudadana**.

Una forma efectiva de representar múltiples variables es utilizando un **gráfico de barras**, donde comparamos indicadores clave como la satisfacción de los ciudadanos antes y después del proyecto. Aquí es donde **Seaborn** entra en juego ya que esta biblioteca facilita la creación de gráficos estadísticos avanzados y atractivos, lo que es fundamental para que los políticos puedan comunicar visualmente los resultados.

```
import seaborn as sns

# Crear un gráfico de barras para comparar la satisfacción antes y después del proyecto
plt.figure(figsize=(10,6))
sns.barplot(x="Fecha", y="Satisfacción", data=data)
plt.title("Nivel de satisfacción de los ciudadanos antes y después del proyecto")
plt.xlabel("Fecha")
plt.ylabel("Nivel de satisfacción")
plt.show()
```

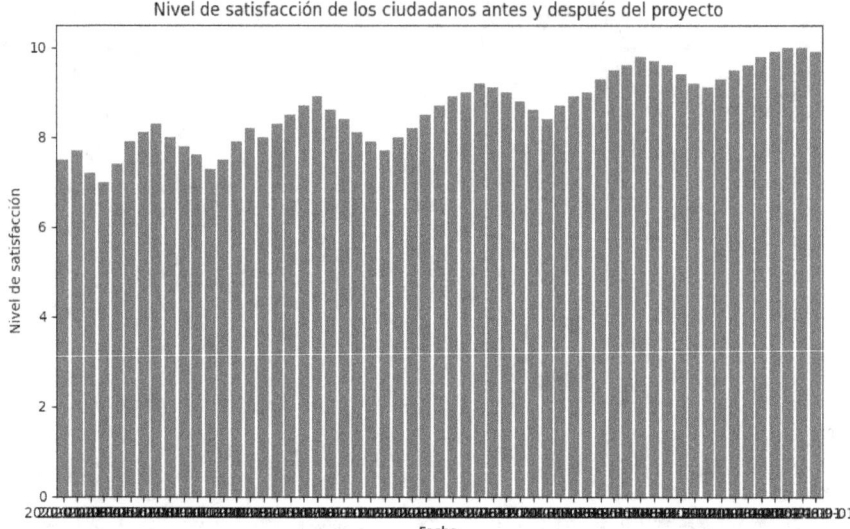

El **gráfico de barras** nos permite ver si la satisfacción de los ciudadanos ha mejorado desde la apertura del parque. Esta información es crítica para cualquier político ya que indica si el dinero invertido en el proyecto ha tenido el impacto esperado. Si la satisfacción ha aumentado de forma significativa, el equipo en el gobierno puede utilizar estos datos para justificar nuevas inversiones en espacios públicos, mientras que la oposición puede utilizar los mismos datos para sugerir que se replique el éxito de este parque en otras áreas de la ciudad.

Otro aspecto clave de este proyecto es el **impacto en la seguridad**. Si uno de los objetivos del parque era reducir la criminalidad en la zona, es fundamental visualizar si la tasa de criminalidad ha disminuido. Para esto, creamos un gráfico de líneas similar al que usamos para los visitantes, pero esta vez enfocado en la **tasa de criminalidad**.

```python
# Crear un gráfico de la evolución de la tasa de criminalidad
plt.figure(figsize=(10,6))
plt.plot(data["Fecha"], data["Tasa de criminalidad"], color='r', label='Tasa de criminalidad')
plt.title("Evolución de la tasa de criminalidad en el barrio")
plt.xlabel("Fecha")
plt.ylabel("Tasa de criminalidad")
plt.legend()
plt.grid(True)
plt.show()
```

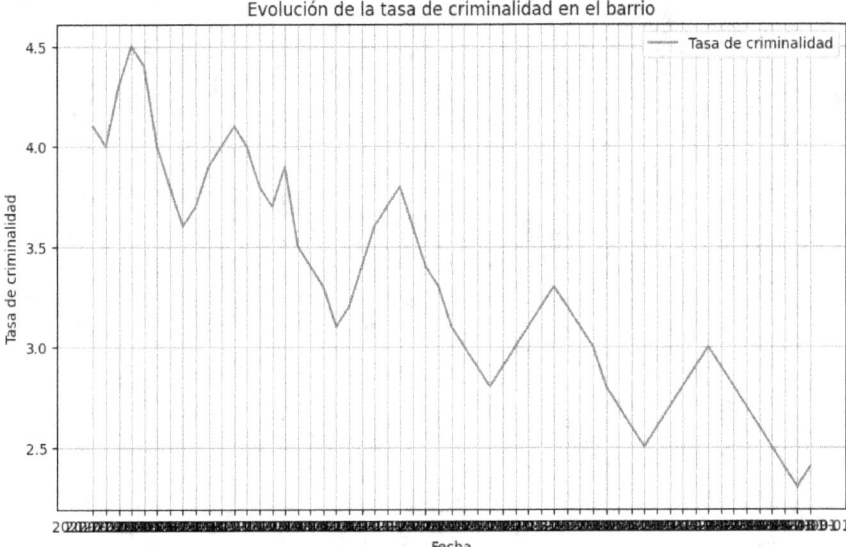

Este gráfico ayuda a ver si ha habido una disminución en la criminalidad desde la implementación del parque. Si los datos muestran una **disminución notable**, esto será una gran victoria para el equipo de gobierno ya que pueden argumentar que el proyecto no solo ha mejorado la calidad de vida de los ciudadanos, sino que también ha hecho el barrio más seguro. La oposición, por su parte, también puede usar estos datos para sugerir que iniciativas similares podrían implementarse en otras áreas con altos índices de criminalidad.

Además de analizar los datos actuales, una de las grandes ventajas de Python, Matplotlib y Seaborn es su capacidad para **realizar análisis predictivos**. Usando técnicas de machine learning, podemos crear **modelos de predicción** que ayuden a prever cómo evolucionará el impacto del parque en el futuro. Por ejemplo, podemos usar modelos que predigan cómo cambiará el número de visitantes en los próximos meses o si la tasa de criminalidad seguirá disminuyendo.

Para hacer esto, podemos integrar bibliotecas de machine learning como **scikit-learn** junto con las herramientas de visualización para hacer **predicciones basadas en los datos** históricos que hemos recogido.

```python
import pandas as pd
import matplotlib.pyplot as plt
from sklearn.model_selection import train_test_split
from sklearn.linear_model import LinearRegression

# Convertir la columna "Fecha" a formato datetime
data["Fecha"] = pd.to_datetime(data["Fecha"])

# Convertir la fecha a valores numéricos (timestamp)
data["Fecha_numeric"] = data["Fecha"].map(pd.Timestamp.timestamp)

# Dividir los datos en conjuntos de entrenamiento y prueba
X = data[["Fecha_numeric"]].values  # Usamos la fecha convertida a timestamp como predictor
y = data["Número de visitantes"].values  # Variable objetivo es el número de visitantes

X_train, X_test, y_train, y_test = train_test_split(X, y, test_size=0.2, random_state=42)

# Entrenar un modelo de regresión lineal
model = LinearRegression()
model.fit(X_train, y_train)

# Hacer predicciones para el futuro
future_predictions = model.predict(X_test)

# Ordenar las fechas de prueba y las predicciones por orden cronológico
X_test_sorted_indices = X_test.flatten().argsort()
X_test_sorted = X_test[X_test_sorted_indices]
future_predictions_sorted = future_predictions[X_test_sorted_indices]

# Convertir las fechas numéricas a formato datetime para la gráfica
X_test_dates = pd.to_datetime(X_test_sorted.flatten(), unit='s')

# Visualizar las predicciones junto con los datos históricos
plt.figure(figsize=(10,6))
plt.plot(data["Fecha"], data["Número de visitantes"], label="Datos históricos")
plt.scatter(X_test_dates, future_predictions_sorted, label="Predicciones futuras", color='red', linestyle='--')
plt.title("Predicción del número de visitantes al parque")
plt.xlabel("Fecha")
plt.ylabel("Número de visitantes")
plt.legend()
plt.grid(True)
plt.show()
```

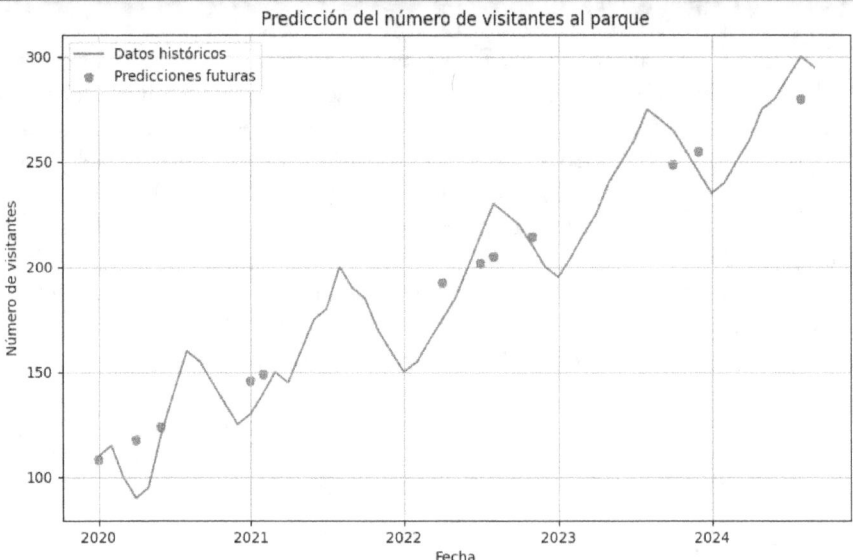

Este tipo de análisis predictivo es extremadamente útil ya que permite a los políticos **anticipar** los resultados futuros de sus proyectos y planificar en consecuencia. Si las predicciones muestran que el número de visitantes al parque seguirá aumentando, el gobierno puede justificar la necesidad de más inversión en infraestructura o servicios dentro del parque.

Finalmente, una vez que se han generado todos estos gráficos y análisis, es esencial poder **compartir** la información con los ciudadanos y otros miembros del gobierno de forma clara y accesible. Para ello, las herramientas de Python se integran fácilmente con **frameworks de visualización interactiva**, como **Dash** o **Streamlit**, que permiten a los políticos crear **dashboards interactivos** donde cualquier persona puede explorar los datos por sí misma.

En resumen, Python, Matplotlib y Seaborn no solo ofrecen a los políticos la posibilidad de visualizar el impacto de sus proyectos de manera clara y efectiva, sino que también permiten hacer predicciones y planificaciones basadas en datos sólidos. Estas herramientas son indispensables para cualquier político que quiera **justificar** sus decisiones, **monitorear** sus políticas en tiempo real y **anticiparse** a las necesidades futuras de su comunidad.

5.- USO DE REDES SOCIALES E IA PARA MANTENER EL CONTACTO CON LOS CIUDADANOS

5.1.- Redes sociales como herramienta de gestión diaria, no solo electoral

El **impacto de las redes sociales** en la política y la sociedad es uno de los fenómenos más significativos del siglo XXI. En tan solo una década, estas plataformas han transformado la forma en que los políticos y los ciudadanos interactúan, creando una vía de comunicación **directa y constante** que antes era impensable. Desde los primeros días de **Facebook, Twitter** o **YouTube**, hasta la aparición más reciente de **Instagram, TikTok** y **Telegram**, las redes sociales se han consolidado como herramientas esenciales no solo en las **campañas electorales**, sino en la **gestión diaria** de la política.

Antes de la aparición de las redes sociales, los **políticos y ciudadanos** vivían en esferas separadas. La comunicación entre ambos era **unidireccional** y mayormente limitada a momentos específicos, como **campañas electorales**, eventos públicos o ruedas de prensa. Si un ciudadano quería hacer llegar su opinión o queja a un político, las opciones eran lentas y poco efectivas: enviar una carta, asistir a una reunión formal o intentar conseguir una llamada telefónica. Esta dinámica creó una barrera entre los ciudadanos y sus representantes, con un sistema que, aunque eficiente en el contexto de la época, era claramente **limitado**.

La llegada de las **redes sociales** rompió estas barreras de manera abrupta. Lo que comenzó como plataformas de **socialización personal** para compartir fotos, noticias o mensajes con amigos, rápidamente se transformó en un espacio para el **debate público** y la **construcción de narrativas políticas**. Los ciudadanos, de repente, tenían acceso directo a sus líderes políticos, y lo que es más importante, podían expresar sus opiniones de manera **instantánea y masiva**. A través de un simple tuit o un comentario en una publicación de Facebook, cualquier persona podía **hacerse escuchar** y, en algunos casos, obtener respuesta inmediata.

Este cambio marcó un antes y un después en la relación entre la **política y la sociedad**. El **diálogo entre ciudadanos y políticos** dejó de ser un privilegio reservado a momentos específicos o a grupos de interés influyentes, y se convirtió en un **diálogo abierto y continuo**. Las redes sociales ofrecían a los políticos una ventana para entender mejor las preocupaciones de la ciudadanía, y a los ciudadanos una herramienta para **fiscalizar** de manera más directa las acciones de sus representantes.

Desde un punto de vista histórico, la adopción de redes sociales por parte de los políticos fue, en un principio, **lenta y vacilante**. Muchos líderes políticos veían estas plataformas como un espacio poco serio o adecuado para la política formal. Sin embargo, a medida que se hizo evidente el **poder de convocatoria** de las redes sociales, especialmente entre los votantes más jóvenes, los políticos empezaron a entender que su **presencia en estas plataformas** no era una opción, sino una **necesidad**.

Un punto de inflexión significativo fue la **campaña presidencial de Barack Obama en 2008** en Estados Unidos. Obama y su equipo fueron pioneros en utilizar las redes sociales como una **herramienta de movilización** y **recopilación de fondos**, integrando las plataformas digitales en su estrategia electoral de manera nunca vista hasta entonces. Con un equipo dedicado a gestionar su presencia en redes sociales, la campaña de Obama demostró el **poder transformador** de estas herramientas, no solo para **llegar a los votantes**, sino para **crear una comunidad activa** alrededor de su mensaje. Este fue el primer gran ejemplo de cómo las redes sociales podían ser utilizadas no solo para fines **electorales**, sino también para la **gestión política diaria**.

Desde entonces, el uso de **redes sociales** en política ha crecido de manera exponencial. Hoy en día, cualquier líder político, desde el ámbito local hasta el internacional, entiende la importancia de **mantener una presencia activa** en plataformas como **Twitter, Facebook, Instagram y TikTok**. Ya no se trata simplemente de utilizar estas herramientas para **anunciar políticas** o **promocionar logros**, sino de **construir una narrativa constante**, de estar en **diálogo directo** con los ciudadanos y de mostrar un lado más **humano** y **cercano**.

Este cambio ha tenido un **impacto profundo** en la percepción de la política por parte de los ciudadanos. Anteriormente, la política podía parecer una actividad **distante**, reservada para las **élites** y los **expertos**. Hoy en día, gracias a las redes sociales, los ciudadanos sienten que tienen un **acceso sin precedentes** a sus líderes, lo que ha creado una **sensación de cercanía** que antes era difícil de lograr. Esta cercanía, sin embargo, tiene su **coste**. La misma herramienta que permite a los políticos **interactuar directamente** con sus votantes también los expone a una mayor **fiscalización** y a un escrutinio **constante**.

En este contexto, uno de los **principales desafíos** es gestionar la **imagen pública** en un entorno donde los errores pueden amplificarse en cuestión de minutos. Cualquier comentario mal interpretado o acción controvertida puede convertirse rápidamente en una **crisis viral**, con repercusiones negativas que pueden durar semanas o incluso meses. Esto obliga a los políticos a ser **extremadamente cuidadosos** con lo que publican y cómo lo hacen, ya que un **solo desliz** puede minar la **confianza** de los ciudadanos y crear una **narrativa negativa** difícil de revertir.

Sin embargo, las redes sociales no son solo una **herramienta de comunicación** unidireccional. Como hemos mencionado en otros capítulos, el **feedback** es ahora **instantáneo** y constante. Cada comentario, cada "me gusta", cada **compartir** ofrece a los políticos una **visión en tiempo real** de cómo se está recibiendo su mensaje. Esta capacidad para **medir la recepción** de los mensajes casi de manera instantánea ofrece una **ventaja significativa** que antes no existía. Si un mensaje no está resonando como se esperaba, el político o su equipo pueden **ajustar la narrativa** en tiempo real, adaptando el mensaje para mejorar su **efectividad**.

Para entender la **relevancia diaria** de las redes sociales, es importante resaltar que ya no son únicamente un canal para **promocionar logros** o **responder a críticas**. Las redes sociales son hoy una **herramienta de gestión política diaria**, y los políticos más exitosos son aquellos que las utilizan no solo para **comunicarse**, sino también para **recopilar información valiosa** sobre lo que los ciudadanos piensan, sienten y necesitan. A través de **encuestas, comentarios** y otros mecanismos de interacción, es posible identificar cuáles son las **preocupaciones prioritarias** de la ciudadanía y **ajustar políticas** en consecuencia.

Este enfoque no solo **mejora la calidad** de las políticas públicas, sino que también **fortalece la relación** entre los políticos y los ciudadanos. La capacidad de recoger **datos en tiempo real** desde plataformas como Twitter o Facebook, y utilizar esas **métricas** para ajustar las políticas, permite que las decisiones políticas sean más **adaptadas y relevantes**. De hecho, en muchos casos, las decisiones políticas más exitosas han sido aquellas que se han ajustado tras haber recogido **opiniones directas** de los ciudadanos a través de las redes.

Uno de los aspectos más poderosos de las redes sociales es su capacidad para **generar debate público masivo**. Muchos de los **temas clave** que preocupan a la sociedad han surgido y se han desarrollado en estas plataformas. Las redes sociales han permitido que los ciudadanos organicen **movimientos sociales** de gran envergadura, que a veces han cambiado el curso de la **política nacional o internacional**. Ejemplos como el movimiento **#MeToo** o las **protestas organizadas en torno al cambio climático** son una muestra del **poder de convocatoria** de las redes. Los políticos que no están atentos a lo que ocurre en estas plataformas corren el riesgo de **perder relevancia** y desconectarse de las **corrientes sociales** que más importan a los ciudadanos.

La **medición** y el **análisis** de los datos extraídos de las redes sociales son igualmente esenciales. Como ocurre con cualquier **estrategia de comunicación**, no basta con estar presente en estas plataformas; es necesario **analizar el impacto** de cada mensaje y adaptar las **estrategias de comunicación** en función de los resultados. Esto no solo es importante en **campañas electorales**, sino en la **gestión diaria**. Mediante **herramientas de análisis de datos** e **inteligencia artificial (IA)**, los políticos pueden medir qué tipo de contenido **resuena mejor** con su audiencia, cuál es el **tono más efectivo** o en qué momentos del día es más **probable captar la atención** de los ciudadanos.

Plataformas como **Hootsuite, Sprout Social** o **BuzzSumo**, combinadas con técnicas de **análisis predictivo**, permiten crear una **estrategia de comunicación dinámica** que se adapta a los cambios en el **comportamiento de la audiencia** y a las **tendencias emergentes**. Por ejemplo, si se observa que un tema en particular está ganando tracción en las conversaciones, es posible **ajustar el mensaje** en tiempo real para subirse a la ola del debate. Del mismo modo, si los datos indican que la **participación en los comentarios** está disminuyendo, se puede revisar el enfoque para **recuperar el interés**.

Otro aspecto importante es la **capacidad de segmentación**. Las redes sociales permiten a los políticos segmentar sus mensajes según las **características demográficas** o **geográficas** de su audiencia. Esto significa que es posible enviar mensajes **personalizados** a los ciudadanos según su **ubicación**, sus **intereses** o sus **preocupaciones** específicas. La **personalización** del mensaje es clave para asegurarse de que **cada ciudadano** reciba contenido **relevante** que resuene con su **situación particular**, y no información genérica que no atienda a sus necesidades.

Finalmente, no se puede ignorar el **lado negativo** de las redes sociales. Estas plataformas son también un **terreno fértil** para la **desinformación**, el **anonimato abusivo** y el **discurso de odio**. En este sentido, los políticos deben estar **preparados** para hacer frente a estos retos, combatiendo la **falsa información** con **transparencia** y **veracidad**. En muchas ocasiones, la rapidez con la que un político es capaz de **contrarrestar rumores** o **fake news** puede determinar la **narrativa** alrededor de su figura o sus decisiones.

En resumen, las **redes sociales** son una herramienta **indispensable** para los políticos en la actualidad. No solo permiten una **comunicación directa** y **constante** con los ciudadanos, sino que también ofrecen la posibilidad de **recoger datos**, **medir el impacto** de los mensajes y **ajustar la estrategia** en función de los resultados. Las redes ya no son simplemente un espacio para hacer campaña; son un **canal esencial** para la **gestión política diaria**.

5.2.- Automatización de publicaciones y respuestas en redes sociales con Python e IA

La **automatización de publicaciones y respuestas en redes sociales** con **Python** e **IA** es una herramienta crucial que permite a los equipos políticos manejar un alto volumen de interacciones de manera eficiente, sin perder calidad en la comunicación. A estas alturas del libro, ya hemos cubierto las herramientas necesarias para ello, por lo que el enfoque aquí será más **técnico** y dirigido a **optimizar la gestión** diaria de las redes sociales utilizando los conocimientos que ya hemos desarrollado.

Cuando hablamos de automatización en redes sociales, la clave está en aprovechar al máximo las **APIs** de las plataformas, como las de **Twitter** o **Meta**, para integrar **scripts en Python** que se encarguen de tareas repetitivas y complejas. Esto no solo permite liberar tiempo y recursos, sino que también optimiza la estrategia comunicativa, adaptándose en tiempo real a los cambios en las tendencias y a las necesidades del momento. Por ejemplo, un político que desee estar siempre presente en la conversación pública puede utilizar Python para **programar publicaciones** durante todo el día, ajustando los momentos más oportunos para maximizar el impacto de su mensaje.

El primer paso en la **automatización de publicaciones** es conectarse a la **API de la plataforma**, ya sea **Twitter** o **Facebook**, a través de tokens de autenticación que permiten a las aplicaciones interactuar directamente con los servidores de las redes sociales. A partir de ahí, se puede programar el contenido a publicar en momentos clave. Este proceso no es simplemente mecánico, ya que Python también permite integrar **algoritmos predictivos** que analizan cuándo es más probable que la audiencia esté activa y receptiva. De este modo, el sistema no se limita a publicar en horarios predefinidos, sino que ajusta las publicaciones en función del comportamiento de los usuarios, maximizando el alcance y la interacción.

Otra ventaja de la **automatización con Python** es la capacidad de **monitorizar conversaciones** y **tendencias** en tiempo real. A través de las APIs, es posible **rastrear hashtags**, menciones y términos clave relacionados con temas políticos o de interés público. Esto permite a los equipos políticos **adaptar su estrategia en tiempo real**, ajustando el contenido para responder de manera rápida y relevante a las inquietudes de los ciudadanos. Por ejemplo, si un político detecta que una consulta sobre un tema particular está ganando tracción en Twitter, el sistema puede generar automáticamente una respuesta o una nueva publicación que aborde la cuestión, mostrando así una capacidad de reacción inmediata.

Este tipo de **automatización** no se limita a las publicaciones, sino que también se extiende a la **gestión de respuestas**. Como sabemos, las redes sociales son un canal bidireccional, donde los ciudadanos esperan respuestas rápidas y coherentes a sus preguntas y comentarios. Aquí es donde entra en juego el **procesamiento de lenguaje natural (NLP)**, que permite analizar las interacciones y **clasificar** las consultas según su contenido. Utilizando las bibliotecas de **NLP** en Python, como **spaCy** o **TextBlob**, se puede identificar automáticamente el tema central de cada mensaje y generar respuestas apropiadas. Esto es especialmente útil para manejar **consultas repetitivas** o **preguntas comunes**, como las relacionadas con proyectos de infraestructura o servicios públicos, donde la respuesta puede automatizarse sin perder relevancia.

El uso de **Python** para analizar estas interacciones no se limita solo a la clasificación de temas. Las herramientas de NLP también permiten detectar el **sentimiento** detrás de los mensajes, lo que ayuda a priorizar respuestas o intervenciones. Si el análisis detecta un aumento en las menciones con **sentimientos negativos** en torno a un tema específico, el equipo puede ajustar la comunicación de manera proactiva para abordar esas preocupaciones antes de que se conviertan en una crisis pública. Este enfoque es fundamental para mantener una percepción positiva y una buena relación con los ciudadanos.

Una vez que se han procesado las consultas, la **automatización de las respuestas** es otro paso crucial. Con Python y las APIs de las redes sociales, es posible crear **respuestas automáticas** basadas en plantillas predefinidas, ajustando ciertos elementos de manera dinámica según el contenido de la consulta. Por ejemplo, si un ciudadano menciona un problema específico en su barrio, el sistema puede extraer automáticamente la **ubicación** de su mensaje y generar una respuesta personalizada que no solo aborde el problema, sino que también incluya detalles sobre las acciones que el equipo político está tomando en esa zona.

Un aspecto importante de esta automatización es que, aunque las **respuestas automáticas** son útiles para manejar el volumen, siempre debe haber una capa de intervención humana para situaciones más complejas o delicadas. No todas las interacciones se pueden resolver de manera automática, y el **criterio humano** sigue siendo fundamental para gestionar situaciones más complicadas que requieren una respuesta personalizada y matizada. Aquí es donde Python permite integrar **sistemas de alerta** que notifican al equipo cuando una consulta necesita atención especial, mientras que el resto de las interacciones más simples se gestionan de forma automática.

El verdadero valor de la **automatización** reside en su capacidad para **adaptarse en tiempo real** a los cambios en las conversaciones y tendencias en redes sociales. No se trata solo de automatizar publicaciones en bloque, sino de crear un **sistema dinámico** que analice el contexto y las respuestas de los usuarios, y que ajuste las publicaciones y respuestas en función de esos datos. Un ejemplo sería un político que detecta, a través de análisis de **tendencias en redes sociales**, que el debate sobre una política de transporte está ganando relevancia en Twitter. El sistema, utilizando **algoritmos**

predictivos, podría decidir publicar contenido relacionado en ese momento para aprovechar el aumento del interés ciudadano, adaptando el tono y el mensaje según el análisis de las reacciones anteriores.

En el caso de plataformas como **Meta** (Facebook e Instagram), las APIs permiten realizar tareas de **publicación y monitorización** de comentarios de manera automatizada. Además, la integración de **procesos de automatización** para responder a comentarios también puede gestionarse de manera similar a Twitter. Las publicaciones pueden programarse según los momentos óptimos del día, basándose en los datos históricos de interacción de los usuarios, mientras que las respuestas se generan utilizando **NLP** para interpretar los comentarios y generar una **respuesta rápida y precisa**.

Una ventaja adicional de utilizar **Python** e **IA** en la automatización de redes sociales es la capacidad para gestionar el **volumen masivo** de interacciones que se generan durante las **campañas electorales** o cuando se abordan temas especialmente controvertidos. En lugar de depender de la gestión manual, que inevitablemente lleva a retrasos y a posibles errores, la automatización permite manejar una gran cantidad de consultas de manera eficiente, manteniendo la **calidad** en las respuestas y evitando que los ciudadanos se sientan ignorados o desatendidos. De hecho, la capacidad de **responder rápidamente** a las preocupaciones o preguntas de los ciudadanos es clave para construir y mantener una **relación de confianza**.

Finalmente, no podemos ignorar el valor del **análisis de datos** que surge a partir de esta automatización. Al utilizar **APIs** y herramientas de análisis en tiempo real, los equipos políticos pueden obtener una visión completa de cómo está funcionando su estrategia de comunicación en redes sociales. No se trata solo de medir cuántos comentarios o "me gusta" recibe una publicación, sino de interpretar los **patrones de interacción** a través de los datos recopilados. Python permite implementar **scripts de análisis** que recojan estos datos y generen informes detallados sobre los temas más discutidos, los comentarios más recurrentes, y la evolución de la percepción pública sobre temas específicos.

Este análisis en tiempo real es fundamental para ajustar las estrategias de comunicación de manera dinámica. Si, por ejemplo, el análisis de datos muestra que una determinada campaña de comunicación no está generando el impacto esperado o está siendo mal recibida, el equipo puede ajustar el mensaje casi al instante, optimizando así los recursos y maximizando la efectividad de la estrategia. Además, con el uso de **algoritmos predictivos**, el sistema puede sugerir **modificaciones** en la comunicación antes de que las **tendencias negativas** se consoliden, lo que ofrece una ventaja competitiva frente a estrategias que dependen exclusivamente de la evaluación retrospectiva.

La **automatización de publicaciones y respuestas en redes sociales** mediante Python e IA no solo permite una **gestión eficiente**, sino que también garantiza que la comunicación sea **adaptativa**, **relevante** y que se mantenga alineada con las expectativas de los ciudadanos. Utilizar estos sistemas no es solo una cuestión de **eficiencia operativa**, sino de **mejorar la interacción** y **optimizar el diálogo** entre los políticos y los ciudadanos, manteniendo siempre una comunicación activa y pertinente en un entorno de constante cambio como son las redes sociales.

5.3.- Análisis de comentarios y mensajes en redes usando IA para detectar problemas o inquietudes

El **análisis de comentarios en redes sociales** usando **IA** es una herramienta fundamental en la estrategia de comunicación de los políticos. A estas alturas del libro, el uso de **NLP** y APIs para procesar grandes volúmenes de datos es algo que ya hemos dominado, por lo que es momento de profundizar en **cómo se implementa técnicamente** el proceso para detectar **problemas** e **inquietudes ciudadanas**.

El análisis comienza con la **recolección de los comentarios** que, como ya sabemos, se lleva a cabo mediante APIs de plataformas como **Twitter**, **Facebook** o **Instagram**. Una vez obtenidos los datos, el verdadero desafío es **extraer insights relevantes** de los comentarios y mensajes, que muchas veces llegan en un flujo masivo y desestructurado. Aquí es donde los **algoritmos de IA**, entrenados para realizar un **análisis de sentimiento** y **clasificación temática**, entran en juego para transformar ese contenido en información procesable.

El primer paso en el análisis es **limpiar los datos**. Como ocurre en la mayoría de las interacciones en redes, los comentarios suelen contener **ruido**: emojis, URLs, hashtags no relevantes, o menciones que no aportan valor directo al análisis. Este proceso de limpieza de datos implica **filtrar** y **normalizar** el texto para que pueda ser procesado con mayor precisión. Por ejemplo, convertir todo el texto a minúsculas, eliminar los signos de puntuación innecesarios, y procesar emojis que podrían influir en el **sentimiento** del mensaje.

Una vez normalizados los datos, se aplican las técnicas de **tokenización**, dividiendo cada comentario en unidades de análisis que pueden ser palabras, frases o incluso caracteres, según lo que se busque en el análisis. A partir de ahí, se utilizan modelos previamente entrenados de **procesamiento de lenguaje natural** para detectar **polaridades** y clasificar los comentarios como **positivos**, **negativos** o **neutros**. El análisis de sentimiento es un paso crucial, ya que permite a los equipos políticos **detectar cambios de humor** en el discurso público en tiempo real, lo que es fundamental para ajustar la estrategia de comunicación o identificar **problemas latentes**.

Para determinar si un comentario es positivo, negativo o neutro, los modelos de NLP trabajan con **vectores de palabras** que representan las relaciones entre las palabras en un espacio multidimensional. Esto permite a la IA entender no solo el significado literal de las palabras, sino también su contexto y cómo se relacionan con el sentimiento general del comentario. Si un comentario contiene palabras que en su contexto pueden parecer positivas, como "bien" o "satisfactorio", pero se usan en frases como "no está bien gestionado" o "esto no es satisfactorio", el algoritmo debe ser lo suficientemente robusto para identificar el **contexto negativo** en el que se están utilizando esas palabras.

Los modelos más avanzados, como **BERT** o **GPT**, permiten ir un paso más allá en el análisis. Estas arquitecturas de IA, entrenadas con grandes volúmenes de datos, comprenden no solo el **sentimiento explícito**, sino también el **subtexto** y los **matices** de los comentarios. Esto es clave cuando se analizan plataformas como **Twitter**, donde el uso de **sarcasmo**, **ironía** o frases indirectas es común. Estos modelos entienden las relaciones más complejas entre las palabras y pueden ajustar su interpretación basándose en los patrones lingüísticos que reconocen.

Otro componente esencial del análisis de comentarios es la **detección de temas**. No basta con saber si el sentimiento general es positivo o negativo; es igualmente importante **entender de qué están hablando los ciudadanos**. Aquí es donde entra el análisis temático, que utiliza algoritmos de **clasificación de tópicos** para identificar los principales **ejes de discusión** dentro de los comentarios. Esto se realiza mediante técnicas como **Latent Dirichlet Allocation (LDA)**, que agrupan comentarios en temas según las **frecuencias** y **co-ocurrencias** de las palabras clave. De este modo, es posible identificar que, por ejemplo, la mayoría de los comentarios negativos no están dirigidos a la política en general, sino a un tema específico como **infraestructuras** o **transporte público**.

Una vez identificados los **temas clave**, los equipos pueden profundizar en cada categoría y analizar cómo se distribuye el **sentimiento** dentro de cada tema. Por ejemplo, en un análisis sobre una nueva política de transporte, es posible que las menciones al **aumento de autobuses** sean mayoritariamente positivas, mientras que los comentarios sobre el **coste de los billetes** generen opiniones más negativas. Este tipo de análisis granular es esencial para ajustar la comunicación en tiempo real y enfocar los mensajes en los temas que más preocupan a los ciudadanos.

El siguiente paso en el proceso es la **priorización de comentarios**. Dado que no todos los comentarios tienen el mismo nivel de importancia o urgencia, la IA permite **jerarquizar** los mensajes según su impacto potencial. Los algoritmos pueden identificar patrones como **picos de menciones** en torno a un tema específico o **flujos constantes de quejas** en una zona geográfica determinada. Estos indicadores permiten detectar **problemas emergentes** que pueden requerir una respuesta rápida. Por ejemplo, si hay un aumento repentino de comentarios negativos relacionados con el mal estado de una infraestructura pública, la IA puede clasificar esos comentarios como prioritarios, lo que facilita una respuesta proactiva antes de que la situación escale.

El uso de **indicadores de impacto** también ayuda a clasificar los comentarios según su relevancia. No todos los mensajes en redes sociales tienen el mismo peso. Un comentario de un usuario con mucha **influencia** (muchos seguidores, alta interacción) puede tener un impacto mucho mayor en la conversación pública que el comentario de un usuario promedio. La IA analiza no solo el contenido del mensaje, sino también las **características del usuario** que lo emite, priorizando los comentarios que, por su autor o contenido, puedan generar una mayor repercusión.

Una vez priorizados los comentarios, la IA también permite la **automatización de respuestas** en muchos casos. Como ya hemos explorado anteriormente, las herramientas de **automatización** pueden generar respuestas rápidas a preguntas comunes o inquietudes frecuentes sin la necesidad de intervención humana. Esto es particularmente útil para manejar grandes volúmenes de interacciones en momentos de alta demanda, como durante una **crisis política** o una campaña electoral. Sin embargo, para aquellos comentarios que requieren una respuesta más personalizada, el sistema puede enviar **alertas al equipo humano** para que gestione la situación de manera más directa.

La **retroalimentación en tiempo real** que se obtiene del análisis de comentarios permite a los equipos políticos **ajustar su estrategia** de comunicación casi instantáneamente. Por ejemplo, si un político lanza una nueva política pública y, tras el análisis de comentarios, se detecta una recepción negativa inesperada, el equipo puede intervenir rápidamente para ajustar el mensaje, **clarificar malentendidos**, o incluso modificar ciertos aspectos de la política para alinearla mejor con las expectativas de los ciudadanos. Esta capacidad de **reacción ágil** es fundamental en el entorno político actual, donde los errores en la comunicación pueden amplificarse en cuestión de horas.

Por último, el **análisis longitudinal** de los comentarios permite no solo **monitorizar** la situación en tiempo real, sino también observar la **evolución de la percepción pública** a lo largo del tiempo. Esto es esencial para entender si una política o estrategia de comunicación está **mejorando** su recepción con el paso de los días o si, por el contrario, los comentarios negativos persisten o incluso aumentan. Con los datos históricos generados por este análisis, es posible realizar **predicciones** sobre cómo una política podría evolucionar en el futuro, lo que da a los equipos políticos una ventaja al anticipar **problemas potenciales** o **ajustar el rumbo** antes de que el descontento ciudadano crezca.

Terminando con esto, destacar que el **análisis de comentarios en redes sociales usando IA** es un proceso complejo pero poderoso que permite a los equipos políticos obtener una **visión profunda y detallada** de las inquietudes ciudadanas. Al combinar el **análisis de sentimiento**, la **detección de temas**, y la **priorización** de mensajes, la IA no solo ayuda a entender el estado de ánimo del público, sino que permite **actuar de manera proactiva** para gestionar la comunicación pública de forma más efectiva. Este enfoque técnico, basado en datos en tiempo real y el procesamiento inteligente de información, asegura que los políticos estén siempre alineados con las **preocupaciones y expectativas** de sus ciudadanos, optimizando así la relación entre **representantes y representados**.

5.4.- Cómo usar algoritmos de IA para ajustar la comunicación diaria según los datos recogidos

Para ajustar la **comunicación diaria** en redes sociales utilizando **algoritmos de IA**, el proceso comienza con la **monitorización en tiempo real** de los comentarios, menciones y mensajes. El objetivo es **extraer insights** que permitan modificar tanto el **tono** como el **contenido** de los mensajes, y la **frecuencia** de las publicaciones, basándose en datos que reflejan las **preocupaciones actuales** de los ciudadanos. Aquí, la **detección de patrones** y el **análisis predictivo** son esenciales para anticiparse a posibles problemas y ajustar la estrategia de manera ágil.

Los **algoritmos de IA** entrenados para la detección de patrones son capaces de identificar **cambios sutiles** en el comportamiento de los usuarios. Esto incluye, por ejemplo, un **aumento gradual de comentarios negativos** sobre un tema específico o la **reiteración de una queja** en particular. Con estos datos, la IA puede generar recomendaciones para que los mensajes publicados se **alineen** mejor con las **expectativas** o el **estado de ánimo** de la audiencia. Técnicamente, esto se consigue mediante el análisis de las **frecuencias** con las que aparecen ciertas palabras o frases clave, combinando esto con los datos históricos de interacciones para ofrecer una **proyección** de cómo evolucionará la conversación pública en torno a un tema concreto.

Otro componente esencial es el análisis **de sentimiento**. Aunque ya hemos profundizado en cómo se clasifica un comentario como positivo, neutro o negativo, lo interesante aquí es cómo la IA puede ajustar los mensajes en función de este análisis. Si la IA detecta una **tendencia negativa** predominante en los comentarios, puede recomendar que los próximos mensajes adopten un **tono más conciliador** o que incluyan **explicaciones adicionales** sobre decisiones que puedan estar generando confusión. Este ajuste en tiempo real se basa en **modelos entrenados** que comprenden no solo el sentimiento, sino también **cómo ha evolucionado** ese sentimiento a lo largo del tiempo.

En cuanto al ajuste de la **frecuencia de publicación**, los algoritmos pueden optimizar los tiempos en los que los mensajes son más efectivos. Al analizar los datos de interacciones anteriores, la IA puede sugerir **momentos ideales** para publicar contenido basado en el **comportamiento de la audiencia**. Por ejemplo, si se observa que los mensajes sobre políticas de transporte generan mayor interacción en la franja de la mañana, el sistema ajustará la programación de mensajes para maximizar el impacto en ese horario. Este ajuste no solo aumenta la **efectividad** del mensaje, sino que también permite que los recursos del equipo de comunicación se gestionen de forma más eficiente.

El **procesamiento de lenguaje natural (NLP)** también juega un papel fundamental en la **personalización** de los mensajes. Dado que no todos los ciudadanos tienen las mismas preocupaciones, los algoritmos de IA pueden **segmentar** automáticamente a la audiencia en función de sus interacciones previas. Por ejemplo, los comentarios de ciudadanos preocupados por temas de **infraestructura** pueden recibir respuestas más detalladas sobre políticas de urbanismo, mientras que aquellos interesados en **seguridad** pueden ser informados sobre proyectos en esa área. Esta segmentación se basa en el análisis de palabras clave y el contexto en el que se usan, lo que permite una **personalización** a gran escala que sería imposible de gestionar manualmente.

En situaciones de **crisis**, la IA se convierte en una herramienta fundamental para manejar el flujo de información. Cuando se detecta un aumento significativo en el volumen de menciones negativas sobre un tema, los algoritmos pueden alertar al equipo de comunicación para que ajuste el mensaje de inmediato, cambiando el enfoque de los próximos mensajes y mitigando los efectos negativos antes de que la situación escale. Este tipo de intervención temprana es crucial para evitar que una crisis se amplifique y se salga de control. Al **detectar patrones** en las menciones, la IA puede predecir si una conversación negativa se mantendrá limitada o si es probable que se expanda, permitiendo ajustes estratégicos en tiempo real.

Los algoritmos también son útiles para medir la **eficacia de los ajustes** realizados. Al monitorear las interacciones posteriores a un cambio de estrategia, la IA puede analizar si el ajuste en el tono o la frecuencia del mensaje está logrando **mejorar la percepción pública** o si son necesarios más cambios. Este análisis se realiza mediante la comparación de datos **anteriores y posteriores** al ajuste, lo que permite entender qué tipo de respuestas son más efectivas en diferentes contextos.

Finalmente, el **análisis predictivo** permite a los algoritmos de IA ajustar la comunicación antes de que los problemas surjan. Si el sistema detecta una **tendencia** que históricamente ha derivado en una crisis, puede sugerir un **cambio de enfoque** antes de que el problema escale. Por ejemplo, si las menciones sobre un proyecto de infraestructura comienzan a mostrar un patrón similar al de un proyecto anterior que generó controversia, el algoritmo puede recomendar que el político aborde el tema de forma diferente, anticipándose a las posibles reacciones negativas.

Este enfoque proactivo es clave para mantener una **comunicación constante y eficiente**, y asegura que los políticos no solo reaccionen a los problemas cuando ya han surgido, sino que se adelanten a ellos. La capacidad de la IA para **ajustar los mensajes** basándose en **datos históricos**, en **tendencias actuales** y en **predicciones futuras** da lugar a una estrategia de comunicación mucho más **flexible** y **adaptativa**. Esto permite que los mensajes no solo sean más relevantes, sino también más **eficaces**, alineados con las expectativas y el contexto de cada audiencia en todo momento.

5.5.- Caso práctico: monitorización de la percepción ciudadana en redes sociales con Python e IA

Imaginemos que un **partido político** decide presentar a una **nueva candidata** para las próximas elecciones locales, con el objetivo de **incrementar su visibilidad** y, al mismo tiempo, medir **cómo es percibida** por los ciudadanos a lo largo de la campaña. El equipo de campaña no solo se interesa por el volumen de interacciones que pueda generar la candidata, sino también por el **contenido de las respuestas**, el **tono** y las **reacciones específicas** de diversos grupos demográficos. Para ello, recurren a **Python** y **algoritmos de IA**, herramientas que permiten **automatizar la recolección de datos** y ajustar la estrategia de comunicación de forma dinámica.

La estrategia comienza con la **creación de perfiles activos en redes sociales** como **Twitter, Facebook** e **Instagram**, donde la candidata comparte sus opiniones sobre temas que afectan directamente a la comunidad local: transporte, infraestructuras, educación y apoyo a pequeños comercios. No se trata solo de **ganar visibilidad**, sino de comprender **cómo reaccionan** los distintos sectores de la población. El equipo utiliza **APIs** de estas plataformas para **monitorear en tiempo real** menciones, comentarios y niveles de interacción, recogiendo un **flujo continuo de datos**. Con **Python** y herramientas como **Tweepy** para Twitter o **Facebook SDK**, estos datos se almacenan y organizan automáticamente en **estructuras de datos** como los **dataframes** de **Pandas**, donde se centraliza toda la información para su posterior análisis.

La primera fase del análisis se centra en **detectar el sentimiento** de los comentarios. Dado que las publicaciones de la candidata generan respuestas variadas, desde críticas hasta elogios, el equipo utiliza modelos de **análisis de sentimiento** para clasificar los comentarios en **positivos, negativos** o **neutros**. Aquí, el uso de **librerías como spaCy o NLTK** permite que Python aplique **técnicas avanzadas de procesamiento del lenguaje natural (NLP)** para interpretar no solo el contenido explícito, sino también los matices y las emociones. En lugar de simplemente contar cuántos comentarios recibe una publicación, el sistema es capaz de decir cuántos de esos comentarios están **apoyando** o **criticando** una propuesta en particular. Un comentario como "Es una buena idea, pero dudo que funcione aquí" puede ser clasificado como **mixto**, reflejando **cierto apoyo con reservas**, lo que lleva al equipo a considerar ajustes en el discurso.

Además del **análisis de sentimiento**, el equipo utiliza modelos de **machine learning** para detectar **patrones más complejos** en los comentarios. Al analizar la **frecuencia** con la que surgen ciertos términos, pueden identificar **temas recurrentes** y **puntos críticos**. Si la candidata lanza una propuesta sobre mejorar el transporte público, la IA es capaz de analizar todos los comentarios relacionados y generar un informe detallado sobre los aspectos que más preocupan a los ciudadanos. Por ejemplo, si el **coste del servicio** es mencionado repetidamente, el sistema destacará este factor como un **tema sensible** que debe ser abordado en los próximos mensajes.

Un aspecto clave en la campaña es la **segmentación de la audiencia**. A través de los datos recogidos por las APIs, el equipo puede **analizar los perfiles de los usuarios** que interactúan con la candidata, obteniendo datos demográficos como la **edad**, el **género**, los **intereses** y la **ubicación geográfica**. Esta información es esencial para ajustar los mensajes y hacerlos **más relevantes** para cada segmento. Supongamos que una propuesta sobre el transporte público recibe muchas interacciones de **jóvenes** entre 18 y 30 años, pero genera poco interés entre los **ciudadanos mayores**. Con estos datos, el equipo puede modificar la estrategia, destacando beneficios específicos para cada grupo, como el **acceso inclusivo** para los mayores o la **sostenibilidad** del servicio para los jóvenes preocupados por el medio ambiente.

El sistema de **segmentación automática** también permite personalizar las respuestas de forma masiva. Por ejemplo, si un segmento específico de la audiencia muestra **preocupaciones recurrentes** sobre la seguridad en el transporte, el equipo puede programar publicaciones que aborden **directamente** esas inquietudes, ajustando el **tono** y el **contenido** para cada grupo. Esto no solo mejora la **eficacia de la comunicación**, sino que también fortalece la **conexión emocional** entre la candidata y sus votantes.

Una de las mayores ventajas de utilizar **algoritmos de IA** en esta campaña es la capacidad de **reaccionar en tiempo real** a posibles problemas. Si una de las publicaciones de la candidata genera una **controversia significativa**, el sistema de IA está diseñado para **detectar aumentos en las menciones negativas**. Por ejemplo, si el número de comentarios críticos sobre un tema específico crece de manera desproporcionada en un corto periodo de tiempo, la IA alerta al equipo de campaña, permitiendo que intervengan rápidamente. Aquí, el análisis no se detiene en el volumen de menciones, sino en el **contenido emocional** de las interacciones, lo que permite a la candidata **ajustar el mensaje** antes de que la situación se agrave. Es este tipo de **proactividad** lo que distingue a una estrategia basada en IA de una que se limita a la recolección de datos sin análisis profundo.

El mismo sistema que detecta **crisis emergentes** también es capaz de **identificar oportunidades**. Si una publicación sobre la creación de nuevos **espacios verdes** en la ciudad recibe **una respuesta abrumadoramente positiva**, la IA recomendará **reforzar ese mensaje** en las siguientes publicaciones. Al observar el **impacto positivo** de ciertos temas, el equipo puede decidir **priorizar** aquellos que resuenan más con la audiencia, maximizando así el **engagement** y asegurando que la candidata siga conectada con las expectativas y preocupaciones de sus votantes.

Otro aspecto relevante en el proceso es la **automatización** del análisis y la respuesta. Los **scripts en Python** permiten que el equipo reciba **informes diarios** sobre el estado de la campaña. Estos informes no solo muestran el número de interacciones, sino que profundizan en los **tópicos emergentes**, el **sentimiento general** y las **tendencias de conversación**. Esto facilita la **toma de decisiones rápidas**, ya que el equipo no necesita esperar a que se acumulen los datos manualmente. En lugar de simplemente observar cómo se comporta la audiencia, los algoritmos permiten **predecir** cómo es probable que reaccione ante futuras publicaciones. Si un tema es particularmente popular entre un grupo de votantes clave, el equipo puede priorizarlo y asegurarse de que la candidata siga destacando ese mensaje en su campaña.

En este escenario, la IA no solo permite **ajustar la estrategia**, sino también **optimizar los recursos** del equipo de campaña. Al automatizar tareas repetitivas como la recolección y clasificación de comentarios, el equipo puede enfocarse en **tareas de mayor valor**, como la creación de contenido o la interacción personalizada en temas críticos. El tiempo de respuesta se reduce significativamente, ya que el sistema está constantemente **monitoreando** la conversación pública y emitiendo alertas cuando se detectan cambios importantes en la **percepción** de la candidata.

A medida que la campaña avanza, el sistema de IA sigue **evolucionando** junto con la estrategia de comunicación. Los ajustes basados en datos permiten no solo **corregir errores** a medida que surgen, sino también **capitalizar** las oportunidades que aparecen en tiempo real. Esto crea una campaña **dinámica**, donde la candidata está siempre **alineada** con las preocupaciones de los ciudadanos, y donde cada interacción en redes sociales es tratada como una **fuente de información valiosa** para seguir perfeccionando la estrategia general.

Finalizando con este ejemplo, destacar que el uso de **Python e IA** en esta campaña permite una **gestión eficiente**, **precisa** y **proactiva** de la comunicación pública. Al aplicar técnicas avanzadas de **análisis de datos** y **machine learning**, el equipo de la candidata puede **monitorear** y **ajustar** su estrategia de manera continua, maximizando su visibilidad y, lo que es más importante, **mejorando su conexión con los ciudadanos**. La capacidad de **predecir**, **segmentar** y **personalizar** a gran escala se traduce en una ventaja competitiva clara, no solo para la candidata, sino para cualquier político que busque una relación más estrecha y efectiva con su electorado.

6.- SEGMENTACIÓN DE LA CIUDADANÍA: DIFERENTES MENSAJES PARA DIFERENTES GRUPOS CON IA

6.1.- La importancia de conocer bien a la población local a través de datos y IA

Si hay algo que todo político debe tener claro a estas alturas es que **conocer a la población local** ya no es una opción, sino una **necesidad** imperiosa. No importa si estás en el gobierno, en la oposición, o en plena campaña electoral, la **inteligencia artificial (IA)** y el **análisis de datos** son hoy las herramientas más poderosas para **segmentar** y llegar de manera efectiva a tus votantes. **Construir una base de datos sólida** sobre la ciudadanía no es solo una ventaja competitiva, es el primer paso para **ganar elecciones** y **mantener una relación continua** con los ciudadanos.

Miremos un ejemplo clave: **Barack Obama** y su innovadora campaña en **Facebook**. Durante las elecciones presidenciales de 2008, su equipo fue pionero en el uso de las redes sociales para llegar a una audiencia amplia y diversa, creando un impacto masivo con **mensajes segmentados**. Utilizaron los datos recogidos para **adaptar el mensaje** a diferentes públicos, ya fueran jóvenes preocupados por el cambio climático o trabajadores que buscaban estabilidad económica. Gracias a esta estrategia de segmentación, Obama no solo conectó con diferentes sectores de la población, sino que lo hizo de manera precisa y efectiva. Fue uno de los primeros ejemplos de **política digital avanzada** y demostró el poder de los **datos** y la **personalización** en campañas electorales.

Y sí, en ese momento, campañas de este tipo requerían **enormes cantidades de recursos** financieros y tecnológicos. Sin embargo, hoy en día, gracias a los avances en **IA** y el acceso a herramientas como **Python**, **Tweepy** o **scikit-learn**, esta tecnología ha sido **democratizada**. Lo que antes solo estaba al alcance de grandes campañas ahora puede ser utilizado por cualquier político, ya sea a nivel local, autonómico o nacional, con un equipo y un presupuesto mucho más reducido.

Pero **¿de verdad que has llegado hasta aquí en el libro y aún no te has puesto a trabajar en esto?** Estamos hablando de la capacidad de **construir tu propia base de datos, segmentar a los ciudadanos** y lanzar mensajes específicos a **cada grupo, optimizar tu comunicación diaria** y **anticiparte a las necesidades** de tus votantes. Si todavía no estás usando estas herramientas, **tu rival político probablemente ya lo esté haciendo**. La diferencia entre **ganar o perder elecciones** podría depender de qué tan bien conozcas a tu electorado.

La **IA** te permite analizar **datos demográficos, preferencias personales, ubicaciones geográficas** y mucho más, y utilizar esa información para crear **estrategias de comunicación ajustadas** a cada grupo. Por ejemplo, imagina que has identificado que en los barrios periféricos de tu ciudad, la principal preocupación es la **seguridad**. Mientras tanto, en los distritos céntricos, los ciudadanos están más enfocados en temas como la **movilidad** o la **oferta** cultural. Gracias a la segmentación, puedes enviar mensajes **completamente diferentes** a cada uno de estos grupos, asegurándote de que **cada ciudadano** reciba la información que realmente le importa. Esto no solo mejora la **efectividad de tu comunicación**, sino que también fortalece la **conexión emocional** con el electorado, algo esencial para generar **fidelidad** y **movilización electoral**.

La **IA** no solo segmenta mejor a la población, sino que te permite **ajustar el mensaje en tiempo real**. Piensa en la cantidad de **datos** que se generan cada día en las **redes sociales**, encuestas y sondeos. Con estas herramientas, puedes **monitorizar continuamente** la reacción de los ciudadanos a tus propuestas y cambiar el enfoque según lo que detectes. Si ves que una medida que propones, como la mejora del transporte público, **no está generando el impacto** que esperabas en cierto grupo, puedes ajustar rápidamente el mensaje, poniendo el énfasis en otro aspecto que sí les interese. De esta forma, no solo te aseguras de que tus propuestas sean escuchadas, sino que también **resuenen** con el público objetivo.

Un aspecto clave de esta segmentación es que te permite identificar **grupos específicos** que a menudo son **ignorados** en campañas tradicionales. Pongamos el caso de los **jóvenes activistas ambientales** que, aunque comprometidos con causas ecológicas, no suelen votar en grandes números. Si detectas que este grupo es **activo en redes sociales** y tiene una **alta influencia** entre otros sectores de la población, puedes **ajustar tu campaña** para incluir temas de sostenibilidad y medio ambiente, aumentando la posibilidad de **movilizar su voto**. Sin la **IA** y el análisis de datos, estos **micro públicos** podrían quedar fuera del radar, pero con la segmentación adecuada, se convierten en **piezas clave** de tu estrategia.

Otra ventaja de construir una **base de datos sólida** es que elimina los **sesgos tradicionales** en la comunicación política. A menudo, los políticos basan sus decisiones en **percepciones subjetivas** o en el **consejo de sus asesores**, que puede estar influenciado por una visión limitada o sesgada. Sin embargo, los **datos no mienten**. Si los análisis indican que la **prioridad principal** de un determinado distrito no es la **seguridad**, como se pensaba, sino el **acceso a empleo** o la **calidad de los servicios públicos**, puedes **ajustar tu discurso** y concentrarte en las necesidades reales de la población. **¿Por qué arriesgarte a estar equivocado cuando puedes contar con información precisa y objetiva?**

Además, la IA te ayuda a **priorizar tus esfuerzos**. Como político, sabes que el **tiempo y los recursos** son limitados. No puedes abordar todos los temas con la misma intensidad. Con una base de datos clara y bien estructurada, puedes identificar **cuáles son las principales prioridades** de los ciudadanos y concentrar tus esfuerzos en **resolver los problemas más urgentes**. Esto no solo optimiza tus recursos, sino que también te asegura que los ciudadanos **vean resultados rápidos** en los temas que más les importan.

La **optimización de la comunicación** es otro de los beneficios clave de usar IA en la segmentación de la ciudadanía. Con los datos correctos, puedes **determinar** cuál es el **mejor canal** para llegar a cada grupo. ¿Prefieren los ciudadanos jóvenes recibir información a través de **Instagram o TikTok**? ¿Es más efectivo dirigirse a los ciudadanos mayores mediante **radio o televisión local**? Al utilizar los canales adecuados para cada grupo, aseguras que tu mensaje **llegue** a donde realmente es necesario, evitando la **saturación** y maximizando la **eficacia** de la comunicación.

A lo largo del tiempo, la **IA** también te permite **mejorar continuamente tu estrategia**. El análisis de datos **constante** y en **tiempo real** significa que puedes **ajustar** tu comunicación no solo en función de las preocupaciones ciudadanas, sino también basándote en **cómo responden** los ciudadanos a los mensajes que envías. Si una campaña no genera el impacto esperado, el sistema te alertará sobre qué **aspectos del mensaje** necesitan ser ajustados. Esto no solo te hace más ágil, sino que te permite mantener una **estrategia adaptativa**, que se ajusta a las **dinámicas cambiantes** de la opinión pública.

Grábatelo a fuego, **construir una base de datos** sólida sobre la ciudadanía y utilizar **IA** para segmentar a los votantes es, sin lugar a dudas, la herramienta más poderosa de la política moderna. No se trata solo de ganar elecciones, sino de **construir una relación genuina** con los ciudadanos, basada en **entender sus preocupaciones reales** y **responder de manera efectiva** a ellas. **Si no estás trabajando en esto ya, te estás quedando atrás**. Porque si hay algo seguro, es que **tus rivales** lo estarán haciendo, y en política, ganar o perder puede depender de qué tan bien conozcas a tu electorado y cómo uses esa información para **ganar su confianza**.

6.2.- Segmentación avanzada con IA: segmentar por edad, intereses o ubicación geográfica y otros

La **segmentación avanzada con IA** ha transformado radicalmente la capacidad de los políticos para **entender a su electorado** y **comunicarse** de manera efectiva. Si al inicio de la era digital los mensajes políticos se dirigían a **grupos amplios y genéricos**, hoy en día la realidad es completamente diferente: la IA permite no solo identificar y segmentar a la ciudadanía en base a características básicas como la **edad, intereses o ubicación geográfica**, sino que nos ofrece la posibilidad de realizar **análisis extremadamente detallados** que nos acercan a una comprensión mucho más profunda y dinámica de los ciudadanos. Esto incluye factores como su **comportamiento en línea**, la **frecuencia de interacción**, los **vínculos entre individuos con intereses similares**, e incluso la **relación entre ciudadanos que a primera vista parecen tener poco en común**.

Imagina por un momento la **magnitud de la información** que puede obtenerse de un ciudadano que utiliza activamente diversas redes sociales. Al combinar datos de **Twitter, Facebook, Instagram** y otras plataformas, la IA es capaz de construir un **perfil exhaustivo** que revela **más allá de lo evidente**. No solo nos muestra lo que un ciudadano comparte públicamente, sino también **cómo lo comparte, a qué horas** y **con quién interactúa**. Estas **micro pistas** permiten desvelar **patrones de comportamiento**, desde los temas que más le importan hasta los momentos del día en que es más receptivo a recibir cierta información.

La verdadera revolución de la **segmentación avanzada con IA** radica en la capacidad de **relacionar** estos comportamientos y **encontrar conexiones ocultas** entre individuos y grupos. **Un ciudadano preocupado por el medio ambiente** puede, por ejemplo, tener más en común con alguien interesado en la **innovación tecnológica** de lo que parecería a simple vista, si ambos están preocupados por el impacto de las nuevas políticas energéticas. La IA puede detectar estos **vínculos latentes** y **agrupar** a estos ciudadanos bajo un **mismo paraguas temático**, permitiendo enviar **mensajes dirigidos** que hablen tanto de sostenibilidad como de desarrollo tecnológico, multiplicando el impacto de la comunicación.

Una de las **aplicaciones más potentes** de esta segmentación avanzada es la capacidad de generar **radiografías completas** de barrios, municipios y grandes ciudades, analizando no solo los intereses generales de la población, sino **cómo se conectan** entre sí diferentes grupos de ciudadanos. Es posible detectar cómo los **movimientos de una pequeña comunidad** en redes sociales pueden influir en **grupos más amplios**, cómo **un barrio con bajo interés electoral** puede estar relacionado con la falta de propuestas políticas en temas específicos, o cómo una **minoría activa en línea** puede estar moviendo debates clave que repercutan en decisiones políticas locales o incluso nacionales.

Esta **capacidad para crear grupos y subgrupos** no se limita a la segmentación tradicional. Por ejemplo, al analizar datos de redes sociales, se pueden descubrir **intereses ocultos** que permiten **reconfigurar** completamente la estrategia de comunicación. La IA puede encontrar que un grupo de ciudadanos, aparentemente desconectado entre sí, comparte preocupaciones comunes en áreas tan diversas como la **salud pública**, el **urbanismo** o la **digitalización de los servicios municipales**. Gracias a los **algoritmos de machine learning**, estos grupos pueden ser tratados de manera **segmentada** dentro de una campaña, y los mensajes políticos pueden ser ajustados con una precisión que antes era **imposible**.

Al **fusionar datos de diferentes plataformas**, podemos generar una visión **más compleja y profunda** del ciudadano. Por ejemplo, un análisis detallado de las interacciones en **Twitter** puede revelar que un ciudadano es **activo** y **vocal** en temas de movilidad urbana, pero al comparar esos datos con su perfil en **Facebook**, la IA puede identificar que, además, tiene **preocupaciones económicas** relacionadas con el costo de los servicios. A su vez, una revisión de su cuenta en **LinkedIn** podría revelar un interés en el desarrollo de infraestructura tecnológica, lo que permitiría crear un perfil más **completo** y **personalizado**, capaz de recibir propuestas que combinen estos **diversos intereses**.

La **personalización extrema** que permite la IA con esta segmentación avanzada **rompe barreras**. Un mensaje que antes hubiera sido enviado a un **grupo amplio** de ciudadanos ahora puede ser refinado hasta el punto de dirigirse no solo a una **persona con preocupaciones específicas**, sino a **micro subgrupos** dentro de un segmento de población. Si antes hablábamos de grupos de edad, ahora hablamos de **personas en determinadas etapas vitales, con hábitos específicos de consumo** y **preocupaciones locales o globales** que pueden fluctuar rápidamente. Con la segmentación avanzada, el mensaje que recibe un ciudadano **resuena de manera personal** con su realidad.

La **ubicación geográfica**, por ejemplo, ya no es simplemente una dirección postal; es una pieza clave que, cuando se combina con otros datos, puede ofrecer una **visión hiperlocal** del comportamiento electoral. Saber que un ciudadano vive en un barrio determinado no es suficiente. La IA puede analizar datos de **tráfico, infraestructura, proximidad a servicios públicos**, y compararlos con **datos económicos y sociales** para determinar qué propuestas tienen mayor probabilidad de éxito en cada zona. No es lo mismo un mensaje sobre **movilidad urbana** para un ciudadano que depende del **transporte público** diariamente, que para otro que utiliza su **vehículo privado** y que reside en una zona con **bajas frecuencias de autobuses**.

Y no solo es cuestión de **datos estructurados**, como la edad o la residencia. La **IA** también permite analizar **datos no estructurados** como los **comentarios en redes sociales**, las **interacciones con publicaciones** o los

patrones de búsqueda en internet. Estos datos ofrecen una ventana hacia lo que **realmente preocupa** a los ciudadanos. Al analizar este **comportamiento digital**, los políticos pueden ajustar su **discurso** para que aborde las preocupaciones más inmediatas y relevantes. Por ejemplo, una propuesta sobre el **urbanismo sostenible** puede ser transformada si el análisis de las redes sociales muestra que la ciudadanía está preocupada por el **impacto ambiental** de un proyecto específico. Con esta información, la comunicación puede ajustarse para incluir detalles sobre **medidas ecológicas** y su impacto positivo, lo que permite que la propuesta **resuene más fuertemente** entre aquellos grupos que no habían mostrado un interés previo.

Además de analizar el contenido que los ciudadanos **consumen** o **comparten**, la IA puede observar cómo se **movilizan** en torno a temas particulares. El seguimiento de **movimientos ciudadanos** en línea o de **protestas virtuales** puede ofrecer información valiosa para **anticipar cambios en la opinión pública**. La IA puede detectar que, en cuestión de días, un tema que parecía **marginal** ha captado la atención de un número creciente de ciudadanos, lo que permite a los políticos **actuar rápidamente** para redirigir su enfoque, abordar la preocupación antes de que crezca, o incluso **unirse al debate** con una postura clara que les beneficie.

La **segmentación avanzada** también permite gestionar campañas con un nivel de **eficiencia sin precedentes**. Al segmentar por **ubicación, intereses, comportamiento en línea**, y otras variables, los políticos pueden asignar recursos de manera más eficaz. No tiene sentido invertir los mismos recursos en un **distrito** que ya muestra un **alto apoyo**, como en uno donde los **votantes están indecisos** o incluso **opuestos** a la propuesta. Con la IA, puedes concentrar tus esfuerzos donde más **impacto** tendrá, ajustando el tono, el canal y el **momento preciso** de la comunicación.

El **impacto** de la segmentación avanzada con IA no solo beneficia a los políticos; también transforma la relación entre los **ciudadanos** y la **política**. Al recibir mensajes que **resuenan directamente** con sus preocupaciones, los ciudadanos se sienten más **escuchados** y **representados**, lo que fortalece el vínculo entre **representantes** y **representados**. Los mensajes dejan de ser simples campañas para convertirse en un **diálogo constante**, ajustado en tiempo real a las **necesidades cambiantes** de la ciudadanía.

En definitiva, la segmentación avanzada con IA es el **corazón** de cualquier estrategia política moderna. Si un político quiere **conquistar el electorado**, no solo debe usar estas herramientas; debe entenderlas profundamente y **dominar** su aplicación. **El poder de los datos** es ilimitado, y los políticos que lo aprovechen tendrán una **ventaja indiscutible** en el futuro de la política. **¿Aún no has empezado a trabajar en ello?** Si llegaste hasta aquí en el libro y no has comenzado a aplicar estas técnicas, **es el momento** de hacerlo, porque te aseguro que tus rivales ya lo están haciendo.

6.3.- Uso de herramientas como Pandas y algoritmos de machine learning para segmentar y analizar necesidades de los ciudadanos

A medida que avanzamos en el uso de **Pandas** y los **algoritmos de machine learning** para segmentar a la ciudadanía, podemos profundizar en cómo estas herramientas permiten a los políticos, tanto en gobierno como en oposición, obtener una ventaja competitiva que antes estaba fuera de su alcance. En este punto del libro, ya hemos explicado las bases de cómo estas herramientas facilitan la organización y análisis de datos. Ahora es el momento de **llevar ese conocimiento al siguiente nivel**, mostrando cómo la **segmentación avanzada** con machine learning y el uso de datos provenientes de plataformas como **redes sociales, WhatsApp o incluso chatbots** puede transformar la manera en que se diseñan **estrategias políticas** efectivas.

Pandas sigue siendo la columna vertebral para la manipulación y preparación de datos. Es fundamental que los datos que hemos recolectado a lo largo del tiempo —ya sea de interacciones en redes sociales o de conversaciones en WhatsApp mediante bots— se estructuren de manera óptima. Imagina que ya hemos implementado un chatbot que recoge quejas ciudadanas, y hemos diseñado un sistema de automatización de respuestas con herramientas como **Manychat** o **Twilio**. Estos datos deben ahora pasar por una limpieza y organización, lo cual se logra con **Pandas**, ya que nos permite **filtrar**, **organizar** y **procesar** la información para su análisis posterior.

Sin embargo, el verdadero poder viene cuando aplicamos **algoritmos de machine learning** para segmentar y analizar patrones. Una de las primeras técnicas útiles para la **segmentación supervisada** es el **algoritmo k-vecinos más cercanos (k-NN)**. Este método identifica a los "vecinos" más cercanos basándose en características seleccionadas, lo que permite agrupar a los ciudadanos según sus similitudes. En una campaña política, **k-NN** se convierte en un aliado para anticipar comportamientos o preferencias. Por ejemplo, un político puede prever cómo reaccionarán nuevos grupos de ciudadanos a una propuesta basándose en el comportamiento pasado de segmentos similares. La implementación de k-NN en **Scikit-learn** es simple, pero potente, ya que permite ajustar diversos parámetros como la cantidad de vecinos o las métricas de distancia, optimizando la precisión de los grupos creados.

Ahora bien, para ir más allá de la segmentación supervisada, debemos explorar el **clustering no supervisado** mediante algoritmos como **K-means**, que no requiere etiquetas previas. Esto nos permite descubrir **grupos ocultos** entre la ciudadanía que no eran evidentes al comienzo. Por ejemplo, aplicando K-means a los datos recogidos de WhatsApp o redes sociales, es posible descubrir que ciudadanos de diferentes barrios, que aparentemente no están conectados, comparten preocupaciones similares. Tal vez los ciudadanos de una zona rural estén preocupados por el acceso a internet, mientras que en las áreas urbanas hay inquietudes sobre la digitalización de los servicios públicos. El poder de **K-means** es precisamente ese: **detectar nuevas agrupaciones** y permitir que los mensajes se ajusten de acuerdo con los temas que preocupan a estos grupos previamente desconocidos.

Uno de los desafíos que enfrentan los políticos es la **multiplicidad de canales** de interacción. Las redes sociales son una fuente clave de información, pero plataformas como WhatsApp también ofrecen una **mina de datos**. Al combinar ambos tipos de datos, utilizando **Pandas** para organizar y los **algoritmos de machine learning** para detectar patrones, podemos obtener una **visión 360º** del ciudadano. Esta capacidad para combinar **diferentes fuentes de datos** —comentarios en redes sociales, respuestas automáticas de chatbots, interacciones directas a través de aplicaciones de mensajería— es lo que permite construir una **estrategia holística** que abarque todas las dimensiones de la interacción ciudadana.

Cuando combinamos las capacidades de **segmentación** con técnicas como los **árboles de decisión** o los **bosques aleatorios (random forests)**, la segmentación alcanza un nuevo nivel. **Los árboles de decisión** permiten que un político o su equipo vean cómo diferentes variables influyen en el comportamiento de los ciudadanos. Por ejemplo, podríamos analizar cómo la edad, el nivel de ingresos o la ubicación geográfica afectan las respuestas a políticas de vivienda. Los **bosques aleatorios** van un paso más allá, al permitir múltiples árboles de decisión, creando predicciones más precisas y detalladas. Si detectamos que ciertos segmentos están particularmente descontentos con una política de transporte público, podríamos redirigir el enfoque comunicativo y enfatizar propuestas alternativas. Con **Scikit-learn**, implementar estas técnicas es relativamente sencillo, y proporciona a los políticos una herramienta avanzada para refinar su segmentación.

Pero si hablamos de **algoritmos avanzados**, no podemos dejar de mencionar **XGBoost**. Este algoritmo es particularmente útil cuando se manejan **grandes volúmenes de datos** y se busca optimizar la clasificación y predicción. En el contexto político, **XGBoost** podría usarse para evaluar qué **factores** llevan a ciertos ciudadanos a **apoyar una propuesta** o a **movilizarse electoralmente**. Si se recopilan datos de miles de ciudadanos a través de un chatbot y de interacciones en redes sociales, **XGBoost** permite modelar estos datos con una precisión extraordinaria, revelando cuáles son los temas clave que deben priorizarse en la agenda política.

Además, el uso de **redes neuronales** mediante librerías como **TensorFlow** y **Keras** abre la puerta a un análisis mucho más sofisticado, capaz de detectar **patrones no lineales** y **relaciones complejas** entre variables. Esto es particularmente útil cuando tratamos con **grandes cantidades de datos no estructurados**, como los comentarios en redes sociales o en plataformas de mensajería. Las **redes neuronales** permiten no solo segmentar, sino también realizar **predicciones complejas** sobre el comportamiento de los ciudadanos, ofreciendo a los políticos una visión detallada sobre cómo evolucionarán las opiniones sobre ciertas propuestas.

Un área clave que no podemos pasar por alto es el **procesamiento del lenguaje natural (NLP)**. A estas alturas del libro, ya hemos explorado cómo el **NLP** permite analizar grandes volúmenes de texto. Sin embargo, cuando se combina con la segmentación avanzada, el **NLP** revela su verdadero poder. Librerías como **spaCy** o **NLTK** pueden procesar miles de comentarios de ciudadanos, **detectando emociones, preocupaciones recurrentes**, y **cambios de tono** en las conversaciones. Si, por ejemplo, un político recibe una serie de comentarios negativos sobre una propuesta, el **NLP** permite analizar el **sentimiento detrás de esos comentarios** y ajustar la estrategia comunicativa para ofrecer una **respuesta más empática** o **una aclaración**.

El análisis de las **emociones** expresadas en redes sociales o en mensajes enviados a través de WhatsApp permite segmentar no solo por variables tradicionales, sino por el **estado emocional** de los ciudadanos. Así, si el análisis revela **frustración** en ciertos segmentos, se puede diseñar una respuesta que no solo proporcione **información**, sino que **calme** y **empatice** con las preocupaciones expresadas.

Para llevar la segmentación política a un nivel aún más disruptivo, podemos adentrarnos en el uso de **modelos generativos y redes neuronales profundas**, como **redes generativas adversarias (GANs)** o los **transformers avanzados** como **GPT-3** y sus versiones adaptadas. Estas técnicas permiten no solo predecir el comportamiento de los ciudadanos, sino también **generar escenarios hipotéticos** y **narrativas personalizadas** para diferentes segmentos de la población, algo que va mucho más allá de la segmentación tradicional.

Las **GANs** abren la puerta a una nueva era en la **creación de simulaciones realistas** basadas en los datos históricos de los votantes. En lugar de simplemente analizar los datos actuales, las GANs pueden generar posibles escenarios futuros que ayuden a prever cómo reaccionarían diferentes grupos de ciudadanos ante propuestas políticas que aún no han sido anunciadas. Por ejemplo, se puede simular el impacto de una nueva política ambiental en diferentes segmentos de votantes, permitiendo a los políticos ajustar su discurso antes de que se lance oficialmente. Estas simulaciones no solo se basan en los datos de comportamiento actuales, sino que también generan **nuevas tendencias** que aún no se han manifestado en el electorado.

Otra tecnología emergente en este campo es el uso de **transformers avanzados** como los modelos de la serie GPT, que permiten hacer un análisis contextual mucho más profundo del lenguaje y los patrones de interacción de los ciudadanos en redes sociales. A diferencia de los algoritmos tradicionales de NLP, que se centran en el análisis superficial del contenido, los transformers pueden analizar **contextos complejos, entender las relaciones** entre temas y **predecir la evolución de una conversación**. Esto permite, por ejemplo, identificar ciudadanos clave dentro de una red social que tienen la capacidad de **influenciar a otros votantes** o detectar los temas que podrían generar **polarización** en la conversación pública. Utilizar esta tecnología en segmentación política permite no solo segmentar a los votantes, sino también generar mensajes que **anticipen reacciones** a las políticas y mitiguen crisis potenciales.

En cuanto al **refuerzo del aprendizaje**, los **algoritmos de aprendizaje por refuerzo profundo** pueden ser usados para **optimizar continuamente** las estrategias de comunicación. Estos modelos aprenden iterativamente cuál es la mejor estrategia comunicativa según las reacciones de los ciudadanos, ajustando las decisiones políticas en tiempo real. Imagina que un chatbot político no solo responde a las preguntas de los ciudadanos, sino que aprende continuamente de sus interacciones, ajustando el tono y la frecuencia de los mensajes en función de los datos recibidos. Este enfoque no solo mejora la segmentación, sino que la convierte en un **proceso adaptativo**, donde los modelos de IA ajustan y perfeccionan la comunicación basándose en el feedback recibido de los ciudadanos.

Finalmente, las **redes neuronales convolucionales (CNNs)**, generalmente utilizadas en el análisis de imágenes, están empezando a ser aplicadas a la política en combinación con **datos geoespaciales** para analizar cómo factores geográficos influyen en el comportamiento electoral. La integración de **datos satelitales**, imágenes de infraestructuras urbanas y otros elementos visuales junto con datos socioeconómicos puede ayudar a predecir los resultados electorales en zonas concretas. Este enfoque **multimodal** (imágenes + datos textuales y numéricos) eleva la segmentación a un nuevo nivel, ofreciendo una visión **totalmente integrada y detallada** del comportamiento político de cada ciudadano en relación con su entorno físico.

En resumen, la combinación de **Pandas**, los **algoritmos de machine learning**, el **NLP** y otros no solo permite a los políticos segmentar a los ciudadanos de manera más precisa, sino que ofrece una herramienta poderosa para anticiparse a las necesidades y ajustar las estrategias de comunicación de manera continua. **Tanto los políticos en el gobierno como en la oposición** tienen hoy la capacidad de utilizar estos **algoritmos avanzados** para obtener una ventaja competitiva en la carrera electoral. Si no estás utilizando estas herramientas para **analizar y segmentar a los ciudadanos**, te estás quedando fuera de la carrera. **¿Aún no has comenzado?** La próxima campaña ya está en marcha, y los que **dominan estas herramientas** estarán en una posición privilegiada para ganar la confianza y el voto de los ciudadanos.

6.4.- Personalización de mensajes automáticos según el perfil ciudadano utilizando IA

La personalización de mensajes automáticos según el perfil ciudadano es uno de los avances más potentes que la inteligencia artificial puede ofrecer a la política actual. Hemos visto en capítulos anteriores cómo la segmentación avanzada permite dividir a la ciudadanía en grupos basados en diferentes variables, pero la personalización va mucho más allá. No se trata simplemente de clasificar a los ciudadanos en grupos según su edad, ubicación o intereses. Estamos hablando de un nivel donde **cada ciudadano** recibe un mensaje único, adaptado a su perfil personal, sus intereses particulares, su forma de comunicarse y sus inquietudes más profundas. Esto representa una auténtica revolución en la comunicación política.

Imagina por un momento que puedes enviar un mensaje distinto a cada votante de tu municipio, no solo cambiando el contenido según su ubicación o grupo de edad, sino **modificando el tono, el formato e incluso el enfoque según su comportamiento y preferencias**. Esto se hace posible al combinar técnicas de machine learning con bases de datos masivas que contienen información detallada de cada individuo: desde sus preferencias políticas hasta la forma en que interactúan en redes sociales. El poder de la personalización reside en la capacidad de ajustar el mensaje a un nivel tan preciso que el ciudadano siente que el político **le habla directamente a él**, atendiendo sus inquietudes y demandas de una manera que se percibe como auténtica.

El primer paso hacia esta personalización masiva empieza con los datos recogidos. Gracias al uso de herramientas como **Pandas** y algoritmos de machine learning, los datos que hemos recopilado durante la segmentación nos permiten crear perfiles profundos de los ciudadanos. Pero no basta con segmentar a los ciudadanos por características generales; hay que ir más allá y analizar **patrones de comportamiento individuales**. A través del análisis de datos históricos de interacciones y comportamiento en redes sociales, se puede predecir cómo reaccionará cada ciudadano ante ciertos temas. Aquí es donde entra en juego la personalización automatizada.

Utilizando herramientas como **APIs de redes sociales y plataformas de mensajería**, podemos conectar estos perfiles a los sistemas que automatizan los mensajes. Imagina que has diseñado una serie de mensajes clave para tu campaña electoral: propuestas sobre educación, salud pública, transporte, economía... En lugar de enviar estos mensajes de manera genérica a grupos amplios, la IA permite que cada uno de ellos sea ajustado **automáticamente** a cada ciudadano según su perfil. Por ejemplo, si sabes que un votante se preocupa más por la educación, ese tema tendrá prioridad en los mensajes que le envíes. Si, además, este ciudadano es más receptivo a un tono informal y directo, la IA modificará el estilo del mensaje para que resuene mejor con su forma de interactuar.

Esta **capacidad de adaptar tanto el contenido como el tono y la frecuencia** de los mensajes es lo que diferencia la personalización avanzada de la segmentación tradicional. La IA no solo permite modificar el mensaje, sino que también ajusta el **momento perfecto** para enviarlo. El análisis de datos históricos de interacciones te permite saber cuándo un ciudadano es más activo en redes sociales, cuándo suele leer sus mensajes o interactuar con ellos. Así, puedes asegurar que el mensaje llegue en el momento preciso en que será más eficaz.

- **El valor de la personalización en tiempo real**

Lo más fascinante de esta tecnología es la capacidad de **adaptar los mensajes en tiempo real**. Si un ciudadano recibe un mensaje y responde de manera negativa, los algoritmos de IA pueden generar una **respuesta automatizada personalizada** que aborde directamente sus inquietudes. Por ejemplo, si un votante expresa frustración con una propuesta sobre transporte público, el sistema puede generar un nuevo mensaje que explique con mayor detalle cómo esa política mejorará el servicio, o incluso presentar una alternativa que pueda mitigar sus preocupaciones.

Para lograr este tipo de personalización, se emplean técnicas avanzadas de **procesamiento del lenguaje natural (NLP)**, que permiten analizar el **tono emocional** de los comentarios de los ciudadanos en redes sociales y en otras plataformas de comunicación. Esto no solo ayuda a adaptar los mensajes a los ciudadanos más críticos, sino que también permite ajustar el discurso a los ciudadanos más satisfechos, reforzando el apoyo y fidelización. Los algoritmos son capaces de interpretar si el sentimiento de un mensaje es positivo, neutro o negativo, y modificar la respuesta automáticamente para alinearse con las emociones del votante. Por ejemplo, si detectan que un grupo de ciudadanos está particularmente frustrado con el gobierno actual, la IA podría sugerir una respuesta más conciliadora y empática para captar su atención.

- **La magia de la automatización sin perder autenticidad**

Una de las preocupaciones más comunes en el uso de la IA para la personalización es la posibilidad de que los mensajes automáticos se perciban como impersonales o genéricos. Sin embargo, la **clave del éxito** en este proceso está en la **calidad de los datos** que se utilizan para crear los perfiles de los ciudadanos y en la **capacidad de la IA para adaptar el mensaje con precisión**. Cuanto más detallada sea la información recogida, más personal y auténtico será el mensaje resultante. El uso de bases de datos **dinámicas y actualizadas** permite ajustar el tono de los mensajes en tiempo real, haciendo que cada ciudadano reciba una respuesta que parezca genuina y alineada con sus expectativas.

Otra ventaja de este enfoque es que la IA **aprende** de las interacciones previas. A medida que los ciudadanos responden a los mensajes, el sistema ajusta y mejora su capacidad de personalización. Así, si un ciudadano ha mostrado interés en ciertos temas en el pasado, la IA priorizará esos temas en los futuros mensajes. Del mismo modo, si un votante ha mostrado rechazo a un tema en particular, el sistema evitará insistir en esa área o ajustará el enfoque del mensaje para minimizar la resistencia. En este sentido, la **personalización automatizada** es un proceso **evolutivo**, que se ajusta continuamente para mejorar la eficacia de la comunicación.

- **El impacto directo en la campaña política**

En el contexto de una campaña electoral, la **personalización automatizada de mensajes** tiene un impacto directo en los resultados. Al garantizar que cada votante recibe información que es **relevante para él**, se mejora la relación entre el ciudadano y el político, lo que se traduce en una mayor confianza y, en última instancia, un mayor apoyo electoral. Además, la capacidad de **adaptar los mensajes en tiempo real** permite gestionar de manera más eficiente las crisis de comunicación, respondiendo rápidamente a las preocupaciones emergentes antes de que se conviertan en problemas mayores.

Este enfoque personalizado también ayuda a **maximizar la eficiencia** de la campaña. En lugar de gastar recursos en enviar mensajes masivos que pueden no resonar con gran parte de la audiencia, la IA asegura que cada mensaje tiene un impacto significativo, lo que permite utilizar de manera más eficaz los recursos de comunicación y marketing. Además, al segmentar de manera precisa y personalizar los mensajes, se puede optimizar el presupuesto de publicidad digital, asegurando que cada euro invertido tenga un retorno más alto en términos de compromiso ciudadano y apoyo electoral.

- **¿Por qué no lo estás haciendo ya?**

La verdadera pregunta que debería plantearse cualquier político que haya llegado hasta este punto del libro es: **¿Por qué no estás implementando ya esta tecnología?** Si ya has visto cómo la IA puede segmentar a tu electorado, analizar sus necesidades y predecir sus comportamientos, el siguiente paso lógico es aprovechar el potencial de la **personalización automatizada de los mensajes**. Esta es la herramienta que te permitirá **diferenciarte** de tus competidores, conectar de manera más efectiva con los ciudadanos y asegurarte de que tu mensaje resuene en cada votante de una manera única y personal.

El poder de la personalización automática es una **ventaja competitiva brutal** en la política moderna. Gracias a la IA, puedes conocer a tu electorado mejor que nunca, entender qué les motiva, qué les preocupa, y qué esperan de ti. Y lo mejor de todo es que puedes utilizar esta información para enviarles el **mensaje adecuado, en el momento preciso**, de una manera que sea relevante para ellos. **¿Estás preparado para aprovechar esta oportunidad?**

Si no lo haces tú, **lo harán tus competidores**.

6.5.- Ejemplo práctico: cómo un concejal ajusta su comunicación según los barrios o distritos con IA

Imaginemos a un concejal de un partido en la oposición en una ciudad mediana de unos 200.000 habitantes. Su reto es consolidar su presencia en un barrio concreto, de alrededor de 40.000-50.000 personas. Este barrio tiene una mezcla diversa de ciudadanos, cada uno con preocupaciones distintas. Además, el contacto directo con los políticos ha sido limitado, lo que ha generado cierto desinterés. La misión del concejal es doble: mejorar la conexión con los vecinos y aumentar su apoyo electoral de forma significativa. Aquí, la **inteligencia artificial (IA)**, el análisis de datos y la automatización de procesos juegan un papel fundamental para transformar la estrategia de comunicación.

El primer paso es recopilar datos detallados sobre el barrio. No basta con saber los datos demográficos tradicionales como la **edad**, el **nivel educativo** o el **género**. Hoy en día, la riqueza de los datos está en los **comportamientos digitales** y las **opiniones sociales**, los cuales pueden capturarse a través de las interacciones en redes sociales, encuestas digitales o incluso las interacciones previas con plataformas automatizadas como **chatbots** o **mensajes automatizados** de WhatsApp. Este conjunto de datos, mucho más amplio y detallado, permite construir un perfil más complejo y preciso de los ciudadanos del barrio. Por ejemplo, se podría extraer cómo un sector concreto está interactuando en redes sobre temas locales como el transporte, la educación o la seguridad.

Una vez obtenida esta información, el siguiente paso es segmentar de manera avanzada a la población del barrio. No se trata solo de agruparlos por su edad o género, sino de utilizar **algoritmos de machine learning** que pueden combinar múltiples características y crear **micro grupos** con intereses, preocupaciones o hábitos comunes que no serían detectables con métodos tradicionales. Un ejemplo claro sería detectar que los ciudadanos de entre 25 y 35 años están más preocupados por la mejora del transporte público, mientras que los ciudadanos mayores de 60 años muestran inquietud por la calidad de los servicios de salud y el acceso a centros médicos.

Para ello, el equipo del concejal utiliza algoritmos como **K-means** para identificar **patrones ocultos** en los datos. K-means es un algoritmo de clustering no supervisado que permite detectar similitudes entre ciudadanos y agruparlos en clústeres sin tener etiquetas previas. En este contexto, podría identificar micro segmentos dentro del barrio que comparten preocupaciones o prioridades similares. Supongamos que dentro de un barrio hay un segmento de ciudadanos jóvenes con preocupaciones sobre el empleo, pero este segmento comparte una característica interesante: también están activos en temas culturales. Este tipo de segmentación avanzada permite descubrir grupos que pueden tener más de un interés, haciendo que la comunicación política sea mucho más efectiva y **personalizada**.

Una vez segmentada la población, el siguiente reto es **personalizar la comunicación** según cada grupo, pero hacerlo de forma escalable. Aquí es donde entra la automatización y el poder de la IA. Utilizando **APIs de redes sociales** como la API de **Facebook Graph** o la API de **Twitter**, se puede configurar una estrategia de comunicación en la que las publicaciones no sean genéricas, sino que estén **personalizadas para cada micro grupo**. Por ejemplo, los ciudadanos mayores de 60 años recibirán información relevante sobre el acceso a servicios sanitarios y la mejora de la atención médica, mientras que los más jóvenes recibirán noticias sobre propuestas para mejorar el transporte público y políticas de empleo juvenil. Todo esto se realiza de manera **automatizada** y programada para que los mensajes aparezcan en los momentos en que estos ciudadanos son más activos en redes, maximizando la efectividad de cada interacción.

La IA, a través de **modelos predictivos** basados en machine learning, juega un papel crucial en este proceso, ya que no solo ayuda a personalizar los mensajes, sino que también **predice la reacción** de los diferentes segmentos ante ciertos temas. Si, por ejemplo, el concejal propone una nueva política de movilidad urbana, la IA puede prever cómo reaccionarán los distintos grupos de ciudadanos según sus intereses y comportamiento en redes sociales. Esto no solo permite personalizar el contenido del mensaje, sino también ajustar el **tono**, asegurando que llegue de la manera más efectiva posible. Por ejemplo, un grupo de jóvenes podría reaccionar mejor ante un mensaje con un tono más informal y directo, mientras que los ciudadanos mayores podrían preferir un enfoque más tradicional y formal.

Otro componente esencial de esta estrategia es la **automatización del envío de mensajes**, que permite mantener una comunicación constante sin sobrecargar al equipo humano. Los **bots** juegan un papel importante aquí. No son simples herramientas para enviar mensajes en masa, sino que son sistemas inteligentes capaces de generar respuestas dinámicas en función de las **interacciones previas** con los ciudadanos. Imagina que un residente del barrio envía una queja sobre el estado de las aceras a través de Facebook Messenger. Un chatbot avanzado, utilizando **NLP (procesamiento del lenguaje natural)**, puede detectar el problema, generar una respuesta empática que reconozca la preocupación del ciudadano y, si es necesario, redirigir la consulta a un miembro del equipo del concejal para una atención más detallada. El bot también puede, en ese mismo momento, ofrecer información sobre los proyectos de mejora de infraestructuras que el concejal está impulsando, creando una **conversación fluida** y relevante sin que se pierda la oportunidad de destacar las acciones positivas del partido.

Todo este proceso está diseñado para **adaptarse en tiempo real**. Uno de los mayores retos en la comunicación política es la capacidad de reaccionar rápidamente a los problemas o crisis que puedan surgir. Si los ciudadanos del barrio empiezan a quejarse masivamente sobre un problema en particular, como puede ser el retraso en una obra pública o el mal estado de una infraestructura, la IA, a través de **algoritmos de análisis de sentimiento**, detecta rápidamente un aumento en las menciones negativas en redes sociales. Estas menciones son analizadas en tiempo real y permiten ajustar la estrategia de comunicación de manera inmediata. Por ejemplo, si se detecta que un grupo de residentes está frustrado por la demora en las obras, la IA puede sugerir que se publique un mensaje de disculpa acompañado de una explicación del retraso y una propuesta para mitigar las molestias, como puede ser el rediseño de las rutas de tráfico. Todo esto sucede de manera automatizada y optimizada para asegurar que el mensaje **llegue a tiempo** y aborde las preocupaciones de los ciudadanos.

Además de gestionar crisis, el uso de la IA también permite **detectar oportunidades**. Si un segmento de la población muestra un interés creciente en temas medioambientales, la IA puede identificar este patrón y sugerir que el concejal enfoque su próximo discurso o publicación en redes en políticas de sostenibilidad y ecología. Esto no solo fortalece el mensaje político, sino que también ayuda a aumentar la **participación** de los ciudadanos en las acciones y propuestas del concejal, lo que puede traducirse en un mayor apoyo electoral.

Finalmente, la IA también permite que los **mensajes se optimicen a lo largo del tiempo**. El aprendizaje automático permite que el sistema vaya ajustando los mensajes según las respuestas que reciben. Si un enfoque particular genera mayor interacción y apoyo en un grupo específico, la IA ajusta automáticamente la estrategia para maximizar ese impacto. Este tipo de personalización dinámica asegura que el concejal no solo esté enviando mensajes adecuados, sino que esté **mejorando continuamente** su comunicación con el barrio.

La combinación de segmentación avanzada, automatización de mensajes y el uso de machine learning para la personalización y análisis predictivo transforma la relación del concejal con los residentes del barrio. La IA no solo permite que el concejal mantenga una comunicación constante y efectiva, sino que también asegura que cada interacción esté adaptada a las **preocupaciones específicas** de los ciudadanos, optimizando así tanto el alcance como el impacto de la comunicación.

7.- OPTIMIZACIÓN DE RECURSOS Y SERVICIOS PÚBLICOS CON DATOS E IA

7.1.- ¿Cómo pueden los datos y la IA mejorar la eficiencia en la gestión de servicios públicos?

Imaginemos que hemos sido elegidos concejales en un ayuntamiento o diputados en alguna otra institución pública y nuestro objetivo principal es introducir el uso de **datos e inteligencia artificial (IA)** para mejorar la gestión de los servicios públicos. Aunque muchas administraciones han comenzado a digitalizar sus procesos, en otros casos el uso de los datos sigue siendo limitado o ineficiente. Nuestra misión es aprovechar todo su potencial para optimizar la asignación de recursos, aumentar la transparencia y mejorar la calidad de los servicios ofrecidos a los ciudadanos.

Para empezar, es esencial establecer una infraestructura que permita la **recogida y análisis de datos** en tiempo real. Esto no significa solo tener bases de datos estáticas, sino contar con sensores, herramientas de monitoreo y plataformas digitales que recopilen y estructuren la información de manera continua. Esta recolección automatizada es la base para que los **algoritmos de IA** puedan transformar los datos en decisiones más inteligentes y eficientes.

Un buen ejemplo de esta metodología es la gestión del deporte en la ciudad. Muchas instalaciones deportivas públicas son gestionadas de manera ineficiente, sin tener en cuenta las fluctuaciones en la demanda. Utilizando **datos históricos** de asistencia, alquileres de pistas o participación en clases, es posible predecir la demanda y adaptar los horarios de apertura, el número de empleados o las actividades según las necesidades reales de los ciudadanos. Si, por ejemplo, se identifica que los lunes por la tarde la piscina tiene una baja ocupación, mientras que los sábados por la mañana está llena, la IA permite ajustar los horarios, ofrecer promociones o redistribuir recursos de manera óptima. Con este enfoque, no solo se reducen costes, sino que también se mejora la **satisfacción de los usuarios**.

Otro ámbito donde la **IA** puede mejorar la eficiencia es en la gestión del turismo. En ciudades con un alto flujo de visitantes, la recopilación de datos en tiempo real mediante sistemas de **geolocalización**, redes sociales o plataformas de reservas ofrece información clave sobre los hábitos de los turistas. Esto permite prever épocas de mayor afluencia, identificar los puntos más visitados y optimizar la distribución de recursos, como asignar más personal en las oficinas de turismo durante los periodos de máxima afluencia o ajustar los horarios de los museos según la demanda.

Un sistema de monitoreo con cámaras inteligentes o sensores puede analizar el flujo de visitantes en tiempo real, detectando puntos de congestión y sugiriendo estrategias para redirigir a los turistas hacia zonas menos concurridas. De esta forma, no solo se mejora la experiencia turística, sino que también se reduce la presión sobre los servicios públicos.

En la **gestión de impuestos municipales**, la IA también ofrece una ventaja considerable. Mediante el análisis de datos de los contribuyentes y el uso de modelos predictivos, se puede prever cuáles tienen más probabilidades de retrasarse en sus pagos. Esto permite enviar **recordatorios personalizados** antes de la fecha de vencimiento, lo que reduce significativamente el número de morosos y agiliza la recaudación de impuestos. Además, la IA ayuda a detectar errores en las declaraciones, mejorando la **transparencia** y eficiencia del sistema, mientras que el personal se enfoca en los casos más complejos.

En el área de la **gestión medioambiental**, los ayuntamientos pueden utilizar datos en tiempo real para optimizar la recogida de residuos o mejorar la calidad del aire. Sensores en contenedores permiten organizar rutas de recogida más eficientes, reduciendo el consumo de combustible y las emisiones contaminantes. Asimismo, los sensores ambientales que miden la **calidad del aire** permiten anticipar episodios de contaminación y tomar decisiones preventivas, como limitar el tráfico o fomentar el uso del transporte público.

El uso de **plataformas digitales** integradas con IA facilita la realización de trámites administrativos, como solicitar permisos o pagar impuestos, de manera más ágil y eficiente. A través del análisis de datos sobre el uso de estos portales, se pueden detectar los puntos de fricción más comunes y optimizar la experiencia del usuario. Además, la **automatización de la atención al ciudadano** mediante chatbots que utilizan procesamiento del lenguaje natural (NLP) reduce la necesidad de personal para tareas rutinarias, liberando recursos para resolver problemas más complejos.

Todo esto no solo mejora la **eficiencia operativa** de los servicios públicos, sino que también incrementa la **satisfacción ciudadana** y reduce el impacto ambiental. Implementar una cultura de datos en las instituciones, combinada con infraestructuras tecnológicas que faciliten la recogida y análisis de información, es clave para modernizar la administración pública y hacerla más eficiente, cercana y sostenible.

Este enfoque, basado en datos y **tecnologías de IA**, permite optimizar los recursos, mejorar la calidad del servicio y anticipar problemas, lo que beneficia tanto a los ciudadanos como a las instituciones públicas.

7.2.- Uso de datos históricos e IA para prever necesidades en servicios

El uso de **datos históricos** junto con **IA** permite anticipar necesidades en la gestión de servicios públicos, lo que transforma radicalmente la toma de decisiones. En lugar de depender únicamente de observaciones pasadas y reaccionar a los problemas una vez que han surgido, la IA ofrece una capacidad predictiva que permite planificar con antelación y optimizar los recursos de manera mucho más eficiente.

El primer paso esencial es contar con una base sólida de **datos históricos**. Estos datos incluyen registros sobre el uso de servicios, reportes de necesidades ciudadanas y el impacto de las acciones implementadas a lo largo de los años. La calidad y cantidad de estos datos es crucial, ya que una recopilación extensa que cubra varios años mejora significativamente la precisión de los modelos predictivos. En este contexto, los ciclos estacionales, eventos extraordinarios como crisis económicas o festivos, y otros factores que afectan a la demanda de servicios deben ser tenidos en cuenta. Por ejemplo, en la gestión de espacios públicos como parques o zonas recreativas, los patrones de uso suelen variar con las estaciones del año o eventos específicos, lo que hace que estos datos históricos sean valiosos para prever cuándo se requirirán más recursos para el mantenimiento, como el riego, la limpieza o la poda de plantas.

La combinación de datos históricos con datos en tiempo real ofrece una visión aún más precisa. Tecnologías como el **Internet de las Cosas (IoT)** permiten monitorizar continuamente diversos servicios, desde el nivel de llenado de contenedores de residuos hasta la calidad del aire o el uso de agua en zonas verdes. Estos datos en tiempo real, cuando se integran en modelos de IA, permiten ajustar dinámicamente los recursos, anticipándose a las necesidades antes de que se conviertan en problemas graves.

Un ámbito donde la previsión mediante IA muestra un gran potencial es la **gestión del medio ambiente**. Los ayuntamientos pueden prever con mayor precisión cuándo regar áreas verdes, basándose no solo en la demanda de años anteriores, sino también en las condiciones meteorológicas actuales. Esto no solo optimiza el uso de recursos como el agua, sino que también garantiza que las áreas verdes se mantengan adecuadamente sin desperdiciar recursos.

La IA también es valiosa en la **gestión de impuestos municipales**. Con datos históricos sobre patrones de pago, es posible prever con mayor exactitud qué contribuyentes tienen más probabilidades de retrasarse en sus pagos. Esta información permite al equipo municipal ajustar las campañas de comunicación o implementar incentivos antes de que el problema de la morosidad aumente, mejorando la eficiencia del proceso de recaudación de impuestos y evitando complicaciones administrativas más costosas.

En el ámbito de la **gestión turística**, los datos históricos son clave para prever la afluencia de visitantes en diferentes momentos del año. Los ayuntamientos pueden utilizar estos datos para distribuir mejor los recursos, ajustando la disponibilidad de personal en puntos turísticos, adaptando los horarios de atracciones y monumentos, y redirigiendo a los turistas a zonas menos concurridas para evitar la saturación. Esto mejora la experiencia de los visitantes y reduce la presión sobre los servicios públicos en zonas clave de la ciudad.

Además de mejorar la eficiencia operativa, el análisis de **datos históricos combinado con IA** también ofrece una base sólida para la toma de decisiones a largo plazo. Si los datos muestran, por ejemplo, que la demanda de infraestructuras deportivas ha crecido de manera constante en los últimos años, la administración puede prever una necesidad futura de ampliación de esas instalaciones o la construcción de nuevas infraestructuras antes de que la demanda supere la capacidad existente. Esto permite una **planificación proactiva**, que no solo ahorra tiempo y recursos, sino que también mejora significativamente la satisfacción de los ciudadanos.

En resumen, la **IA** y los **datos históricos** proporcionan a los ayuntamientos y administraciones públicas una capacidad sin precedentes para prever y anticiparse a las necesidades de los ciudadanos. Este enfoque no solo optimiza los recursos y mejora la calidad de los servicios públicos, sino que también asegura que las políticas y estrategias públicas estén alineadas con las verdaderas demandas y expectativas de los ciudadanos, proporcionando una mayor transparencia y eficiencia en la gestión pública.

7.3.- Implementación de sistemas de alerta temprana con IA y Python para optimizar

La implementación de sistemas de alerta temprana utilizando inteligencia artificial (IA) y Python ofrece una poderosa herramienta para gestionar recursos en áreas clave como la seguridad pública. Al combinar el análisis predictivo con la capacidad de procesar grandes volúmenes de datos en tiempo real, las administraciones pueden adelantarse a los problemas, optimizando la intervención y el uso de recursos.

Imaginemos el caso de un concejal encargado de la seguridad en una zona conflictiva de una ciudad. En lugar de desplegar patrullas o personal de manera arbitraria, los datos históricos pueden revelar patrones de incidentes que ocurren en horarios específicos o tras ciertos eventos, como partidos de fútbol. Un sistema de IA basado en Python puede detectar estos patrones y generar alertas tempranas, indicando cuándo y dónde es probable que ocurra un incidente, permitiendo una respuesta preventiva.

El primer paso es la recopilación de datos históricos de fuentes como denuncias, detenciones y reportes de emergencias. Además, la información de redes sociales o sensores urbanos, como cámaras de seguridad y sistemas de monitoreo de ruido, puede complementar estos datos. Con esta información, los algoritmos de **machine learning** pueden construir modelos predictivos que identifican factores de riesgo, ajustando las alertas en tiempo real a medida que se recogen nuevos datos. Python, a través de bibliotecas como **Scikit-learn** o **TensorFlow**, facilita la implementación de estos modelos. Por ejemplo, un algoritmo de clasificación podría predecir la probabilidad de incidentes violentos en función de la actividad en redes sociales, tráfico o incluso el clima, emitiendo alertas que se envían directamente a los equipos de seguridad.

Además, estos sistemas pueden incorporar visión por computadora, utilizando bibliotecas como **OpenCV** para analizar el comportamiento de las personas en áreas de riesgo. Esto permitiría detectar concentraciones inusuales de personas o comportamientos sospechosos, enviando alertas automáticas antes de que ocurra un incidente. La integración con redes sociales también es crucial, permitiendo monitorizar conversaciones públicas con herramientas como **Tweepy** o **Facebook Graph API**, que, combinadas con modelos de procesamiento del lenguaje natural (NLP), analizan el tono y contenido de los mensajes para detectar tensiones o conflictos inminentes.

La capacidad de ajustar recursos en tiempo real no solo mejora la seguridad, sino que optimiza el uso de los recursos humanos y materiales. Por ejemplo, si se prevé un aumento de incidentes en una zona específica, los equipos pueden desplegarse en esos puntos críticos en lugar de mantener una presencia constante en toda la ciudad, lo que sería ineficiente. Los sistemas también permiten coordinar mejor los recursos entre diferentes cuerpos de seguridad y servicios de emergencia, asegurando que los equipos más cercanos respondan primero a los incidentes.

A medida que los sistemas de IA recopilan más datos, sus predicciones se vuelven cada vez más precisas, permitiendo a las administraciones ajustar continuamente sus estrategias de seguridad y anticiparse a problemas futuros que quizás antes no se habían identificado.

7.4.- Visualización de la gestión de recursos en tiempo real con dashboards interactivos impulsados por IA

La **visualización de la gestión de recursos en tiempo real** mediante **dashboards interactivos** impulsados por **inteligencia artificial (IA)** es una herramienta clave para optimizar la eficiencia en la administración pública. Los ayuntamientos y otras instituciones públicas manejan grandes cantidades de datos que provienen de sensores IoT, bases de datos históricas, sistemas de monitoreo y redes sociales. Sin embargo, convertir estos datos en información accionable es donde se encuentra el verdadero valor de estas herramientas.

Los **dashboards interactivos** permiten a los responsables municipales visualizar de forma clara el estado de los recursos públicos, el progreso de las tareas y la detección de posibles anomalías en tiempo real. Un ejemplo práctico es la **gestión de residuos**. A través de estos dashboards, los equipos pueden ver el nivel de llenado de los contenedores en diferentes áreas de la ciudad, lo que les permite planificar rutas de recolección de manera más eficiente, ahorrando tiempo y reduciendo costes. La integración de IA en estos sistemas no solo ofrece una vista del estado actual de los recursos, sino que además permite generar predicciones sobre su evolución futura, como en el caso de la gestión del agua en parques, donde se puede prever cuándo y dónde será necesario un mayor riego.

Herramientas como **Python**, junto con librerías como **Dash** y **Plotly**, permiten crear dashboards interactivos personalizables según las necesidades específicas de cada ayuntamiento. Estos sistemas están conectados a bases de datos y se actualizan automáticamente conforme se recibe nueva información, manteniendo siempre informados a los gestores públicos. Además, se pueden aplicar en ámbitos como la **gestión medioambiental**, donde se monitoriza la calidad del aire en diferentes zonas de la ciudad o los niveles de contaminación en cuerpos de agua, lo que permite tomar decisiones rápidas y eficaces para mitigar los problemas emergentes.

Otra funcionalidad avanzada es la capacidad de estos sistemas para **simular escenarios futuros**, lo cual es fundamental para la **planificación preventiva**. Un dashboard puede generar simulaciones sobre el impacto de decisiones futuras, como la distribución de personal durante una ola de calor, lo que ayuda a optimizar la asignación de recursos. Además, estos sistemas fomentan la **transparencia** al ofrecer a los ciudadanos acceso a versiones simplificadas de los dashboards, facilitando la participación ciudadana y mejorando la confianza en las instituciones.

En resumen, la visualización de datos mediante dashboards interactivos no solo optimiza la gestión operativa de los recursos públicos, sino que también mejora la capacidad de toma de decisiones basadas en datos.

7.5.- Ejemplo práctico: cómo un ayuntamiento usó datos e IA para mejorar la eficiencia de la recogida de basura

Cuando un nuevo concejal entra en el ayuntamiento, su misión es clara: mejorar la calidad de vida de los ciudadanos mediante una gestión más eficiente de los recursos públicos. Uno de los servicios que más impacto tiene en la percepción ciudadana es, sin duda, la recogida de residuos. La basura es parte del día a día de todos y su correcta gestión refleja tanto el compromiso del ayuntamiento con el bienestar de la comunidad como con la sostenibilidad ambiental. Sin embargo, en muchas ciudades, la gestión de residuos sigue operando bajo modelos ineficientes, con rutas de recogida que no responden a las necesidades reales y con tasas de reciclaje que dejan mucho margen de mejora. El reto para este concejal no solo es resolver los problemas actuales, sino también anticiparse a futuras demandas. Y aquí es donde los **datos** y la **inteligencia artificial** (IA) juegan un papel clave.

Imagina que este concejal llega a su nuevo puesto en una ciudad de tamaño medio, donde el servicio de recogida de basura ha recibido numerosas quejas de los vecinos. Los contenedores se llenan demasiado rápido en algunas zonas, mientras que en otras, los camiones pasan por calles donde los depósitos no están ni a la mitad de su capacidad. El reciclaje, aunque es una prioridad en los discursos políticos, no parece funcionar: muchos ciudadanos no separan correctamente sus residuos y el sistema no es lo suficientemente dinámico para corregir estos errores de manera efectiva. El concejal sabe que la solución no puede ser simplemente más camiones o más personal. No se trata de añadir recursos, sino de optimizarlos.

El primer paso que haría este concejal sería realizar un **diagnóstico completo** de la situación. Ya no basta con depender de la experiencia o de informes anecdóticos. Es fundamental recurrir a los datos para entender exactamente qué está ocurriendo. El concejal pide al departamento de residuos un análisis detallado de los datos históricos: rutas de los camiones, horarios de recogida, frecuencia de llenado de los contenedores y hasta la satisfacción de los ciudadanos con el servicio. Para ello, implementa sensores IoT en los contenedores, capaces de medir en tiempo real el nivel de llenado y enviar esta información a una plataforma centralizada que recoja todos estos datos.

Gracias a esta información, se empiezan a identificar patrones que anteriormente pasaban desapercibidos. En ciertas zonas comerciales, los contenedores de basura general tienden a llenarse los fines de semana debido a la actividad de tiendas y restaurantes, mientras que en las zonas residenciales, los contenedores de reciclaje de plástico se desbordan a mitad de semana cuando los vecinos sacan los plásticos acumulados tras hacer la compra. Este tipo de análisis, basados en datos reales y no en suposiciones, permiten al concejal tener una visión mucho más precisa de la realidad de la ciudad.

Una vez que se tienen claros estos patrones, el siguiente paso es **optimizar las rutas de los camiones de recogida**. Aquí entra en juego la **inteligencia artificial**, que toma todos los datos históricos y los de tiempo real provenientes de los sensores para diseñar rutas mucho más eficientes. En lugar de que los camiones sigan rutas fijas, ahora las rutas son dinámicas y se ajustan según el nivel de llenado de los contenedores. De esta manera, el sistema puede priorizar las zonas que realmente necesitan ser atendidas, mientras que las que aún tienen capacidad suficiente pueden esperar un poco más. Esto no solo reduce el **consumo de combustible** y las **horas de trabajo**, sino que garantiza que los ciudadanos ya no tengan que enfrentarse a contenedores desbordados.

Además de las rutas dinámicas, la IA también permite ajustar las **frecuencias de recogida**. Por ejemplo, en un barrio residencial donde los contenedores de vidrio no se llenan rápidamente, se decide reducir la frecuencia de recogida de ese material a una vez cada dos semanas, mientras que los plásticos, que se generan en mayor cantidad, se recogen con más regularidad. Este tipo de ajustes, que antes habrían requerido años de pruebas y errores, ahora se pueden hacer en tiempo real y con datos que justifican cada decisión.

Pero la gestión de residuos no solo se trata de recoger la basura más eficientemente, también es crucial mejorar las tasas de reciclaje. Aquí es donde el concejal decide dar un paso más allá e implementar un **sistema de contenedores inteligentes**. Estos contenedores están equipados con sensores capaces de identificar el tipo de residuo que se deposita. Mediante el uso de **tecnologías de reconocimiento de imágenes**, los contenedores pueden detectar si el material que se ha tirado es adecuado para el reciclaje o no. En caso de error, el sistema envía una notificación al móvil del ciudadano, explicando qué ha hecho mal y cómo debería reciclar correctamente la próxima vez. Este pequeño toque educativo no solo mejora el comportamiento de los ciudadanos, sino que aumenta las tasas de reciclaje sin necesidad de costosas campañas de sensibilización.

Además, los datos recogidos por estos contenedores inteligentes ofrecen una información valiosísima al ayuntamiento. Ahora se puede ver qué barrios reciclan mejor y cuáles necesitan más apoyo. En zonas donde el reciclaje es bajo, se pueden planificar campañas de concienciación específicas, o incluso aumentar la cantidad de contenedores de reciclaje para hacer que el proceso sea más accesible. Imagina que los datos muestran que en un barrio con un perfil joven y concienciado con el medio ambiente, el reciclaje de papel es especialmente bajo. Al analizar las causas, se descubre que los puntos de reciclaje están mal distribuidos, obligando a los ciudadanos a caminar distancias largas para deshacerse de este tipo de material. El concejal decide reorganizar la ubicación de los contenedores, basándose en los datos de uso, lo que no solo mejora la comodidad de los vecinos, sino que también aumenta las tasas de reciclaje en ese barrio.

El reciclaje no termina en la calle. Los residuos deben ser procesados en las plantas de reciclaje y aquí la IA también puede optimizar el proceso. A través de sistemas de visión por computadora, los residuos que llegan a la planta pueden ser clasificados de manera automática, reduciendo la necesidad de intervención humana y mejorando la precisión de la clasificación. Además, los **algoritmos predictivos** pueden analizar el flujo de residuos que llega a la planta y ajustar las operaciones de la misma según las previsiones de entrada. Si se espera una gran cantidad de residuos plásticos tras un evento importante en la ciudad, el sistema puede prepararse para procesar ese tipo de material de manera más eficiente.

La **plataforma de datos centralizada** no solo sirve para mejorar la operación de la recogida de residuos y el reciclaje, sino que también es una herramienta clave para **mejorar la comunicación con los ciudadanos**. El concejal decide implementar una **aplicación móvil** que permite a los vecinos informar sobre problemas relacionados con la recogida de basura. ¿Hay un contenedor desbordado? Un ciudadano puede coger una foto y enviarla al ayuntamiento a través de la aplicación, que automáticamente notifica a los equipos de recogida. La aplicación también permite a los ciudadanos ver en tiempo real el nivel de llenado de los contenedores más cercanos, ayudándoles a planificar cuándo deshacerse de sus residuos. Además, la aplicación podría ofrecer incentivos para fomentar el uso responsable de los contenedores de reciclaje, como puntos de recompensa o descuentos en servicios municipales.

El impacto de este sistema basado en IA y datos es notable. Los ciudadanos experimentan un servicio de recogida de residuos más eficiente y fiable y las tasas de reciclaje comienzan a subir gracias a la implicación activa de los vecinos. Desde una perspectiva económica, el ayuntamiento empieza a ahorrar en combustible, personal y mantenimiento de vehículos, recursos que ahora se pueden destinar a otros proyectos prioritarios para la ciudad. Pero el verdadero cambio es el que experimenta la ciudad en términos de sostenibilidad. Al optimizar las rutas, reducir el número de camiones en circulación y aumentar las tasas de reciclaje, la huella de carbono del sistema de gestión de residuos se reduce significativamente, contribuyendo a los objetivos de lucha contra el cambio climático que el concejal había propuesto en su programa.

Este ejemplo práctico ilustra cómo los datos y la inteligencia artificial no son solo herramientas técnicas, sino que son la clave para transformar la manera en que gestionamos nuestros servicios públicos. En un sector tan esencial como la recogida de basura, donde los errores pueden afectar gravemente la vida cotidiana de los ciudadanos, una gestión basada en datos permite no solo resolver los problemas más inmediatos, sino anticiparse a futuras necesidades. Para el concejal, esta transformación es la mejor forma de demostrar que una política moderna, eficiente y cercana a los ciudadanos es posible, cuando se basa en un uso inteligente de la información.

7.6.- Creación de informes automáticos sobre el uso de recursos en tiempo real con IA

La **creación de informes automáticos** sobre el uso de recursos en tiempo real mediante **inteligencia artificial (IA)** representa una revolución en la gestión de los servicios públicos. En un contexto en el que los datos se generan de manera constante y en grandes volúmenes, es fundamental disponer de herramientas que permitan no solo **recoger estos datos**, sino también **procesarlos, analizarlos y presentarlos** de una forma clara y eficiente. La automatización de estos informes agiliza la toma de decisiones y reduce el tiempo dedicado a tareas manuales, transformando los procesos en tiempo real para que sean **más proactivos** y eficientes.

La principal ventaja de estos informes automáticos es su capacidad para **integrar datos de múltiples fuentes** y actualizarlos de manera continua, lo que proporciona a los gestores una visión integral y detallada de lo que está ocurriendo en tiempo real. Así, desde la recogida de residuos hasta la gestión del agua o el mantenimiento de infraestructuras, cada acción o uso de un recurso puede ser registrado y analizado instantáneamente. Esto resulta en **informes estructurados** que los gestores pueden utilizar para tomar decisiones más informadas.

Además, la **IA aplicada al procesamiento de lenguaje natural (NLP)** permite que estos informes se generen en un **lenguaje accesible**, lo que facilita la comprensión de los resultados incluso a aquellos responsables sin formación técnica avanzada. Este enfoque no solo democratiza el acceso a la información, sino que también asegura que **todos los actores implicados** en la gestión de los recursos públicos puedan participar activamente en las decisiones.

La automatización de los informes es clave también en servicios como la **gestión de residuos** o el mantenimiento de infraestructuras. En este caso, los informes pueden incluir datos sobre la cantidad de basura recogida, las rutas de los camiones o los niveles de llenado de los contenedores. Si los informes revelan que ciertos contenedores están vacíos la mayoría de las veces, el sistema de IA ajusta automáticamente las rutas, optimizando así los recursos y reduciendo el desperdicio. Del mismo modo, los **sensores de infraestructura** permiten generar informes sobre el estado de carreteras o edificios, priorizando las reparaciones más urgentes y distribuyendo de manera más eficiente los recursos de mantenimiento.

Una de las características más importantes de estos sistemas es la **detección de anomalías o patrones inusuales** que podrían pasar desapercibidos sin un análisis exhaustivo. Por ejemplo, en un sistema de riego automatizado en áreas verdes, un informe automático puede identificar si ha habido un aumento anormal en el consumo de agua o si las condiciones meteorológicas han reducido la necesidad de riego, ajustando el sistema automáticamente para **evitar el desperdicio de recursos**.

Otra ventaja significativa es que estos informes **no se limitan a mostrar datos históricos**, sino que también pueden generar **predicciones** sobre las futuras necesidades de recursos. Esto es posible gracias a los algoritmos de **machine learning**, que analizan tanto los datos históricos como los actuales para prever cuándo será necesario intervenir en determinados servicios. Por ejemplo, un sistema de IA puede prever en qué zonas aumentará la cantidad de residuos durante ciertas épocas del año y ajustar automáticamente la frecuencia de la recogida.

Además de optimizar la gestión de los recursos, la automatización de los informes también **mejora la transparencia** y facilita la **rendición de cuentas** ante los ciudadanos. Muchos ayuntamientos ya han comenzado a publicar estos informes en plataformas digitales, lo que permite que la ciudadanía tenga acceso en tiempo real a cómo se están gestionando los recursos de su ciudad. Esto refuerza la **confianza en las instituciones públicas** y demuestra un compromiso con el uso responsable y eficiente de los recursos.

En conclusión, la **creación de informes automáticos con IA** no solo optimiza la toma de decisiones en tiempo real, sino que también permite prever necesidades futuras, mejorar la transparencia y garantizar una gestión más eficiente y sostenible de los recursos públicos.

8.- PREPARACIÓN DE LA SIGUIENTE CAMPAÑA ELECTORAL DESDE EL DÍA A DÍA USANDO DATOS E IA

8.1.- Por qué empezar a recopilar datos justo después de unas elecciones para la siguiente campaña

Tras la finalización de una elección, se suele caer en la idea errónea de que el ciclo electoral ha concluido, cuando en realidad, el verdadero trabajo comienza en ese preciso momento. **Recopilar y analizar datos** desde el día de los comicios es esencial para preparar la siguiente campaña electoral, y esto debe hacerse de forma estratégica, comenzando la misma noche en la que finaliza el recuento de votos. La clave del éxito en la próxima campaña depende directamente de la **información recogida durante todo el mandato** y no solo en los meses previos a las siguientes elecciones. La **inteligencia artificial (IA)** y las herramientas de análisis de datos juegan un papel crucial para convertir esta información en **conocimiento accionable** que permita ajustar las propuestas, mejorar la comunicación y ganar el apoyo de los votantes.

El primer paso crítico en este proceso es realizar un **análisis exhaustivo de los resultados electorales**. Utilizando herramientas avanzadas de machine learning y análisis de datos, se puede segmentar el comportamiento de los votantes por **mesas electorales, distritos, barrios** y hasta calles específicas, detectando **patrones** en el voto. Por ejemplo, puedes identificar qué áreas han mostrado mayor apoyo a tu partido y en cuáles has perdido terreno. Esto no solo permite ajustar las estrategias de comunicación para los próximos años, sino también **diseñar políticas específicas** que respondan a las necesidades de esos barrios en los que no obtuviste buenos resultados. Este análisis debe ser inmediato y exhaustivo, ya que proporciona una visión clara de qué propuestas fueron más populares y cuáles necesitarán ser mejoradas o adaptadas.

Una vez que se tiene una lectura detallada del comportamiento electoral, se debe incorporar esta información a la **base de datos existente**. Aquí es donde el poder de la IA brilla con fuerza, permitiendo **segmentar a los votantes** de una forma mucho más precisa que utilizando únicamente datos demográficos básicos. El **perfil de cada ciudadano** en la base de datos debe enriquecerse con estos resultados, añadiendo la información sobre cómo votaron en las últimas elecciones, qué distritos fueron más favorables y cuáles presentaron desafíos. A lo largo de los años, se irán añadiendo más datos que permiten no solo **predecir el comportamiento electoral**, sino también ajustar las **políticas públicas** y los **mensajes de campaña** para ganar terreno en los segmentos donde la competición es más intensa.

Por ejemplo, si identificas que en una determinada área de la ciudad tu partido ha recibido un fuerte apoyo por su política de movilidad, puedes desarrollar estrategias que refuercen ese mensaje a lo largo del mandato, promoviendo mejoras en transporte público o infraestructuras viales. La **IA**, a través de técnicas de **procesamiento del lenguaje natural (NLP)**, también te ayudará a monitorizar la **percepción pública** en redes sociales sobre estas políticas, detectando cambios en la opinión ciudadana a lo largo del tiempo y ajustando tu enfoque antes de que se conviertan en críticas generalizadas.

Otro aspecto crucial es que, una vez que se finalizan las elecciones, **el trabajo de recopilación de datos no debe detenerse**. Las interacciones con los ciudadanos a través de redes sociales, correos electrónicos, encuestas y plataformas de mensajería deben seguir siendo recogidas, estructuradas y analizadas de forma continua. Esta información genera **nuevos patrones de comportamiento** y permite identificar cómo evolucionan las preocupaciones de los votantes. **Cada queja, cada sugerencia** recogida debe ser almacenada y categorizada, ya que estas micro interacciones permiten ajustar las políticas y propuestas en tiempo real, asegurando que cuando llegue la próxima elección, no se presenten como respuestas improvisadas, sino como acciones **basadas en datos** y perfectamente alineadas con las expectativas de los votantes.

A lo largo del ciclo político, la **IA permite analizar la evolución** de las preferencias ciudadanas. Si un grupo que inicialmente apoyó ciertas políticas comienza a mostrar signos de desinterés o insatisfacción, los algoritmos pueden predecir este cambio con suficiente antelación para ajustar las propuestas antes de que el problema escale. De esta manera, **la personalización del mensaje** se vuelve dinámica, siempre adaptándose a los cambios en el sentimiento popular.

Uno de los mayores beneficios de comenzar a recopilar y analizar datos justo después de una elección es la posibilidad de **personalizar el mensaje** de forma continua y con gran precisión. El uso de **machine learning** permite descubrir patrones ocultos en el comportamiento de los votantes, lo que facilita segmentar a la ciudadanía no solo por edad o ubicación, sino también según su **historial de interacción** con las propuestas políticas. Por ejemplo, los ciudadanos que participaron activamente en la campaña compartiendo contenido en redes sociales o participando en eventos políticos podrían ser identificados como potenciales **influenciadores** dentro de su comunidad. Estos votantes son clave para movilizar a otros, y su fidelización se convierte en una prioridad a lo largo de los años entre campañas.

Además, el análisis de los **temas más comentados en redes sociales** en relación a políticas públicas es una mina de oro para ajustar los mensajes de forma estratégica. Mediante técnicas avanzadas de **análisis de sentimiento**, la IA puede clasificar los comentarios ciudadanos y determinar cuáles son los temas que más preocupan o entusiasman a la población. Esto permite anticipar crisis y generar propuestas proactivas. Si, por ejemplo, detectas un aumento en las menciones negativas sobre la gestión del espacio público en ciertos distritos, puedes implementar políticas específicas para abordar esas preocupaciones, demostrando que tu partido está **siempre presente y proactivo**.

Un aspecto técnico clave es la capacidad de utilizar **modelos predictivos basados en el comportamiento electoral pasado**. Estos modelos, que combinan los resultados de las últimas elecciones con los datos recogidos durante el mandato, permiten anticipar cómo podrían votar los ciudadanos en las siguientes elecciones. Por ejemplo, si un grupo de votantes ha mostrado un patrón de insatisfacción en ciertos temas, los algoritmos de machine learning pueden predecir si es probable que esos votantes cambien su apoyo en la siguiente elección y qué tipo de políticas o mensajes podrían retener su lealtad.

La capacidad de la IA para **predecir escenarios electorales** no se limita a hacer suposiciones generales, sino que ofrece predicciones **personalizadas** por distrito, barrio o incluso mesa electoral. Este tipo de análisis granular permite diseñar campañas hiperpersonalizadas, donde cada grupo de ciudadanos recibe un mensaje adaptado a sus necesidades y preocupaciones específicas. **El partido no solo se dirige a toda la ciudad**; puede enfocar sus esfuerzos en los sectores más críticos, maximizando los recursos disponibles y aumentando las probabilidades de éxito en la próxima campaña.

Otro elemento fundamental es la capacidad de **ajustar las estrategias en tiempo real**. A lo largo del mandato, los **datos recogidos día a día** permiten realizar ajustes continuos en las políticas y en la comunicación pública. Si se detecta que una propuesta no está teniendo el impacto deseado en un determinado barrio, los datos permiten redirigir los esfuerzos y modificar el enfoque de manera inmediata. Esta capacidad de respuesta rápida ofrece una gran ventaja sobre los competidores que no han implementado una estrategia de recopilación y análisis de datos desde el inicio del mandato.

Un político que empieza a trabajar desde el mismo día que termina una elección está siempre un paso por delante. La **estrategia de recolección y análisis de datos**, combinada con las capacidades predictivas de la IA, le permite estar en **sintonía constante con el electorado**, ajustando no solo los mensajes, sino también las políticas, para responder a las expectativas y mantener una conexión directa con los ciudadanos.

8.2.- Uso de la IA y los datos del trabajo diario para mejorar la estrategia de campaña

A medida que se acerca la siguiente cita electoral, la fase de preparación para la campaña debe comenzar mucho antes del período oficial. Durante los meses previos, es fundamental aprovechar los **datos acumulados a lo largo del mandato** y comenzar a ajustar la **estrategia de campaña** para maximizar el impacto entre los votantes. El año anterior a las elecciones es clave, ya que las decisiones que se tomen en este periodo pueden determinar el éxito o fracaso del equipo político. Para ello, es necesario diseñar un **plan de acción basado en análisis detallados** y la segmentación profunda de los ciudadanos, asegurando que cada grupo de votantes reciba un mensaje acorde a sus intereses, necesidades y contexto.

Durante este periodo de precampaña, los datos recogidos en el día a día sobre las interacciones ciudadanas juegan un papel decisivo. Es el momento ideal para comenzar a **sacar partido a los datos acumulados**. Con la información proveniente de las **encuestas, redes sociales, comentarios en plataformas** y quejas ciudadanas, los equipos políticos deben entrar en una fase de análisis exhaustivo. Ya no se trata solo de reaccionar a problemas puntuales, sino de utilizar estos datos como **indicadores de tendencias** que permitan afinar las propuestas y anticipar las preocupaciones que serán cruciales durante la campaña.

El análisis predictivo es una de las herramientas más valiosas para preparar la estrategia. **Los patrones históricos de comportamiento**, tanto de apoyo como de crítica, son el punto de partida para predecir cómo evolucionarán las preocupaciones de los ciudadanos. Estos patrones, alimentados por **datos históricos y actuales**, permiten prever **cómo reaccionarán los diferentes segmentos de la población** ante las nuevas propuestas o ante los temas que serán centrales en el debate político. Por ejemplo, si los datos muestran que en elecciones pasadas un distrito urbano tuvo una baja participación electoral debido a la percepción de falta de interés en sus problemas, es una señal clara de que se debe **reforzar la comunicación y personalización** de las propuestas para ese grupo en particular.

El equipo de campaña, basado en estos **análisis predictivos**, debe comenzar a identificar **temas clave** que resonarán con los votantes. Durante los meses previos, la prioridad es **testar propuestas** y evaluar qué temas generan más interacciones positivas. Para ello, los datos del día a día juegan un papel esencial. **Cada interacción en redes sociales o encuesta es una fuente de información invaluable**. Al analizar la respuesta a diferentes temas en tiempo real, se puede comenzar a priorizar las propuestas que tengan más aceptación y **ajustar el tono de las mismas**. Si un grupo de ciudadanos, por ejemplo, muestra un interés creciente en políticas relacionadas con la sostenibilidad y la movilidad, entonces la campaña deberá enfocarse en presentar un plan claro y tangible sobre cómo se abordarán esas preocupaciones.

En este punto, no basta con hacer suposiciones basadas en datos superficiales o generalistas. La **segmentación avanzada** debe estar en el centro de la estrategia, y eso implica ir mucho más allá de datos simples como la edad o la ubicación geográfica. Utilizando la información recogida, los equipos deben crear **perfiles de votantes cada vez más detallados**, incorporando variables como **frecuencia de interacción, temas de interés, comportamiento en redes sociales** y hasta **preferencias comunicativas**. Esta **hipersegmentación** permite diseñar una **campaña personalizada**, donde cada segmento de votantes recibe un mensaje acorde a sus preocupaciones y forma de interactuar con el contenido.

Además, esta segmentación avanzada permite afinar el **timing de las acciones políticas**. A lo largo del año previo, no todos los votantes estarán igual de receptivos en todo momento. Aquí es donde los **algoritmos de predicción** juegan un papel fundamental, ya que permiten identificar los **momentos clave** en los que ciertos segmentos estarán más atentos o más predispuestos a participar en el debate público. Por ejemplo, si los datos muestran que los votantes más jóvenes suelen interactuar con contenidos políticos solo en ciertos meses o momentos del año, la campaña puede focalizarse en **intensificar los mensajes** durante esos periodos específicos.

Un aspecto clave es la **capacidad de ajustar el tono y el mensaje en tiempo real**. Durante la precampaña, las plataformas de redes sociales actúan como un **barómetro constante** que refleja la temperatura del electorado. A medida que se lanzan mensajes, propuestas o anuncios de políticas, los **comentarios en tiempo real y el análisis de sentimiento** permiten hacer **ajustes inmediatos**. Si una propuesta genera una respuesta negativa o no está siendo bien recibida, el equipo tiene la posibilidad de **ajustar el enfoque** de inmediato, modificando el mensaje, tono o canal de distribución para mejorar su aceptación.

La preparación de la campaña en este año crucial también incluye la gestión de la **imagen pública** del candidato o del equipo político. Aquí es donde los **datos recogidos sobre la percepción pública** se convierten en un recurso fundamental para identificar **oportunidades y riesgos**. Al estudiar cómo se ha percibido la figura del candidato durante el mandato y qué aspectos han sido mejor o peor valorados, se pueden diseñar **estrategias de comunicación específicas** para reforzar la imagen en aquellos temas que más preocupan a los votantes.

Por otro lado, el **análisis de la competencia** es otro aspecto que no debe ser pasado por alto. Durante la precampaña, el análisis de los datos sobre **los movimientos y estrategias de los partidos rivales** ofrece una ventaja considerable. La **IA permite monitorizar** las **campañas de otros partidos** en redes sociales, recogiendo datos sobre cómo están posicionando sus propuestas, cuál es la recepción de los ciudadanos y dónde podrían estar cometiendo errores. Esto no solo ayuda a ajustar la estrategia de tu propio equipo, sino que también **ofrece oportunidades para capitalizar los errores de la competencia.**

Durante este proceso de análisis, también es fundamental no perder de vista la **eficiencia del uso de los recursos.** Los datos recogidos durante el mandato permiten optimizar no solo los mensajes, sino también **los recursos económicos y humanos** de la campaña. Si un análisis detallado muestra que ciertos temas no generan el impacto esperado en un grupo demográfico concreto, es más eficiente redirigir esos recursos a un segmento o una propuesta que tenga una mayor probabilidad de resonar. Esta **optimización constante de los recursos,** basada en datos reales, permite que la campaña sea más efectiva y que se eviten los gastos innecesarios.

Un año antes de las elecciones es el momento perfecto para comenzar a **construir una narrativa** que sea coherente y que acompañe todo el periodo de campaña. Esta narrativa no debe improvisarse en los últimos meses, sino que debe **basarse en los datos acumulados y en las preferencias emergentes** de los ciudadanos. Para ello, es vital mantener una **coherencia en los mensajes** a lo largo de este periodo, evitando contradicciones y asegurando que los ciudadanos perciban una **propuesta sólida** que ha sido testeada y ajustada a lo largo de todo el ciclo electoral.

El verdadero poder de la IA y el análisis de datos radica en su capacidad para hacer que cada acción política y comunicativa esté **perfectamente alineada** con las expectativas de los votantes, permitiendo una **conexión más profunda y personalizada.** Mientras más información y análisis se acumulen durante los meses previos a la campaña, **mejor preparada estará la estrategia** para la recta final hacia las urnas.

8.3.- Recopilación de datos durante el mandato y su análisis con IA para preparar el próximo mensaje electoral

La recopilación de datos durante todo un mandato político es uno de los procesos más estratégicos que puede llevar a cabo un equipo, y es clave para preparar un mensaje electoral sólido de cara a la próxima campaña. Ya no se trata simplemente de gobernar o hacer oposición; se trata de analizar todo lo que sucede a lo largo del mandato, y transformar esos datos en decisiones que sirvan para ajustar políticas, refinar propuestas y adaptar el mensaje político. En este punto del ciclo, no hablamos de simples datos estáticos: hablamos de **información dinámica** que se recopila de manera continua y que, cuando es procesada y analizada de manera eficaz, se convierte en una herramienta decisiva para ganar unas elecciones.

Los datos, como bien sabemos, no se generan únicamente durante la campaña electoral; se generan a lo largo de todo el mandato. Desde el día uno, todas las interacciones con los ciudadanos, los problemas resueltos, las quejas recibidas y hasta los comentarios en redes sociales forman parte de un conjunto de datos que puede ser aprovechado de cara a futuras elecciones. Y aquí es donde la **inteligencia artificial** entra en juego: no para reemplazar al equipo político, sino para ayudar a analizar y procesar la enorme cantidad de información que se acumula con el tiempo.

Uno de los primeros pasos, tras unas elecciones, es analizar de forma minuciosa los resultados. No se trata solo de ver cuántos votos ha obtenido cada candidato, sino de profundizar en qué ha funcionado y qué no. **Analizar las mesas electorales**, los **barrios**, las **secciones** de la ciudad, incluso cada **distrito**. ¿Qué zonas han votado más a un partido? ¿Dónde se ha perdido apoyo? Este análisis no es un ejercicio pasivo, es la base de la estrategia futura. Y no se trata solo de observar, sino de **integrar estos resultados** en la base de datos diaria, alimentando los algoritmos con datos históricos para poder **predecir futuros comportamientos**.

El análisis continuo durante el mandato es lo que permite que no llegue el momento de las elecciones y el político esté improvisando. Toda esa **información histórica** debe estar ya procesada, actualizada y preparada para ser usada estratégicamente. Si hay zonas que han mostrado un comportamiento electoral favorable en el pasado, hay que preguntarse: ¿por qué? ¿Qué propuestas resonaron más? Al integrar los datos recogidos en redes sociales, quejas recibidas a través de canales oficiales o incluso **análisis sentimentales** de las opiniones ciudadanas durante el mandato, podemos ajustar la estrategia con precisión quirúrgica.

En este punto del libro, ya entendemos perfectamente las herramientas y algoritmos que nos permiten manejar estos volúmenes de datos. No se trata solo de tener **información estática** o de realizar encuestas cada cierto tiempo. Aquí hablamos de **recoger datos en tiempo real** y analizarlos de manera continua, entendiendo la evolución de las preocupaciones de los ciudadanos a lo largo de todo el mandato. Si durante el segundo año de gobierno un barrio empezó a quejarse más por temas de movilidad, esa es una señal clara de que hay que revisar las políticas implementadas. Pero no solo para mejorar la gestión, sino para **ajustar el mensaje** de cara a las próximas elecciones, de modo que el candidato no solo responda a esas inquietudes, sino que anticipe soluciones antes de que los problemas se conviertan en un tema central de debate en la campaña.

Es imprescindible **no perder el contacto** con el ciudadano, y esta es la clave de todo el proceso de recopilación de datos. Cada interacción, cada problema gestionado, cada propuesta atendida, se convierte en un **activo estratégico** que, a través del análisis de la IA, permite identificar no solo patrones de comportamiento, sino también tendencias emergentes. Si hay un aumento de las menciones sobre un tema específico en redes sociales, es un claro indicio de que los ciudadanos están preocupados por ese asunto, y que debería convertirse en una prioridad para el equipo de campaña.

No podemos olvidar que una campaña no se prepara en los últimos meses. **Empieza desde la noche de las elecciones anteriores**. Los datos recogidos desde entonces, y hasta el último día del mandato, son la materia prima con la que se moldeará el mensaje electoral. El trabajo de recopilación debe ser constante y detallado. Un **equipo de campaña inteligente** no solo se apoya en la IA para entender qué ha funcionado o qué se necesita mejorar, sino que ajusta el discurso y las políticas de manera continua, integrando los datos del día a día en la estrategia general. Esto evita improvisaciones y asegura que, cuando llegue la campaña, ya se cuente con un conocimiento profundo de lo que los ciudadanos realmente quieren y esperan.

Es crucial que todos estos datos no se utilicen de manera aislada. No basta con tener informes dispersos sobre lo que ha pasado en un barrio o en otro. **Toda la información debe integrarse** en un sistema centralizado que permita analizar las interacciones de manera interconectada. Si una zona específica ha mostrado un cambio en sus preferencias políticas o en sus preocupaciones, es importante saber **cómo se correlaciona ese comportamiento** con otros factores: ¿Han tenido una baja en los servicios públicos? ¿Han recibido mejoras en infraestructuras que no han sido suficientes? Todas estas variables deben ser procesadas en conjunto para obtener un análisis completo y exhaustivo.

En resumen, **la IA no solo analiza el presente**, sino que nos permite proyectar el futuro. Los datos recogidos durante el mandato son la llave para preparar un mensaje electoral que no solo sea efectivo, sino también ajustado a las expectativas de los ciudadanos. **El equipo político** que sabe aprovechar toda esa información estará varios pasos por delante de sus competidores, anticipándose a los problemas y ofreciendo soluciones antes de que el electorado las demande.

La recopilación de datos durante el mandato **no es opcional**, es una estrategia que se convierte en una ventaja competitiva. Desde el análisis electoral hasta el seguimiento continuo de las interacciones ciudadanas, todos los datos acumulados son la base sobre la que se construye el próximo mensaje electoral, asegurando que no sea solo una reacción a las necesidades del momento, sino una respuesta proactiva y anticipada a las expectativas futuras.

8.4.- Algoritmos predictivos para analizar tendencias de problemas ciudadanos y anticipar mensajes de campaña

El uso de **algoritmos predictivos** en la estrategia electoral representa uno de los mayores avances para optimizar la **anticipación y respuesta a las preocupaciones ciudadanas**. A lo largo de una campaña, no basta con reaccionar a las demandas evidentes de los votantes. Los políticos deben adelantarse a los problemas, predecir cómo evolucionarán las inquietudes y adaptar sus mensajes con precisión quirúrgica. Aquí es donde los algoritmos predictivos, alimentados por una base de datos en constante actualización, juegan un papel esencial para afinar el discurso, no solo en términos de contenido, sino también en el **momento preciso** de su difusión.

Un aspecto clave de estos algoritmos es su capacidad para procesar vastas cantidades de datos provenientes de **interacciones ciudadanas**, **comportamientos en redes sociales, consultas de búsqueda** en plataformas como Google, e incluso datos históricos de **patrones de voto** y **resultados anteriores**. Estos datos no solo permiten analizar el presente, sino que también facilitan la creación de **modelos predictivos** que anticipan cómo cambiarán las prioridades de los ciudadanos en los próximos meses, semanas o incluso días.

En el contexto electoral, los algoritmos predictivos no solo permiten analizar cómo han reaccionado los votantes a ciertos mensajes en el pasado, sino también prever **cuáles serán los temas críticos** que marcarán el ritmo de la campaña. Por ejemplo, si los datos históricos y las interacciones en redes sociales muestran que un tema como la movilidad urbana o la gestión de residuos tiende a generar mayor conversación y preocupación en ciertos momentos del año, el equipo de campaña puede ajustar su enfoque antes de que el problema llegue al punto álgido del debate público. **Anticiparse** a estos temas significa que el político no solo responderá a las demandas del electorado, sino que lo hará de una manera proactiva, mostrando capacidad de liderazgo y previsión.

Uno de los mayores beneficios de los **algoritmos de machine learning** en este contexto es su capacidad para **aprender y adaptarse** a medida que nuevos datos entran en juego. La IA no solo se basa en patrones pasados, sino que ajusta sus predicciones a medida que el panorama cambia. Si un tema como la calidad del aire, que parecía ser de poca relevancia al inicio de la campaña, empieza a ganar protagonismo debido a algún evento o crisis puntual, la IA puede **detectar este cambio** y recomendar que el equipo de comunicación enfoque sus mensajes hacia esta cuestión, ajustando tanto el contenido como el tono en función del análisis de sentimiento en redes sociales.

Este tipo de análisis predictivo también es fundamental para identificar **tendencias emergentes**. Un ejemplo práctico es el turismo rural, un tema que puede pasar desapercibido en un contexto urbano, pero que cobra importancia en ciertas zonas durante períodos específicos del año. Con algoritmos predictivos, un político que esté promoviendo el **desarrollo turístico sostenible** en áreas rurales puede anticipar los momentos en los que estos temas generarán más interés y lanzar mensajes estratégicos en esos períodos, asegurando que lleguen cuando más resuenen con el electorado.

Además, los algoritmos predictivos permiten no solo **ajustar el mensaje**, sino también medir su impacto de manera continua. Por ejemplo, durante el transcurso de la campaña, se pueden recoger datos en tiempo real sobre cómo los ciudadanos están reaccionando a los mensajes del candidato, ya sea a través de encuestas digitales, análisis de las interacciones en redes sociales o el tráfico en la página web del partido. Los **modelos de machine learning** pueden analizar esta información y ajustar la **frecuencia de publicación**, el **contenido** y el **tono** del mensaje para maximizar su impacto.

Una de las capacidades más avanzadas de estos algoritmos es su habilidad para **predecir cómo ciertos temas afectarán a diferentes segmentos de la población**. En un contexto político, no todos los votantes responden de la misma manera a una propuesta de política económica, de transporte o de salud pública. Los datos históricos y las interacciones actuales permiten que la IA segmente el electorado en **micro grupos**, identificando los intereses específicos de cada uno de ellos. Un mensaje sobre sostenibilidad ambiental puede generar más tracción en jóvenes profesionales de una ciudad, mientras que una propuesta sobre la mejora de la infraestructura vial puede tener mayor repercusión en los votantes de áreas suburbanas. Los algoritmos predictivos permiten a los equipos de campaña adaptar **mensajes personalizados**, de modo que cada segmento de votantes reciba el contenido que más les importa, en el momento adecuado.

La IA también es capaz de prever **reacciones negativas o controversias** en torno a ciertas propuestas, antes de que estas se hagan evidentes en los medios o redes sociales. Si un mensaje en redes empieza a generar comentarios negativos en un segmento de votantes clave, los algoritmos pueden **detectar patrones de descontento** mucho antes de que se conviertan en un problema a gran escala. Esto permite **ajustar el mensaje** o **replantear la estrategia** antes de que el daño esté hecho, mitigando posibles impactos negativos y asegurando que el candidato se mantenga en sintonía con las preocupaciones del electorado.

Otra aplicación clave de estos algoritmos es en el **ajuste de tiempos** durante la campaña. Las herramientas de análisis predictivo permiten entender **cuándo es más probable que ciertos mensajes resuenen mejor** con el público. A través del análisis de datos históricos y patrones de interacción digital, es posible determinar los momentos óptimos para lanzar propuestas sobre temas específicos. Por ejemplo, si se anticipa que la conversación sobre la **movilidad urbana** aumenta durante los meses de verano debido a problemas recurrentes de tráfico o transporte público, el equipo puede programar los mensajes clave sobre este tema en ese periodo, asegurando una mayor receptividad por parte de los votantes.

Estos algoritmos también tienen la capacidad de **adaptarse al contexto electoral en tiempo real**. Si bien los datos históricos son fundamentales para las predicciones iniciales, la situación política y social puede cambiar rápidamente, y los algoritmos de machine learning permiten ajustar la estrategia en tiempo real. Esto es especialmente útil en **situaciones de crisis** o cuando surgen nuevos temas de relevancia pública. Por ejemplo, durante una pandemia o un desastre natural, los datos pueden cambiar de un día para otro, y los políticos necesitan ajustar sus mensajes de inmediato para no parecer desconectados de la realidad. Aquí, los **algoritmos predictivos** pueden analizar el cambio en las conversaciones en tiempo real y recomendar ajustes en el enfoque de la campaña, tanto en el contenido como en la forma en que se comunica.

En definitiva, los **algoritmos predictivos** son una herramienta esencial para que los políticos no solo reaccionen a las demandas del electorado, sino que se **adelanten a ellas**, ofreciendo respuestas proactivas a las inquietudes de la población antes de que estas se conviertan en problemas de gran magnitud. En un entorno electoral cada vez más competitivo, el uso inteligente de estos algoritmos permite diseñar **estrategias personalizadas**, **mensajes oportunos** y **políticas adaptativas** que posicionan al candidato como un líder que no solo escucha, sino que **entiende y se anticipa a las necesidades de la sociedad**.

La capacidad de **ajustar la campaña electoral** en función de las **predicciones generadas** por IA otorga a los políticos una ventaja estratégica indiscutible, mejorando su capacidad para conectar con los ciudadanos y mantener una narrativa coherente y adaptativa a lo largo del tiempo.

8.5.- Crear un plan de comunicación continua que facilite la recolección de datos para la campaña

En un contexto donde cada minuto cuenta, la **creación de un plan de comunicación continua** para la recolección de datos durante la campaña es una de las herramientas más poderosas que un equipo político puede implementar. Lo crucial aquí no es solo la planificación anticipada, sino la capacidad de ajustarse sobre la marcha, y aquí es donde las herramientas de **inteligencia artificial** y los **chatbots** juegan un papel determinante.

A estas alturas, sabemos que tener un chatbot preparado, integrado a herramientas como **Manychat**, que utilice WhatsApp como canal directo, nos permite gestionar de manera eficiente la comunicación con miles de ciudadanos durante el período de campaña electoral. En una época donde la **personalización del mensaje** es la clave del éxito, la **automación** de la interacción con los ciudadanos no solo libera al equipo de comunicación de una carga operativa, sino que también genera un flujo constante de **datos cualitativos** que pueden ser analizados en tiempo real.

Pensemos en la ventaja competitiva que supone tener un sistema de **manychat** activo las 24 horas del día durante la campaña, recolectando información de cada interacción con los votantes. Imagina un **número de teléfono de WhatsApp** que los ciudadanos puedan contactar para hacer preguntas sobre el programa electoral, las propuestas específicas del candidato o sobre la gestión de los problemas locales. El **chatbot** no solo responderá de forma automática, sino que irá recogiendo **datos clave** como preocupaciones recurrentes, lenguaje empleado por los votantes e incluso **patrones de conducta** que los algoritmos pueden detectar y analizar. Estos datos se transforman en una mina de oro cuando los **algoritmos de machine learning** y el **procesamiento del lenguaje natural (NLP)** se aplican para entender el **sentimiento** detrás de las preguntas y respuestas que los ciudadanos dejan en sus interacciones.

Durante la campaña electoral, los **datos no solo se acumulan, se interpretan en tiempo real**. Aquí radica el valor de contar con **dashboards interactivos** que permitan al equipo de campaña seguir el pulso del electorado y, si es necesario, ajustar los mensajes de manera casi instantánea. Si, por ejemplo, se detecta un **cambio en el tono de los comentarios** relacionados con un tema específico como el transporte o la educación, el equipo puede reaccionar a esa nueva preocupación antes de que se convierta en una debilidad. Esto es vital en un entorno como el de la campaña electoral, donde lo que inicialmente parecía una **estrategia sólida** puede cambiar radicalmente en cuestión de días o incluso horas, dependiendo de cómo evolucione el discurso público y la cobertura mediática.

El **chatbot**, integrado en **WhatsApp**, puede incluso adaptarse para ofrecer respuestas más **personalizadas** a medida que recopila información. Gracias a la **segmentación previa**, el bot sabe que un ciudadano en particular ha mostrado preocupación por los servicios de salud en los últimos mensajes que envió. A partir de esta información, el chatbot responde con propuestas concretas del candidato sobre la sanidad local, asegurando que la comunicación sea **relevante** para ese votante específico. El proceso automatizado de **Manychat** permite hacer todo esto de forma continua, gestionando miles de interacciones sin que el equipo humano tenga que intervenir manualmente en cada una de ellas.

Un aspecto crítico del uso de **IA y datos** en el plan de comunicación es su capacidad de detectar **tendencias emergentes**. La campaña electoral es un organismo vivo, y un mensaje que funcionaba bien al inicio puede perder relevancia a mitad de la campaña. Los **algoritmos predictivos**, alimentados por los datos recogidos a través de las interacciones con los votantes, permiten prever estas fluctuaciones y hacer ajustes estratégicos con antelación. Por ejemplo, si el análisis de las interacciones revela que un tema sobre **infraestructura vial** está ganando protagonismo en un distrito, el equipo puede reajustar la estrategia y dirigir más recursos y comunicación a ese asunto, asegurándose de que el candidato sea visto como proactivo y alineado con las preocupaciones reales del electorado.

El **chatbot** también se convierte en una herramienta fundamental para identificar **problemas potenciales** en tiempo real. Si durante la interacción diaria, los ciudadanos comienzan a mostrar descontento con una política o propuesta, el sistema de **NLP** detecta el cambio en el **sentimiento** y alerta al equipo. Este mecanismo no solo permite mitigar crisis, sino que ofrece la oportunidad de **ajustar la narrativa de campaña** rápidamente, quizás lanzando un comunicado que aclare un malentendido o proponiendo una modificación en una medida polémica antes de que el tema crezca en importancia y afecte negativamente la imagen del candidato.

Además, el chatbot puede alimentar automáticamente **bases de datos segmentadas**, dividiendo a los votantes no solo por su ubicación o edad, sino por temas de interés y nivel de participación durante la campaña. Estos datos segmentados permiten a la campaña ajustar los envíos de **publicidad segmentada** o decidir qué **mensajes específicos** necesitan ser reforzados en un momento dado. Imagina que durante los primeros días de campaña se detecta que los votantes jóvenes están respondiendo de manera más favorable a los mensajes relacionados con el **empleo juvenil** o **cambio climático**, mientras que los votantes mayores se interesan más por los temas de **pensiones**. La **personalización del mensaje** mediante IA se convierte en un proceso **dinámico**, donde las propuestas de campaña se ajustan a medida que se conoce mejor al electorado y sus respuestas.

Lo más importante en este plan es que la **recolección de datos** no es un proceso **pasivo**. Durante los **15 días** que dura la campaña electoral, los **datos deben ser analizados en tiempo real**, permitiendo que el equipo de campaña ajuste constantemente la dirección de los mensajes. Este tipo de flexibilidad es lo que puede marcar la diferencia en una campaña electoral. Al anticipar problemas antes que los rivales, o ajustar los mensajes de manera más precisa, el candidato puede **ganar ventaja competitiva** sobre sus oponentes.

Imagina el escenario: en los últimos días de la campaña, un tema imprevisto como la **vivienda** se convierte en el centro de atención, y otros candidatos no estaban preparados para abordarlo. Sin embargo, gracias al análisis predictivo y los datos recopilados desde el inicio de la campaña, el equipo ya tiene en marcha una estrategia para responder. Esto no solo permite al candidato liderar la conversación, sino que también proyecta una imagen de control y preparación, que puede ser decisiva a la hora de inclinar la balanza en una elección ajustada.

En resumen, **crear un plan de comunicación continua** que facilite la recolección y análisis de datos durante la campaña no solo ofrece una ventaja táctica, sino que puede determinar el éxito o fracaso electoral. Los **chatbots**, junto con los sistemas de **machine learning** y **NLP**, actúan como el núcleo operativo de este sistema, permitiendo una **adaptación constante** y una **reacción rápida** a los cambios en el panorama electoral.

8.6.- Ejemplo práctico: cómo usar datos e IA para crear una narrativa electoral basada en problemas recurrentes

Para desarrollar este ejemplo con un nivel técnico avanzado, debemos entender que el equipo de campaña ha hecho un uso sofisticado de inteligencia artificial y análisis de datos desde el primer día en que asumieron su rol en la oposición. Han aprovechado todas las herramientas a su disposición para construir una estrategia basada en hechos, no en suposiciones, permitiéndoles crear una narrativa electoral que se ajusta a la realidad de los ciudadanos, manteniéndose siempre un paso por delante.

Desde el inicio, la recolección de datos no fue un proceso casual. El equipo implementó un sistema robusto de monitorización continua, utilizando APIs de redes sociales y canales directos como WhatsApp y email para generar flujos de datos en tiempo real. Estos datos, estructurados mediante Pandas y procesados con algoritmos de machine learning, se alimentaban a un modelo de IA que aprendía continuamente del comportamiento ciudadano. A través de segmentación avanzada, no solo entendían los problemas a nivel general, sino que eran capaces de identificar micro segmentos de votantes con preocupaciones específicas en diferentes barrios o sectores de la ciudad.

El equipo usaba modelos predictivos para anticipar cómo evolucionarían estas preocupaciones. Por ejemplo, el problema con la gestión de residuos no era simplemente un tema recurrente. A través de los datos geoespaciales recogidos, pudieron mapear los barrios con mayor insatisfacción y simular cómo una optimización de rutas mediante IA mejoraría la situación. Esta simulación no se trataba solo de visualizar datos, sino de ejecutar un modelo de optimización de rutas que aplicaba técnicas como k-means y algoritmos de optimización logística para reconfigurar las rutas actuales y hacerlas más eficientes. El impacto de esta mejora no solo sería visible en términos de costes operativos, sino que los ciudadanos verían un servicio más ágil y puntual, lo que reforzaría la narrativa de campaña.

Uno de los puntos críticos de la estrategia fue el uso de análisis de sentimientos a través de técnicas de NLP. Cada comentario recibido, ya sea a través de redes sociales o mensajes directos en WhatsApp, fue analizado no solo por su contenido, sino por el tono emocional subyacente. Con transformers avanzados como BERT, el equipo fue capaz de interpretar con gran precisión si los ciudadanos expresaban frustración, apoyo o indiferencia hacia las propuestas que el partido iba lanzando. Este análisis continuo les permitía ajustar el lenguaje y el tono de los mensajes de campaña, de manera que siempre estuvieran alineados con el estado emocional del electorado. Un ejemplo fue cuando los residentes de los barrios más alejados del centro comenzaron a expresar frustración por el desbordamiento de los contenedores de basura. El sistema de IA alertó de un cambio en la percepción de este servicio, lo que permitió al equipo modificar su comunicación y reforzar su propuesta con datos visuales que mostraban cómo se resolvería el problema.

El equipo también utilizó análisis predictivo para identificar cuándo ciertos temas emergían como prioritarios. En lugar de reaccionar tarde a las preocupaciones de la población, los modelos de regresión entrenados con datos históricos y análisis de tendencias anticipaban el momento en que una preocupación, como el turismo o la gestión medioambiental, pasaría a ser un tema central en el debate público. Gracias a este análisis predictivo, propusieron iniciativas clave como la inversión en eventos culturales que revitalizarían la economía local en los períodos de baja afluencia turística. Estos planes se basaron en datos reales de búsquedas en Google, comportamiento en redes sociales y estadísticas de flujos de turistas en años anteriores. No se trataba de una propuesta general, sino de un plan estructurado basado en simulaciones de crecimiento económico y proyecciones del impacto de estos eventos en la economía local.

A medida que la campaña se acercaba a su punto álgido, el equipo dependía cada vez más de la flexibilidad que les ofrecía la IA para ajustar sus mensajes. Un ejemplo de esto ocurrió cuando un tema inesperado, la seguridad ciudadana, comenzó a ganar relevancia debido a un incidente en un municipio vecino. La capacidad de procesamiento en tiempo real del equipo, gracias al uso de pipelines de datos automatizados, permitió detectar que la preocupación por la seguridad estaba escalando rápidamente en las conversaciones digitales de los ciudadanos. Al tener una infraestructura de datos bien organizada y un sistema de IA capaz de interpretar el sentimiento y la frecuencia de estos temas, pudieron redirigir la narrativa de su campaña para priorizar las propuestas de seguridad antes que sus rivales políticos.

Aquí entra en juego el poder de la automatización para la adaptación dinámica de mensajes. El equipo utilizó herramientas como Manychat para gestionar la interacción en tiempo real a través de WhatsApp, ajustando los mensajes según el perfil de cada votante. Por ejemplo, cuando se detectaba que un votante manifestaba preocupación por la seguridad, el chatbot activaba automáticamente una serie de mensajes que detallaban las propuestas específicas del equipo para mejorar la vigilancia y la presencia policial en las áreas más vulnerables. Este enfoque no solo permitió mantener la conversación activa, sino que garantizó que cada votante recibiera la información más relevante de acuerdo con sus preocupaciones, lo que incrementó la eficacia del mensaje.

Además, el equipo utilizó técnicas avanzadas de clustering, aplicando algoritmos como DBSCAN para agrupar a los votantes en función de sus interacciones y preocupaciones en redes sociales y los canales de mensajería. Estos algoritmos no solo ayudaron a identificar grupos de votantes que compartían preocupaciones comunes, sino también a detectar votantes influyentes dentro de esos grupos. De este modo, pudieron dirigir sus esfuerzos de comunicación hacia los ciudadanos que tenían mayor capacidad de influir en su entorno, optimizando así los recursos y amplificando el impacto de sus mensajes.

El uso de datos para nutrir el proceso de decisión en tiempo real permitió que el equipo de campaña reaccionara antes que sus rivales en temas tan sensibles como la seguridad ciudadana, lo que les dio una clara ventaja competitiva. Mientras el equipo del gobierno todavía debatía cómo ajustar su mensaje, la oposición ya había lanzado una serie de anuncios digitales y actualizaciones en redes sociales que destacaban sus propuestas de seguridad, utilizando visualizaciones interactivas de datos para demostrar cómo sus políticas mejorarían la situación en los barrios más vulnerables.

En última instancia, el uso de datos e IA en este ejemplo muestra cómo la campaña dinámica y adaptativa del equipo no solo logró construir una narrativa electoral sólida, sino que fue capaz de anticiparse a los cambios en la opinión pública, demostrando una capacidad de respuesta rápida que resultó fundamental para generar confianza entre los votantes. Con análisis predictivo, procesamiento del lenguaje natural y machine learning, no solo respondieron a las necesidades actuales de los ciudadanos, sino que también diseñaron una estrategia que reflejaba una comprensión profunda y avanzada de los problemas recurrentes que afectaban al municipio.

9.- VISUALIZACIÓN DE DATOS E IA EN LA POLÍTICA

9.1.- ¿Cómo los datos y la IA pueden ayudar a presentar informes claros y visualmente atractivos?

En este punto del libro, donde ya hemos trabajado intensamente con datos, inteligencia artificial y diferentes herramientas de visualización, lo que realmente marca la diferencia es cómo se interpretan esos datos y, sobre todo, cómo se construyen **narrativas convincentes** a partir de ellos. En la política moderna, los datos no son solo números o gráficos que aparecen en un informe. Son el núcleo de las historias que los políticos deben contar para conectar con los ciudadanos y para justificar las decisiones que toman en su gestión diaria.

Construir una narrativa a partir de los datos es un arte que combina el análisis riguroso con la capacidad de transmitir mensajes claros y comprensibles. Los ciudadanos no quieren ver únicamente gráficos que muestran la evolución de una política; quieren entender cómo esos datos afectan su vida diaria. Aquí es donde entra la **interpretación estratégica de los datos**. Un gráfico que muestra la evolución del gasto en infraestructura, por ejemplo, no es solo una representación visual; es una historia sobre cómo ese gasto ha mejorado el transporte público o ha reducido el tiempo de espera en el servicio de salud. La clave está en saber qué destacar y cómo convertir esos datos en una narrativa que resuene con las preocupaciones reales de los votantes.

Los políticos que dominan este enfoque comprenden que los datos tienen un **poder persuasivo** cuando se presentan de manera que no solo informan, sino que también apelan a las emociones y expectativas de la población. Por ejemplo, cuando un concejal tiene que justificar un incremento en el presupuesto de seguridad, no solo se trata de mostrar una tabla con los porcentajes de aumento en delitos en ciertos barrios. La **historia detrás de esos datos** podría centrarse en la sensación de inseguridad creciente en determinadas zonas, ilustrada con **mapas interactivos** que muestran con claridad los puntos críticos, y apoyada por testimonios ciudadanos recogidos en redes sociales. Así, los datos no son solo cifras frías, sino elementos clave en una narrativa que ofrece soluciones concretas a problemas reales.

En campañas políticas, esta habilidad es aún más importante. Los votantes no están interesados en ver gráficos complejos sin contexto. Lo que quieren es entender cómo las decisiones que se toman hoy afectan a su futuro. Un equipo de campaña que utiliza los datos de manera efectiva puede construir una **narrativa coherente y adaptativa**. Por ejemplo, supongamos que a lo largo de los meses se ha estado recopilando información sobre el estado del transporte público. El equipo puede usar estos datos para identificar áreas con deficiencias y proponer mejoras basadas en hechos. Al mismo tiempo, los gráficos que muestren estos datos se pueden integrar en artículos, entrevistas y publicaciones en redes sociales, donde se expliquen claramente los beneficios que estas mejoras traerán a la comunidad. Así, el mensaje no solo llega a los votantes, sino que se refuerza visualmente, lo que lo hace más memorable.

El **formato y el contexto** en los que se presentan los datos también son cruciales. Por ejemplo, si un político envía un mensaje personalizado a través de **WhatsApp**, es fundamental que los datos se presenten de manera ajustada a las preocupaciones del receptor. Un mensaje sobre el éxito de un nuevo programa de reciclaje puede acompañarse de gráficos sencillos que muestren cómo se ha reducido la basura en su barrio, en lugar de mostrar datos agregados de toda la ciudad, que quizás no resuenen de la misma manera con ese votante en particular. Esta personalización es lo que convierte los datos en una herramienta poderosa para crear historias individuales que conecten emocionalmente con cada ciudadano.

Además, un buen uso de la **visualización de datos** no solo ayuda a que los políticos tomen mejores decisiones, sino que también facilita la **transparencia**. En una época de creciente desconfianza hacia las instituciones, la capacidad de mostrar datos de manera clara y accesible es una de las mejores formas de construir credibilidad. Cuando los ciudadanos ven que los datos que respaldan una decisión están claramente representados en **mapas, gráficos interactivos o infografías**, es más probable que confíen en esa decisión. Esto no solo se trata de compartir cifras, sino de contextualizarlas dentro de una narrativa que los ciudadanos puedan seguir fácilmente.

Por ejemplo, si una administración lanza una nueva política para mejorar el acceso a la vivienda, los datos sobre la construcción de nuevas viviendas pueden ser presentados en un **dashboard interactivo**, donde los ciudadanos puedan ver cómo se están desarrollando los proyectos en su barrio. Esto no solo transparenta el proceso, sino que permite a los ciudadanos ser partícipes de la evolución de las políticas que los afectan directamente.

A lo largo de una campaña electoral o durante la gestión diaria, es fundamental que el equipo del político esté monitoreando **en tiempo real** la efectividad de sus mensajes. **Las visualizaciones** no son solo herramientas para mostrar resultados, sino también **barómetros** que indican si una narrativa está funcionando. Si, por ejemplo, un gráfico que muestra la mejora en la calidad del aire en un área específica no está generando el impacto esperado entre los votantes de esa zona, es una señal de que la narrativa no está resonando, y el equipo debe ajustar su enfoque. Este proceso de ajuste continuo es lo que mantiene la **estrategia de comunicación dinámica** y alineada con las expectativas y preocupaciones cambiantes de los ciudadanos.

En última instancia, la capacidad de **contar historias a través de los datos** es lo que distingue a los políticos que simplemente gestionan los datos de aquellos que los usan estratégicamente para construir relaciones más sólidas con los ciudadanos. Las decisiones políticas son complejas, pero los ciudadanos no necesitan verse abrumados por esa complejidad. El **arte de la visualización** es tomar esos datos y transformarlos en **historias que**

conecten, que sean accesibles, relevantes y, sobre todo, que generen una respuesta emocional. Cuando los datos se presentan de esta manera, se convierten en una **herramienta poderosa** no solo para informar, sino para persuadir y movilizar a los votantes.

La narrativa electoral basada en datos, apoyada por visualizaciones dinámicas, no es simplemente una estrategia técnica; es una **estrategia de persuasión**. Saber interpretar los datos es crucial, pero más importante aún es **convertir esos datos en mensajes claros** que los votantes entiendan y valoren.

9.2.- Uso de herramientas como Streamlit o Google Data Studio para crear informes interactivos impulsados por IA

A medida que avanzamos en el dominio de las herramientas de análisis y visualización de datos, el uso de **Streamlit** como una plataforma para crear **informes interactivos impulsados por IA** se presenta como una solución altamente eficiente y accesible para los equipos políticos que necesitan tomar decisiones rápidas basadas en datos. Streamlit, en particular, destaca por su **fácil integración con Python** y su compatibilidad con librerías potentes como **Plotly**, que permiten generar gráficos dinámicos y visualizaciones que responden a las necesidades de análisis en tiempo real.

A estas alturas del libro, donde ya conocemos muchas de las herramientas para enfrentarnos a los datos, debemos enfocarnos en cómo **Streamlit permite conectar modelos de machine learning** y algoritmos de IA directamente con la visualización de datos, transformando los datos en **narrativas interactivas**. Esto es clave en un escenario político donde los datos no solo son números fríos, sino representaciones vivas de las necesidades y preocupaciones de los ciudadanos.

Streamlit se ha ganado su lugar en este ecosistema por ser una herramienta ligera y potente que permite **desplegar dashboards en tiempo real** sin complicaciones. La facilidad con la que se conecta con **Python** y sus librerías más utilizadas, como **Pandas** para el análisis de datos, **NumPy** para cálculos matemáticos avanzados y, crucialmente, **Plotly**, que permite crear gráficos interactivos, facilita la construcción de **entornos dinámicos** donde los datos pueden visualizarse de manera comprensible.

El **poder de la integración** con **Plotly** es algo que realmente resalta al usar Streamlit. Con **Plotly**, los gráficos se vuelven interactivos: los usuarios pueden hacer zoom, explorar diferentes áreas de los gráficos y hasta modificar los parámetros en tiempo real para ver el impacto de diferentes escenarios. Para los equipos políticos, esta interactividad es crucial cuando se trata de explicar tendencias a otros miembros del equipo o justificar decisiones ante los ciudadanos. **La capacidad de explorar los datos en lugar de simplemente verlos** es lo que convierte a Streamlit en una herramienta avanzada.

Pongamos un **ejemplo práctico**: supongamos que un alcalde necesita tomar decisiones sobre dónde invertir recursos en función de las quejas sobre la gestión de residuos en diferentes barrios. En lugar de esperar a que le entreguen un informe estático, el alcalde puede utilizar un **dashboard de Streamlit** con gráficos interactivos de **Plotly**, donde no solo vea la evolución de las quejas en los últimos meses, sino que también pueda ajustar los parámetros para ver cómo se comportarían esas mismas quejas si se implementaran diferentes soluciones. Este tipo de visualización, respaldada por IA, no solo acelera el proceso de toma de decisiones, sino que también le permite al alcalde argumentar con precisión y claridad ante su equipo de trabajo y la ciudadanía.

Lo interesante de **Streamlit** es que permite una **experiencia bidireccional**. No se trata simplemente de recibir datos, sino de **interactuar con ellos**. En lugar de mostrar un gráfico simple sobre la disminución de quejas en un periodo de tiempo, la visualización interactiva permite a los usuarios hacer clic en barrios específicos, ver qué tipo de quejas fueron las más recurrentes, analizar el impacto de las políticas implementadas y, lo que es más importante, hacer predicciones a futuro basadas en datos históricos con la integración de algoritmos de **machine learning**.

Además, **Streamlit** permite la creación de aplicaciones web de forma rápida y eficiente. Supongamos que el equipo de campaña necesita lanzar una aplicación interactiva donde los ciudadanos puedan **consultar los datos** sobre la gestión pública en tiempo real. En lugar de desarrollar una plataforma compleja desde cero, el equipo puede aprovechar **Streamlit** para desplegar una aplicación funcional en cuestión de horas. Lo que hace única a esta plataforma es su capacidad para conectar **modelos de predicción** con las visualizaciones. Esto significa que no solo se mostrarán los datos actuales, sino que se podrá incluir un componente predictivo que informe a los votantes sobre cómo se verán impactados en el futuro por las decisiones políticas actuales.

La combinación de **Streamlit con librerías como Plotly** también permite **personalizar visualizaciones** para diferentes audiencias. En una campaña electoral, por ejemplo, se puede crear un informe que muestre el impacto de las políticas de transporte en tiempo real, donde los ciudadanos puedan ver cómo sus trayectos diarios mejorarían con las propuestas del candidato. Aquí es donde Streamlit brilla: permite que los gráficos y mapas interactivos respondan a los intereses de cada votante, **personalizando el mensaje** según su ubicación o preocupaciones.

En cuanto a la **competencia de Google Data Studio**, es cierto que ambas herramientas tienen sus ventajas, pero **Streamlit**, al estar basado en **Python**, ofrece una flexibilidad superior para aquellos equipos que ya manejan este lenguaje y sus potentes librerías. **Google Data Studio** puede ser útil para informes más simples y colaborativos, donde la prioridad es compartir la información de manera rápida y sin muchas modificaciones. Sin embargo, **Streamlit** permite un mayor grado de **customización** y análisis dinámico, ideal cuando se trabaja con grandes volúmenes de datos y se requiere **integrar algoritmos de machine learning** en tiempo real.

Otro aspecto crucial que Streamlit ofrece es la **actualización en tiempo real de los datos**. A medida que los nuevos datos ingresan al sistema, los dashboards se ajustan de manera automática, lo que permite a los equipos de campaña reaccionar de manera inmediata ante cambios en la percepción ciudadana o problemas emergentes en la gestión pública. Esto es esencial durante una campaña electoral, donde los cambios en el sentimiento público o en los temas de interés pueden determinar el éxito o fracaso de una propuesta.

Finalmente, en este **modo experto**, es importante destacar cómo el uso de **Streamlit** también fomenta la **transparencia**. Los políticos pueden utilizar esta herramienta para **publicar informes** accesibles para los ciudadanos, donde ellos mismos puedan explorar los datos, interactuar con las visualizaciones y verificar los resultados de las políticas implementadas. Esta transparencia no solo mejora la relación entre el gobierno y los ciudadanos, sino que también **refuerza la credibilidad** de los datos, ya que estos son presentados de manera clara y verificable.

En conclusión, el **uso de herramientas como Streamlit** para crear informes interactivos, con su fácil integración con Python y librerías como Plotly, **maximiza el potencial de la IA** en la visualización de datos. No solo facilita la toma de decisiones, sino que transforma completamente la manera en que se presenta la información, haciéndola accesible, dinámica y personalizable según las necesidades del momento. Para los políticos y sus equipos, estas herramientas son esenciales para **mantenerse competitivos** en un entorno donde los datos son el recurso más valioso.

9.3.- Visualización de datos de participación ciudadana: ¿dónde se implican más los ciudadanos?

La **visualización de datos de participación ciudadana** permite obtener una perspectiva clara sobre dónde y cómo los ciudadanos están más involucrados en los temas que les afectan. Esto no solo es útil para detectar las preocupaciones de la población, sino también para diseñar estrategias de intervención más precisas, adaptadas a cada área geográfica. En este sentido, los **gráficos de calor** son una de las mejores herramientas para representar la densidad de participación en diferentes partes de una ciudad. Estos gráficos destacan, de manera visual, las áreas con mayor y menor implicación, proporcionando información inmediata sobre dónde enfocar los esfuerzos.

Para generar estos gráficos de forma efectiva, el uso de **librerías como Folium** resulta imprescindible. **Folium** es una herramienta que permite crear **mapas interactivos** en Python, integrando datos geoespaciales con información relevante para su visualización. Por ejemplo, se puede visualizar la participación ciudadana por barrios, distritos o zonas concretas, mostrando áreas con mayor actividad en colores cálidos y zonas con menor implicación en tonos fríos. Este enfoque facilita la toma de decisiones rápida, especialmente en contextos donde se requiere ajustar políticas o mensajes en función de la reacción ciudadana.

Otra librería clave es **GeoPandas**, que extiende las capacidades de Pandas al manejo de **datos geoespaciales**. Con **GeoPandas**, es posible cargar y manipular datos geográficos (como archivos **GeoJSON**) que contienen la información de los límites de barrios o distritos. Esto permite realizar análisis más profundos sobre cómo la participación varía entre diferentes zonas, ya sea por diferencias socioeconómicas, demográficas o por la naturaleza de los problemas locales. La combinación de **GeoPandas** con **Folium** permite crear **mapas dinámicos**, donde los datos de participación se actualizan en tiempo real y se ajustan a las nuevas tendencias emergentes.

Los **mapas geoespaciales interactivos** también ayudan a identificar patrones que de otro modo podrían pasar desapercibidos. Por ejemplo, si se detecta una mayor participación en barrios con problemas de seguridad o infraestructura deficiente, el equipo político puede intervenir rápidamente, ajustando los mensajes y las políticas para abordar las preocupaciones de esas zonas. Este tipo de análisis es esencial para la **gestión proactiva** de los problemas, permitiendo que el político responda antes de que las preocupaciones ciudadanas se conviertan en crisis.

El uso de **datos geoespaciales** no solo mejora la precisión de los análisis, sino que también ofrece la posibilidad de trabajar con múltiples capas de datos, como la ubicación de infraestructuras clave (centros de salud, colegios, etc.) y la correlación de estos con la implicación ciudadana. Esto es especialmente útil cuando se trata de planificar intervenciones a gran escala o para entender por qué ciertos sectores de la población están más movilizados en comparación con otros.

Folium y **GeoPandas** también permiten añadir interactividad a los mapas, lo que significa que los usuarios pueden hacer clic en diferentes áreas del mapa para obtener información más detallada sobre la participación en esa zona, desde el número de quejas registradas hasta el tipo de problemas que se discuten más en redes sociales. Esta capacidad de **visualización interactiva** es fundamental en campañas electorales o en la gestión pública, ya que proporciona a los equipos políticos una ventaja clara: el acceso a una comprensión detallada y en tiempo real de la realidad ciudadana.

En muchos casos, los datos no solo deben ser visualizados, sino también interpretados en función de **diferentes variables geográficas**. Los archivos **GeoJSON**, que almacenan datos de mapas, se integran perfectamente con estas librerías y permiten agregar información adicional como densidad de población, características del terreno o la distribución de ciertos servicios públicos. Esto da lugar a **mapas multicapas**, que enriquecen aún más el análisis y facilitan la **segmentación avanzada** del electorado según sus preocupaciones geográficas.

Por ejemplo, un político que quiera mejorar la participación en temas de **gestión medioambiental** puede utilizar estos mapas interactivos para identificar las áreas donde los ciudadanos están más interesados en la protección de los parques o las zonas verdes. Usando **mapas de calor**, se puede ver rápidamente qué barrios son más sensibles a los problemas medioambientales y qué zonas requieren más esfuerzo para movilizar a los ciudadanos en este tema. Al superponer datos de participación con datos geográficos, se obtienen **radiografías exactas** de la realidad local, lo que facilita enormemente la **toma de decisiones**.

En resumen, el uso de **Folium**, **GeoPandas** y otras herramientas de visualización geoespacial en combinación con **datos de participación ciudadana** ofrece una ventaja decisiva a cualquier equipo político. No solo permite entender dónde los ciudadanos están más involucrados, sino también anticiparse a problemas emergentes y adaptar la comunicación y las políticas de manera precisa.

9.4.- Gráficos de barras, líneas y mapas para representar problemas por área geográfica

A estas alturas del libro, ya dominamos el uso de herramientas como **Matplotlib**, **Seaborn**, **Plotly** y la creación de **mapas interactivos** con librerías como **Folium** o **GeoPandas**. Vamos a ver ejemplos concretos de cómo estas herramientas pueden utilizarse para visualizar problemas geográficos y facilitar la toma de decisiones políticas basadas en los datos que ya tenemos para así hacernos una idea de posibles usos.

Un primer ejemplo podría ser la representación del **acceso desigual a servicios públicos** en una ciudad. Con **Matplotlib** o **Seaborn**, podríamos generar un gráfico de **barras** que muestre, por cada barrio o distrito, la cantidad de **solicitudes no atendidas** de servicios básicos como la recogida de basura o la reparación de infraestructuras. Supongamos que el gráfico revela que algunos barrios periféricos presentan una mayor cantidad de solicitudes no resueltas que las zonas céntricas. En ese caso, el equipo político podría actuar rápidamente, ajustando los recursos y comunicando una respuesta proactiva basada en datos precisos. Al utilizar Seaborn, podemos añadir otra capa visual con la **correlación** entre el nivel de ingresos y el acceso a estos servicios, revelando de forma visual la posible relación entre los recursos municipales y las desigualdades en la prestación de los mismos.

Otro ejemplo es la **evolución de la seguridad pública** en una ciudad. Utilizando un **gráfico de líneas** con Matplotlib o Seaborn, podríamos mostrar cómo ha evolucionado el número de delitos en diferentes áreas geográficas a lo largo del tiempo. La interactividad con **Plotly** permite a los equipos de campaña o gobierno ver, por ejemplo, cómo fluctuaron los delitos antes y después de la implementación de una nueva política de seguridad. Con los **mapas de calor** generados en **Plotly**, podríamos visualizar las áreas con mayor densidad de incidentes delictivos, identificando rápidamente los puntos más conflictivos. Este tipo de análisis ayuda a enfocar la narrativa política en medidas concretas que respondan a problemas localizados de forma directa, ajustando el mensaje según las preocupaciones de cada barrio.

Cuando los problemas son más específicos, como el **nivel de contaminación ambiental** en diferentes zonas de la ciudad, los **mapas geoespaciales** creados con **Folium** o **GeoPandas** pueden marcar una gran diferencia. Si queremos representar la concentración de partículas contaminantes en barrios cercanos a carreteras principales o zonas industriales, **Folium** nos permite crear un **mapa interactivo** donde los ciudadanos o el equipo político puedan visualizar claramente qué áreas son las más afectadas y por qué. Si además de los datos de contaminación añadimos capas de información sobre la **proximidad a colegios o zonas residenciales**, los políticos podrían mostrar de manera visual y directa cómo la contaminación afecta a los más vulnerables y qué propuestas están en marcha para resolver ese problema.

GeoPandas facilita trabajar con archivos **GeoJSON**, lo que permite cargar datos detallados de los barrios, municipios o distritos e integrarlos con mapas. Esto es muy útil si se quiere cruzar información geoespacial con otros datos socioeconómicos. Por ejemplo, en una campaña para mejorar la **infraestructura de transporte público**, podríamos usar **GeoPandas** para mapear la ubicación de **estaciones de metro o paradas de autobús**, y mostrar en qué áreas de la ciudad hay una carencia significativa de accesos a estos servicios. Al hacerlo, el equipo político puede identificar las áreas donde la necesidad de infraestructura es mayor y diseñar una propuesta que aborde directamente esas deficiencias. Los gráficos y mapas generados podrían mostrar cómo mejorarían las condiciones de movilidad si se construyeran nuevas estaciones en las áreas más afectadas.

Un último ejemplo podría centrarse en la **participación ciudadana** en actividades políticas o eventos públicos. Al analizar el nivel de implicación ciudadana en diferentes zonas de la ciudad, un **mapa de calor interactivo** en **Plotly** podría mostrar qué distritos participan más activamente en encuestas públicas, reuniones comunitarias o votaciones locales. Esto podría revelar, por ejemplo, que ciertos barrios con menos infraestructuras públicas tienen niveles bajos de participación. Usando esta información, un equipo de gobierno podría redirigir sus esfuerzos de comunicación y mejora de servicios para aumentar la participación en esas áreas. Al mismo tiempo, el equipo de campaña podría ajustar su mensaje electoral destacando iniciativas dirigidas a estos ciudadanos menos implicados.

La **interactividad** que ofrecen **Plotly** y **Streamlit** es esencial para mantener una **visualización dinámica**. Si un político o su equipo quiere seguir la evolución de los problemas en tiempo real, puede interactuar con los datos mediante filtros que muestren cómo han evolucionado las quejas por servicios públicos en los últimos meses. Supongamos que en un **dashboard de Streamlit** combinamos un gráfico de barras con un **mapa interactivo** que muestra los problemas de infraestructura, limpieza o seguridad en diferentes barrios, permitiendo ajustar el gráfico para ver la evolución de esos problemas en diferentes periodos. La flexibilidad de estos dashboards permite ajustar las prioridades políticas según las tendencias emergentes.

El **poder de visualización** de estas herramientas radica en la posibilidad de **cruzar datos geográficos** con **problemas locales** de manera precisa, proporcionando insights que guían tanto la acción política como la estrategia electoral.

9.5.- Herramientas sencillas para compartir estos datos con otros miembros del gobierno o público

La capacidad de **compartir datos** de forma clara y accesible es esencial para que los políticos puedan coordinar esfuerzos y tomar decisiones informadas. Afortunadamente, existen **herramientas sencillas** que permiten no solo crear informes y visualizaciones, sino también compartirlos fácilmente con otros miembros del gobierno o con el público. En el ámbito político, es crucial que estas herramientas sean intuitivas, eficaces y accesibles para que cualquier miembro del equipo, sin importar su nivel técnico, pueda comprender los datos y actuar en consecuencia.

Streamlit es una de las mejores opciones para compartir datos en el entorno político. Su principal ventaja es la capacidad de crear aplicaciones interactivas basadas en Python, que no solo muestran datos, sino que permiten a los usuarios interactuar con ellos. Por ejemplo, si un concejal quiere mostrar cómo ha evolucionado la satisfacción ciudadana en su distrito, puede crear un **dashboard interactivo** que permite a otros miembros del gobierno filtrar datos por fecha o tipo de problema. La facilidad de compartir estos dashboards mediante un enlace web hace que Streamlit sea muy eficiente para comunicar información en tiempo real sin necesidad de que todos tengan conocimientos técnicos avanzados. Además, Streamlit ofrece una opción de despliegue en la nube, eliminando la necesidad de gestionar servidores, lo que simplifica aún más su uso.

Otra herramienta muy útil es **Google Data Studio**, que destaca por su simplicidad para crear informes visuales y dinámicos sin necesidad de programación. Con Google Data Studio, un político puede **conectar múltiples fuentes de datos**, como Google Sheets o bases de datos más complejas, para generar informes interactivos que se actualizan en tiempo real. Estos informes pueden compartirse fácilmente con enlaces públicos o restringidos, lo que facilita la colaboración entre diferentes miembros del equipo o incluso con el público. Un ejemplo claro sería un informe que muestre la evolución de la participación ciudadana en diferentes proyectos locales, donde los gráficos y tablas se actualizan conforme se recojan nuevos datos, proporcionando a todos los miembros del gobierno una visión clara y actualizada.

Tableau es otra opción robusta que, aunque un poco más técnica, permite crear informes y dashboards de alta calidad. Lo interesante de Tableau es su capacidad para manejar grandes volúmenes de datos y generar visualizaciones que pueden **incrustarse en sitios web o compartirse por correo electrónico** con otros miembros del gobierno o el público. Esto permite que cualquier equipo político tenga acceso constante a información clave, como comparaciones de datos de participación en diferentes barrios o análisis de políticas públicas. Además, Tableau facilita una integración perfecta con otras plataformas de datos, lo que asegura que la información que se presenta siempre esté actualizada y sea relevante.

Power BI de Microsoft también juega un papel importante en el ámbito político, ya que ofrece una plataforma intuitiva para crear y compartir dashboards interactivos. Un político puede utilizar Power BI para mostrar, por ejemplo, el progreso de una obra pública o la gestión de residuos en diferentes distritos. Con unos pocos clics, estos informes pueden hacerse públicos, lo que promueve la transparencia y permite a los ciudadanos seguir de cerca el trabajo del gobierno. La facilidad de uso y la capacidad de conectar Power BI con otras herramientas del ecosistema Microsoft (como Excel o SharePoint) la convierte en una opción versátil para aquellos equipos que ya están familiarizados con las herramientas de Microsoft.

Un aspecto crucial de estas herramientas es su **capacidad para facilitar la transparencia pública**. En un contexto donde los ciudadanos demandan mayor acceso a la información, poder compartir datos claros y visualmente atractivos puede fortalecer la confianza en las instituciones públicas. Por ejemplo, un dashboard de **Google Data Studio** que muestre la evolución de un proyecto de urbanización o un informe de **Power BI** sobre la gestión de presupuestos municipales puede ser compartido con los ciudadanos a través de la página web del gobierno local o incluso mediante redes sociales.

Otra opción interesante para **compartir información de manera directa y personalizada** es el uso de **chatbots** en plataformas como **WhatsApp o Telegram**, donde los ciudadanos pueden recibir actualizaciones sobre temas específicos de interés. Por ejemplo, un concejal puede enviar a los residentes de un barrio gráficos interactivos que muestren el progreso de un proyecto local o el estado de los servicios públicos en su área. Estas interacciones personalizadas no solo hacen que los datos sean más accesibles, sino que también fomentan una mayor implicación ciudadana.

Además, la **integración de estas herramientas con plataformas de comunicación**, como boletines informativos o redes sociales, permite que los datos lleguen a un público más amplio. Un político podría incluir un gráfico interactivo en su boletín semanal, donde los ciudadanos puedan explorar datos sobre la calidad de los servicios públicos en sus barrios o visualizar la distribución de recursos en diferentes áreas de la ciudad.

En resumen, herramientas como **Streamlit**, **Google Data Studio**, **Tableau** y **Power BI** son esenciales para que los políticos puedan compartir datos de manera eficaz con otros miembros del gobierno o con el público. Estas plataformas no solo permiten crear visualizaciones de alta calidad, sino que también facilitan la colaboración y la transparencia, lo que ayuda a fortalecer la confianza pública y a tomar decisiones más informadas. La clave está en utilizar estas herramientas dentro de una estrategia de comunicación sólida que permita que los datos se traduzcan en acciones concretas y que la información llegue a las personas adecuadas de manera clara y comprensible.

10.- RETOS Y DESAFÍOS DEL POLÍTICO MODERNO Y CÓMO LA CIENCIA DE DATOS E IA PUEDEN AYUDAR

10.1.- La complejidad de la gestión pública en un mundo digitalizado

La **gestión pública** ha experimentado una transformación profunda en los últimos años debido a la digitalización. Hoy, los políticos se enfrentan a un entorno más **complejo** donde los **datos** y la **inteligencia artificial (IA)** son esenciales para gestionar la información y tomar decisiones de manera estratégica. En este nuevo contexto, quienes no se adaptan quedan rezagados, ya que la política moderna demanda una capacidad para procesar grandes volúmenes de datos en tiempo real y actuar con rapidez.

Tradicionalmente, los políticos podían basar muchas de sus decisiones en la **intuición** o en **procesos manuales**, pero eso ya no es suficiente. Ahora, cada día se generan **enormes cantidades de datos** a partir de censos, encuestas, redes sociales, servicios públicos y dispositivos conectados, lo que plantea el reto de cómo procesar esta información para transformarla en decisiones útiles. Aquí es donde la **ciencia de datos** y la **IA** no solo ayudan, sino que son **imprescindibles**. Sin estas herramientas, los políticos corren el riesgo de quedar atrapados en una sobrecarga de información, perdiendo la capacidad de gestionar de manera eficiente y de actuar con precisión.

Uno de los principales desafíos actuales es la **sobrecarga de datos**. Los políticos reciben cientos de quejas, sugerencias y reportes ciudadanos a diario sobre servicios públicos, seguridad e infraestructura, lo que puede hacer que la información se diluya y pierda valor si no se gestiona correctamente. La clave está en implementar herramientas de IA que permitan **filtrar, procesar** y **extraer valor** de los datos en tiempo real, transformando una gestión que antes era reactiva en una proactiva.

El reto no solo se limita a la cantidad de información, sino también a la naturaleza cambiante de esta. Los ciudadanos ya no solo utilizan los canales tradicionales, sino que interactúan a través de **redes sociales, apps móviles** y **plataformas de mensajería**, lo que multiplica los formatos de datos y añade complejidad a la gestión pública. Además, en tiempos de crisis, como desastres naturales o emergencias sanitarias, la capacidad de reaccionar con rapidez se vuelve crucial. Los políticos que saben aprovechar los **datos en tiempo real** a través de la IA pueden actuar con precisión y resolver problemas antes de que escalen.

Sin embargo, existe una barrera importante: **la lentitud de adaptación** de las administraciones públicas. Mientras las empresas privadas adoptan rápidamente soluciones basadas en IA, los gobiernos suelen enfrentarse a **obstáculos burocráticos** que retrasan la implementación de estas tecnologías. Esto deja a muchos políticos en una posición desventajosa, no por falta de tecnología, sino por la ausencia de **equipos capacitados** para sacar partido de ella. En muchos municipios, sobre todo los más pequeños, no existen **científicos de datos** ni expertos en IA que puedan utilizar la información disponible de manera efectiva.

El **cambio cultural** dentro de las administraciones es otro reto significativo. No se trata solo de introducir tecnología, sino de cambiar la forma de trabajar. A menudo, hay **resistencia interna** por el miedo a que la digitalización ponga en peligro empleos. Sin embargo, la IA no busca sustituir el trabajo humano, sino **complementarlo** y **mejorarlo**, liberando tiempo para tareas más estratégicas y aumentando la precisión en la gestión.

A pesar de estos desafíos, los **beneficios** de integrar la ciencia de datos y la IA en la gestión pública son enormes. Los datos permiten **optimizar el uso de recursos**, mejorar la eficiencia de los servicios públicos y personalizar las soluciones según las necesidades de los ciudadanos. Un político que utiliza datos para entender mejor a su comunidad puede diseñar políticas más ajustadas y eficaces. Además, la **automatización** de procesos con IA reduce el tiempo dedicado a tareas administrativas, lo que permite a los políticos concentrarse en tomar decisiones de mayor impacto.

La demanda de **transparencia** por parte de los ciudadanos es otro aspecto en el que los datos juegan un papel crucial. Las **visualizaciones interactivas** y los **dashboards** permiten mostrar datos claros y accesibles, lo que refuerza la confianza en las instituciones y fomenta la **participación ciudadana**. Un político que muestra datos en tiempo real sobre la evolución de un proyecto público, por ejemplo, está proporcionando a los ciudadanos una visión clara de los resultados de su gestión, lo que contribuye a mejorar la percepción pública.

En resumen, el **futuro de la política** está en los datos. La gestión pública moderna debe adoptar la ciencia de datos y la IA como herramientas esenciales para tomar decisiones más precisas, **mejorar la eficiencia**, fomentar la **transparencia** y responder de manera más ágil a las demandas de una sociedad en constante cambio. Los políticos que se adapten a esta nueva realidad no solo estarán mejor equipados para enfrentar los desafíos actuales, sino que también estarán mejor posicionados para liderar en el futuro.

10.2.- El reto de la toma de decisiones en tiempo real

La **toma de decisiones** en política ha sufrido una transformación radical en los últimos años. Antes, los políticos podían permitirse un análisis pausado de las situaciones antes de actuar, pero en la actualidad, los ciudadanos exigen **respuestas rápidas y certeras**. La velocidad con la que circula la información a través de **redes sociales, medios** y **plataformas digitales** ha elevado la presión sobre los responsables políticos, quienes deben tomar decisiones **en tiempo real**, incluso frente a problemas complejos con grandes implicaciones.

Este entorno genera un desafío fundamental: **no basta con ser rápido, hay que ser preciso**. En un mundo hiperconectado, los políticos se enfrentan a una situación en la que la necesidad de **responder rápidamente** puede conducir a errores costosos. Aquí es donde los **datos en tiempo real** y el **análisis predictivo** juegan un papel crucial, permitiendo a los políticos no solo **reaccionar**, sino también **anticiparse**, adoptando una postura preventiva y tomando decisiones basadas en información fiable y actualizada.

Uno de los principales obstáculos en este proceso es la **sobrecarga de información**. Los datos fluyen desde múltiples fuentes: **redes sociales, sensores urbanos, bases de datos públicas** y **plataformas digitales**. Los políticos reciben una avalancha de informes y alertas diarias que cubren desde cuestiones de seguridad hasta infraestructuras, pasando por la percepción pública de su gestión. Sin las herramientas adecuadas, esta enorme cantidad de información puede ser inabarcable, lo que lleva a que muchos datos sean ignorados o mal gestionados.

La **inteligencia artificial (IA)** y el **análisis en tiempo real** son soluciones fundamentales para enfrentar este reto. La IA es capaz de procesar grandes volúmenes de datos en cuestión de segundos, filtrando lo irrelevante y priorizando lo importante. Por ejemplo, si un político recibe miles de comentarios sobre un tema específico en redes sociales, un **sistema de análisis de sentimientos** puede identificar rápidamente los puntos críticos que preocupan a los ciudadanos. Esto permite que el político se enfoque en los aspectos más relevantes, ofreciendo una respuesta clara y precisa sin dispersarse en asuntos menores.

La capacidad de **priorizar información** es clave. No todos los datos tienen la misma urgencia, y la IA puede detectar **patrones** que guíen a los políticos a concentrarse en lo más importante. Al hacerlo, no solo se acelera la toma de decisiones, sino que también se **reduce el margen de error**, ya que las decisiones se basan en análisis profundos y datos actualizados.

Un claro ejemplo de cómo los **datos en tiempo real** mejoran la toma de decisiones es la **gestión de emergencias**. Imagina una ciudad enfrentando inundaciones. Con sensores distribuidos, la IA puede prever qué áreas serán más afectadas, permitiendo a los políticos ordenar **evacuaciones preventivas** antes de que la situación se descontrole. En situaciones donde el tiempo es esencial, contar con información en tiempo real puede marcar la diferencia entre una respuesta eficaz y una catástrofe.

En tiempos de **crisis**, la **gestión de la comunicación** también es fundamental. Los ciudadanos demandan respuestas inmediatas, lo que puede abrumar a los políticos. En estos casos, los **chatbots basados en IA** pueden gestionar miles de consultas simultáneamente, proporcionando respuestas a las preguntas más comunes y derivando los casos más complejos a los equipos correspondientes. Esto mejora la eficiencia y libera a los políticos de la presión de responder personalmente, permitiéndoles concentrarse en decisiones estratégicas.

Además, el **análisis predictivo** ofrece una ventaja crucial. Permite a los políticos **anticipar problemas** antes de que se conviertan en crisis. Si los datos históricos muestran un aumento en los accidentes en ciertas áreas durante ciertas épocas del año, se pueden tomar medidas preventivas de manera anticipada. Esta capacidad de anticipación no solo mejora la **seguridad pública**, sino que también proyecta una imagen de **gestión proactiva** y eficaz.

Sin embargo, aunque la tecnología ofrece poderosas herramientas, el **factor humano** sigue siendo esencial en la toma de decisiones. La tecnología puede proporcionar análisis rápidos y precisos, pero la política también requiere **intuición**, **empatía** y un **conocimiento profundo** del entorno social y cultural. Algunas decisiones exigen más que datos; requieren **comprensión emocional** y una conexión cercana con las necesidades de los ciudadanos.

Otro reto es el **uso ético de la tecnología**. La IA puede optimizar la gestión, pero no está exenta de sesgos. Los algoritmos dependen de la calidad de los datos que procesan, y si estos datos están sesgados, las decisiones también lo estarán. Por ello, los políticos deben ser críticos con los resultados que ofrecen las herramientas tecnológicas y asegurarse de que las decisiones sean **justas** y **transparentes**.

En resumen, la **toma de decisiones en tiempo real** es un reto crucial en la política moderna. Las herramientas tecnológicas, como la IA y el análisis de datos, son esenciales para gestionar la sobrecarga de información y anticiparse a los problemas. Sin embargo, estas tecnologías deben complementarse con el **criterio humano**, el **uso ético** de la información y una **conexión constante con los ciudadanos**. Solo así, los políticos podrán aprovechar todo el potencial de los datos y la IA para enfrentar los desafíos de la política contemporánea.

10.3.- Conectar de manera auténtica con los ciudadanos en la era digital

En la **era digital**, uno de los mayores retos que enfrentan los políticos es **mantener una conexión genuina** con los ciudadanos, pese a la creciente automatización de la comunicación. Los ciudadanos no solo esperan recibir información rápida y eficiente, sino que también desean sentir que **sus preocupaciones son escuchadas y comprendidas**. Buscan que su participación tenga un impacto real. La inteligencia artificial (IA) y los datos ofrecen un potencial inmenso para personalizar la comunicación a un nivel sin precedentes, pero el verdadero desafío radica en asegurarse de que la **autenticidad** y el **toque humano** no se pierdan en el proceso.

A medida que la tecnología avanza, existe el riesgo de que los ciudadanos perciban la interacción con sus representantes como despersonalizada. **Respuestas automatizadas, mensajes genéricos** o la sensación de "hablar con una máquina" pueden erosionar rápidamente la confianza en los líderes. El reto está en encontrar el **equilibrio** entre utilizar la IA para gestionar grandes volúmenes de comunicación y mantener la **cercanía** que los ciudadanos esperan de sus representantes.

La IA tiene la capacidad de **procesar grandes cantidades de datos** en tiempo real y adaptar la comunicación según las preferencias y comportamientos de cada ciudadano. Sin embargo, una **personalización auténtica** va más allá de mencionar nombres o adaptar mensajes superficiales. Implica **comprender las emociones y preocupaciones** de los ciudadanos y responder de manera que demuestre empatía y compromiso. Un sistema de IA bien diseñado puede analizar el tono emocional de los mensajes y ayudar a los políticos a **ofrecer respuestas adecuadas**, mostrando un compromiso real con los problemas de los ciudadanos.

Por ejemplo, si un ciudadano expresa preocupación por la seguridad en su barrio, la IA podría sugerir una respuesta que no solo aborde su inquietud directamente, sino que lo haga con un tono que transmita **comprensión y compromiso**: "Estamos al tanto de la situación y ya hemos tomado medidas para mejorar la seguridad en tu área". Este tipo de respuesta refuerza la **conexión** entre el político y el ciudadano, haciendo que este último se sienta **parte activa del proceso**.

Además, es fundamental **adaptar la comunicación al canal adecuado**. Los ciudadanos interactúan a través de múltiples plataformas: redes sociales, correos electrónicos, aplicaciones de mensajería, entre otros. Lo que funciona en una red social puede no ser igual de efectivo en un correo personalizado. Aquí, la IA juega un papel clave al **optimizar no solo el contenido**, sino también el **canal** y el **momento** en el que se envía el mensaje, garantizando una **comunicación eficiente y adaptada** a cada contexto.

Un aspecto crucial es **la coherencia** en los mensajes. En la era digital, cualquier inconsistencia puede ser detectada y amplificada rápidamente, lo que puede debilitar la confianza en los políticos. La IA puede ayudar a gestionar esta coherencia, asegurando que los mensajes enviados a través de diferentes canales mantengan el mismo **tono** y estén alineados con los **valores del político**. Sin embargo, la **automatización** no puede reemplazar la necesidad de **interacciones humanas** directas en situaciones complejas o delicadas. Es vital que los políticos sepan cuándo dejar que la IA dé un paso atrás y permitir que la **empatía y el juicio humano** guíen la comunicación.

Además, una de las grandes ventajas de la IA es su capacidad para **monitorear la reacción ciudadana en tiempo real**. Esto permite hacer ajustes rápidos en el tono o el contenido del mensaje según cambie la percepción pública. Si una propuesta genera una reacción negativa en redes sociales, la IA puede alertar al equipo para que **ajuste la comunicación inmediatamente**, mitigando posibles efectos negativos.

El futuro de la comunicación política no está en **evitar la automatización**, sino en **integrarla estratégicamente**. La clave radica en **mantener la humanidad en cada interacción**, asegurando que la tecnología refuerce la **conexión auténtica** entre políticos y ciudadanos, sin sustituirla. Así, se garantiza que la **empatía y la personalización real** sean siempre el centro de la comunicación, incluso en un mundo digitalizado.

10.4.- La gestión de la confianza y la transparencia

En la **política moderna**, la **confianza** y la **transparencia** se han convertido en pilares fundamentales para mantener una relación sólida entre los ciudadanos y sus representantes. Con los avances tecnológicos y el acceso cada vez mayor a la información, los ciudadanos no solo demandan más transparencia, sino que esperan participar activamente en la **evaluación de las decisiones políticas**. La ciencia de datos y la inteligencia artificial (IA) desempeñan un papel crucial en hacer realidad este nivel avanzado de transparencia, proporcionando herramientas que permiten a los gobiernos ser más claros y accesibles en sus acciones.

Hoy en día, los ciudadanos quieren **ver con exactitud cómo se están utilizando los recursos públicos** y cómo las decisiones políticas les afectan directamente. Esto implica que los políticos deben ser capaces de ofrecer información detallada, pero comprensible, sobre aspectos de la gestión pública como el uso de presupuestos y la implementación de políticas locales. Aquí es donde la ciencia de datos resulta indispensable, ya que permite **procesar grandes volúmenes de información** y transformarlos en **visualizaciones claras y accesibles**. Por ejemplo, los **dashboards interactivos** permiten a los ciudadanos seguir en tiempo real el estado de diversos proyectos públicos, fomentando la confianza y exigiendo a los políticos una mayor responsabilidad en su toma de decisiones.

Un ejemplo concreto es la creación de dashboards que muestren la **evolución de proyectos públicos**. Los ciudadanos podrían acceder a un panel donde visualicen en tiempo real cómo se distribuyen los fondos en áreas como educación, seguridad o infraestructuras. Al tener acceso a estos datos, la percepción pública de la gestión política mejora, y además se genera una mayor **presión** sobre los líderes para ser más **proactivos y eficientes** en su trabajo.

La IA, por su parte, también juega un rol clave en la **organización y simplificación** de grandes cantidades de información. Las herramientas de IA pueden analizar informes presupuestarios, documentos legislativos y decisiones gubernamentales, presentando resúmenes claros y accesibles para el público. Este proceso no solo **acelera el acceso a los datos**, sino que también minimiza los errores humanos, reforzando así la confianza en la información presentada.

Un aspecto destacado es que la ciencia de datos permite a los políticos **ser proactivos** en lugar de reactivos. En lugar de esperar a que surjan problemas o que los ciudadanos pidan explicaciones, los datos pueden ayudar a **anticipar áreas problemáticas**. Por ejemplo, si un proyecto de infraestructura se está retrasando o no se gestionan correctamente los recursos, un dashboard puede alertar a los responsables antes de que se convierta en un problema mayor. Este enfoque proactivo demuestra a los ciudadanos un **compromiso real** con la mejora continua y la resolución rápida de los problemas, lo que fortalece la confianza en la gestión pública.

Además de mostrar cómo se utilizan los recursos, la transparencia también debe abarcar el **proceso de toma de decisiones**. Los ciudadanos tienen el derecho de saber **no solo qué decisiones se han tomado**, sino también **cómo y por qué**. Con el uso de algoritmos predictivos y modelos de simulación, los políticos pueden ofrecer a los ciudadanos una visión clara de los posibles escenarios de una política determinada, justificando la elección de una opción concreta. Este nivel de claridad ayuda a consolidar la confianza, ya que muestra que las decisiones están basadas en datos sólidos y no en conjeturas o intereses particulares.

La tendencia hacia un **gobierno abierto**, que pone a disposición de los ciudadanos grandes cantidades de datos para que sean analizados, es otra herramienta clave para fomentar la transparencia. Esto no solo permite que los ciudadanos **auditen la gestión pública**, sino que también fortalece la relación entre los políticos y los ciudadanos, generando una sensación de **control compartido**. Al tener acceso a los datos, los ciudadanos pueden verificar por sí mismos el estado de los proyectos y la eficiencia en la asignación de recursos.

Es fundamental recordar que la **visualización de los datos** juega un papel esencial en este proceso. No basta con publicar grandes volúmenes de información si no se presentan de manera accesible. Los **gráficos** y **dashboards** deben estar diseñados para que cualquier ciudadano, independientemente de su nivel de formación, pueda **interpretar los datos** de manera clara y rápida. Las herramientas de visualización permiten transformar datos complejos en **representaciones gráficas comprensibles**, eliminando la barrera técnica que muchos ciudadanos enfrentan al intentar analizar bases de datos extensas.

Por último, la **transparencia** no es solo una cuestión de ética, sino que también tiene un **impacto directo en la eficacia del gobierno**. Cuando los ciudadanos confían en sus líderes, están más dispuestos a **aceptar decisiones difíciles** y a colaborar activamente con el gobierno. En cambio, cuando sienten que se les oculta información o no se les toma en cuenta, la desconfianza puede generar una **oposición pública significativa**. Por ello, los políticos que adopten herramientas de ciencia de datos y IA no solo optimizarán su gestión operativa, sino que estarán mejor posicionados para **mantener la confianza** de los ciudadanos a largo plazo.

10.5.- El desafío de la ciberseguridad y la protección de datos personales

El desafío que presenta la **ciberseguridad** en la política es ineludible en un mundo donde los datos se han convertido en uno de los activos más valiosos. El uso de grandes volúmenes de información tiene un potencial inmenso para mejorar la eficiencia en la gestión pública, personalizar servicios y permitir que los políticos tomen decisiones más informadas. Sin embargo, junto con esta oportunidad viene una responsabilidad crucial: garantizar que toda esta información sea **gestionada de manera segura**. La **protección de los datos personales** y las comunicaciones de los políticos es hoy más importante que nunca. Una vulnerabilidad en este ámbito puede abrir la puerta a consecuencias desastrosas, tanto para los ciudadanos cuyos datos están expuestos como para los políticos y las instituciones que representan.

En el ámbito político, la **ciberseguridad** se enfrenta a una doble realidad. Por un lado, los datos son una herramienta poderosa para optimizar la gestión pública y mejorar la relación con los ciudadanos. Pero, por otro lado, el riesgo de que estos datos sean robados o manipulados por actores maliciosos está siempre presente. Desde **hackers individuales** hasta grupos organizados, los ciberataques a instituciones públicas han aumentado considerablemente en los últimos años. Los políticos son objetivos especialmente atractivos debido a la información sensible que manejan, desde datos personales hasta información estratégica sobre decisiones gubernamentales. Un ataque cibernético puede poner en riesgo la **confidencialidad** e **integridad** de estos datos, generando consecuencias devastadoras.

Uno de los mayores problemas en torno a la **ciberseguridad política** es que muchos políticos y sus equipos no son plenamente conscientes de los riesgos que enfrentan ni de las medidas preventivas que deberían estar adoptando. Subestimar estos peligros puede dejar abiertas múltiples puertas a posibles ataques. La tendencia a pensar que los ciberataques son solo problemas técnicos o distantes puede generar una **falsa sensación de seguridad**. Sin embargo, un ataque a un político o una institución puede comprometer no solo la información privada de miles de ciudadanos, sino también la **credibilidad** y capacidad de gestión de los líderes. Un incidente de seguridad en plena **campaña electoral**, por ejemplo, puede destruir años de trabajo y afectar gravemente la percepción pública.

La **prevención** es la clave en este campo. Los políticos y sus equipos deben adoptar un enfoque proactivo, asegurándose de estar un paso por delante en la protección de los datos que manejan. La ciberseguridad no debe ser vista como una cuestión meramente técnica, delegada a un departamento especializado. Es imprescindible que todos los implicados comprendan los **principios básicos** de la protección de datos y adopten medidas para minimizar los riesgos. Algunas acciones esenciales incluyen el uso de contraseñas seguras, la **autenticación de dos factores** y la **encriptación** de la información tanto en su almacenamiento como en su transmisión. Sin estas medidas básicas, los datos quedan expuestos a ataques desde simples accesos no autorizados hasta sofisticadas intrusiones.

La **inteligencia artificial (IA)** ha emergido como una herramienta clave para reforzar la seguridad, ya que permite identificar vulnerabilidades y amenazas en tiempo real. Los sistemas basados en IA pueden detectar **patrones anómalos** que indiquen la presencia de un ataque cibernético inminente. Si, por ejemplo, un atacante intenta acceder a una base de datos de forma no autorizada, la IA puede alertar a los responsables de seguridad antes de que el ataque sea exitoso. Además, estas herramientas pueden identificar puntos débiles en la infraestructura de seguridad, recomendando parches o ajustes que fortalezcan las defensas.

Sin embargo, aunque la IA es una aliada potente, no puede ser vista como una **solución definitiva**. Los equipos políticos deben complementar la tecnología con una cultura de ciberseguridad que incluya la **formación continua** en las mejores prácticas de seguridad. Esto significa que los políticos y sus equipos deben estar actualizados sobre cómo evitar comportamientos que puedan poner en riesgo sus sistemas, como el uso de redes Wi-Fi públicas, la descarga de archivos no seguros o la falta de actualizaciones en el software.

El manejo de **redes sociales** es otro frente crucial en la ciberseguridad política. Los perfiles de redes sociales son herramientas vitales para los políticos en la comunicación con los ciudadanos, pero también son puntos vulnerables. Los ataques a cuentas de redes sociales son cada vez más comunes, y las consecuencias de una brecha de seguridad pueden ser graves. La manipulación de la información en estos perfiles puede causar un daño significativo a la **reputación pública** del político. Por eso, es fundamental adoptar medidas de seguridad como contraseñas robustas, autenticación de dos pasos y monitoreo constante de la actividad de las cuentas para detectar cualquier acceso no autorizado.

También es esencial prestar atención a la **seguridad en las comunicaciones**. Los correos electrónicos, mensajes de texto y llamadas que contienen información sensible pueden ser interceptados si no se toman precauciones. El uso de **plataformas de mensajería cifrada** y **sistemas seguros de intercambio de archivos** es imprescindible para proteger la confidencialidad de estas comunicaciones. Cualquier filtración de datos podría poner en riesgo tanto la seguridad personal como la estabilidad política.

El manejo de **bases de datos** es otro de los puntos críticos en la ciberseguridad política. Los políticos gestionan enormes cantidades de información, que van desde datos demográficos de sus votantes hasta análisis de encuestas. Proteger estas bases de datos es esencial para evitar accesos no autorizados o la manipulación de los datos. Implementar **controles de acceso** adecuados y monitorear constantemente las bases de datos es esencial para garantizar que solo las personas autorizadas puedan interactuar con ellas. Cualquier fallo en la seguridad de una base de datos puede exponer información de millones de ciudadanos, lo que afectaría tanto a los políticos como a las instituciones que representan.

Finalmente, es importante destacar la **preparación ante incidentes**. A pesar de todas las medidas preventivas, los ataques pueden ocurrir, y la **respuesta rápida y eficaz** es crucial para minimizar los daños. Contar con un **plan de respuesta a incidentes** bien estructurado permite contener las amenazas, comunicar los problemas a los afectados y restaurar la seguridad de los sistemas. La transparencia en la comunicación durante estos incidentes es vital para mantener la **confianza pública**.

En conclusión, la ciberseguridad no es solo un desafío técnico, sino una **responsabilidad compartida** que involucra tanto a la tecnología como a las personas que la utilizan. Los políticos deben estar preparados para proteger los datos con los que trabajan, adoptando una **mentalidad de mejora continua** y asegurándose de que sus equipos también estén formados y comprometidos en la protección de la información.

10.6.- El reto de ser proactivo en lugar de reactivo

El panorama político ha estado dominado históricamente por una dinámica reactiva: los problemas surgen y, una vez manifestados, los políticos responden con medidas que intentan mitigar el impacto. Aunque este enfoque ha funcionado en muchos casos, en un mundo donde los cambios sociales, económicos y tecnológicos ocurren a una velocidad sin precedentes, esta manera de actuar empieza a quedarse corta. La clave hoy no reside solo en reaccionar rápidamente, sino en **anticiparse a los problemas** antes de que se conviertan en crisis. Aquí es donde la **ciencia de datos** y la **inteligencia artificial (IA)** ofrecen nuevas posibilidades, permitiendo a los líderes políticos pasar de una postura reactiva a una proactiva, algo esencial para una gestión eficiente y estratégica en la era digital.

Gracias a la IA y al análisis avanzado de datos, los políticos ya no necesitan esperar a que los problemas se agraven para actuar. El uso de **algoritmos predictivos** permite prever situaciones críticas antes de que se materialicen, lo que otorga una ventaja estratégica en la toma de decisiones. Estos modelos analizan grandes volúmenes de datos históricos y en tiempo real, identificando patrones que pasan desapercibidos para el ojo humano. Esto facilita no solo la resolución de problemas antes de que afecten gravemente, sino que mejora la relación entre gobernantes y ciudadanos, al demostrar una capacidad superior para gestionar los desafíos futuros.

La capacidad de anticiparse a las crisis se basa en la **recopilación masiva de datos**. Los políticos de hoy manejan una cantidad sin precedentes de información, desde datos demográficos hasta comentarios en redes sociales, encuestas de satisfacción y consultas ciudadanas. Toda esta información proporciona una visión detallada de las preocupaciones de los ciudadanos y qué temas podrían volverse críticos en el corto o medio plazo. Por ejemplo, un aumento repentino en las quejas sobre la vivienda puede ser un indicativo temprano de una crisis inmobiliaria en ciernes. Con un análisis predictivo adecuado, los políticos pueden **actuar antes de que el problema se agrave**, gestionándolo de manera eficiente y evitando un impacto negativo en la sociedad.

Uno de los avances más importantes que ha permitido este cambio hacia una postura proactiva es la implementación de **algoritmos predictivos**. Estos algoritmos analizan grandes volúmenes de datos y son capaces de prever con gran precisión lo que probablemente sucederá en el futuro cercano. En situaciones donde el descontento social crece gradualmente, como ocurre con las manifestaciones o protestas, la IA se convierte en una herramienta invaluable para **detectar señales tempranas de malestar**. Esto permite que los políticos intervengan antes de que la situación alcance niveles críticos, ajustando políticas o abriendo líneas de diálogo con los ciudadanos afectados.

Este enfoque proactivo no solo se limita al descontento social, sino que también es extremadamente útil en la **gestión de recursos públicos**. Con presupuestos limitados, los gobiernos locales y regionales deben optimizar el uso de sus recursos. Aplicando modelos predictivos, es posible anticipar el aumento en la demanda de servicios públicos, como ocurre con el **turismo estacional**. Por ejemplo, analizando datos de años anteriores y la actividad actual en redes sociales, un sistema predictivo podría prever cuándo se incrementarán las consultas turísticas, permitiendo a los ayuntamientos reforzar los servicios públicos en las áreas más afectadas.

Otro campo donde este enfoque es crucial es en la **gestión medioambiental**. La IA puede prever patrones de deterioro ambiental, como un aumento en la contaminación en zonas urbanas o la degradación de parques naturales. Esto permite a los políticos adoptar medidas preventivas antes de que el problema afecte de forma irreversible al medio ambiente o a la salud pública. Un ejemplo sería restringir el tráfico en ciertas zonas para reducir la contaminación, o implementar **políticas de sostenibilidad** que ofrezcan soluciones a largo plazo. Al tener acceso a los datos adecuados, los políticos pueden diseñar políticas más sostenibles que respondan a las necesidades actuales y aseguren un entorno habitable para las generaciones futuras.

En el ámbito de la **gobernabilidad**, los algoritmos predictivos son esenciales para prever problemas financieros o administrativos. Los sistemas basados en IA pueden analizar datos financieros y prever déficits presupuestarios antes de que se materialicen, lo que permite a los responsables ajustar la asignación de recursos o corregir errores en la planificación antes de que se conviertan en un obstáculo para la implementación de proyectos públicos. Esta capacidad de prever problemas financieros es crucial para mantener la estabilidad del gobierno y evitar sorpresas desagradables.

Más allá de la gestión inmediata de problemas, la proactividad basada en **datos** mejora notablemente la **planificación a largo plazo**. A partir del análisis de datos históricos, los políticos pueden diseñar estrategias más eficaces para resolver problemas presentes y anticipar futuros desafíos. En una ciudad en expansión, donde el crecimiento demográfico es acelerado, la IA puede prever qué áreas experimentarán sobrecarga en infraestructuras o falta de servicios públicos. Esto permite planificar medidas preventivas, como la construcción de nuevas infraestructuras o la mejora de los servicios, garantizando un crecimiento sostenible y equilibrado.

El uso de la **IA y la ciencia de datos** no solo mejora la eficiencia en la gestión pública, sino que también refuerza la confianza ciudadana. Cuando los ciudadanos ven que sus líderes no solo reaccionan ante los problemas, sino que se anticipan a ellos, la confianza en sus representantes aumenta. Los ciudadanos perciben que sus líderes no solo gestionan los problemas actuales, sino que están preparados para enfrentar los desafíos del futuro. En un entorno en constante cambio, donde la capacidad de adaptarse y prever es cada vez más valorada, los políticos que adoptan la IA y el análisis predictivo están mejor posicionados para gestionar de manera eficiente sus comunidades.

Este cambio hacia una postura proactiva no es solo un **reto técnico**, sino también un **desafío cultural**. Los equipos políticos deben acostumbrarse a trabajar con los datos y a integrar el análisis predictivo en sus estrategias diarias. No basta con implementar tecnología avanzada; es esencial que tanto los líderes como sus equipos comprendan los **principios de la ciencia de datos** y se mantengan actualizados sobre las mejores prácticas. La formación continua en estos campos es fundamental para aprovechar al máximo el potencial de la IA.

En resumen, el futuro de la política requiere una postura proactiva basada en datos. Los políticos que sean capaces de **predecir y actuar** antes de que los problemas se conviertan en crisis estarán mejor preparados para liderar en el siglo XXI. La capacidad de **anticiparse** será la diferencia entre un liderazgo eficaz y uno obsoleto. En un entorno en constante evolución, ser proactivo no es solo una ventaja competitiva, sino una **necesidad** para cualquier político que quiera mantenerse relevante y eficiente.

10.7.- Optimización de recursos en contextos de presupuestos limitados

El reto de **optimizar recursos en contextos de presupuestos limitados** es uno de los principales desafíos para muchos políticos, especialmente aquellos que operan en organizaciones locales o en la oposición, donde los fondos son escasos y el acceso a un equipo completo es prácticamente imposible. En estas situaciones, es común depender del apoyo de afiliados y colaboradores que contribuyen en su tiempo libre, pero trabajar con recursos humanos reducidos implica una mayor dificultad para actuar de manera efectiva. Ante esta realidad, la **ciencia de datos**, la **automatización** y el **uso de herramientas de inteligencia artificial (IA)** ofrecen soluciones prácticas para maximizar la eficiencia con los medios disponibles.

En contextos de limitaciones presupuestarias, los políticos enfrentan la presión de demostrar resultados tangibles a pesar de contar con menos recursos. Por ello, es crucial adoptar un enfoque de trabajo basado en datos, utilizando herramientas y tecnologías accesibles, muchas de las cuales son gratuitas. **Formarse en ciencia de datos y automatización** es un paso clave para mejorar la eficiencia y reducir la carga de trabajo manual. **Python**, por ejemplo, es una opción altamente versátil y accesible. Librerías como **Pandas** facilitan el manejo de grandes volúmenes de datos, mientras que **Plotly** permite crear visualizaciones interactivas, ambas herramientas esenciales para analizar y comunicar de manera efectiva. **Streamlit**, otra plataforma gratuita, permite construir dashboards interactivos sin necesidad de un gran equipo técnico, lo que facilita la presentación de resultados de forma clara y directa. Además, **Visual Studio Code**, un entorno de desarrollo gratuito se puede usar para implementar soluciones de análisis y automatización.

Uno de los beneficios clave de la ciencia de datos es la posibilidad de **tomar decisiones informadas**, basadas en hechos concretos y no en suposiciones. Un político con acceso a datos precisos puede **identificar patrones**, prever problemas y anticiparse a las necesidades ciudadanas antes de que se conviertan en crisis. Por ejemplo, si a través del análisis de datos un político detecta que en ciertos barrios hay un creciente descontento con las infraestructuras, puede destinar recursos a proponer soluciones específicas, optimizando así los limitados medios a su disposición. En lugar de dispersar esfuerzos de manera uniforme, el análisis de datos permite concentrar los recursos donde más se necesitan, logrando un mayor impacto con menos.

Este enfoque no solo mejora la **eficiencia en la gestión**, sino que también **aumenta la transparencia** ante la ciudadanía. Un político que toma decisiones basadas en datos puede mostrar cómo se están utilizando los recursos y justificar por qué se priorizan ciertas áreas. Esto genera mayor confianza y refuerza la percepción de que se está actuando de manera seria y estratégica. **Visualizaciones de datos**, como las que ofrecen **Plotly** o **Google**

Data Studio, son esenciales para este propósito, ya que presentan información compleja de forma clara y accesible para el público.

La **automatización de procesos** es otro recurso valioso para maximizar el tiempo y esfuerzo en situaciones de presupuestos limitados. Muchas tareas rutinarias y repetitivas, como la gestión de bases de datos de afiliados o la organización de eventos, pueden ser automatizadas usando scripts de Python o herramientas como **Zapier** o **IFTTT**. Esto libera tiempo para que el equipo político se concentre en aspectos más estratégicos. Por ejemplo, se puede automatizar el envío de correos electrónicos personalizados a los ciudadanos según los temas que han manifestado como prioritarios en encuestas, mejorando así la comunicación y eficiencia operativa.

El uso de **dashboards interactivos** también ayuda a optimizar recursos al proporcionar una visión clara de cómo se están utilizando y dónde se pueden hacer ajustes. En lugar de asignar recursos de forma uniforme, los datos recogidos a través de estas herramientas pueden mostrar exactamente dónde se necesita más atención o dónde se pueden realizar recortes sin comprometer la calidad de los servicios. Además, los dashboards permiten monitorear en tiempo real el progreso de las propuestas, el impacto que han tenido y las áreas que requieren un mayor enfoque. Esto no solo facilita la **rendición de cuentas** ante los ciudadanos, sino que también ayuda a posicionarse mejor frente a los oponentes al demostrar una mayor capacidad analítica y de planificación.

Una de las grandes ventajas de este enfoque es que **existen numerosos recursos educativos gratuitos** que permiten a los políticos y sus equipos adquirir las habilidades necesarias para manejar estas herramientas. Plataformas como **Coursera**, **edX** o **Kaggle** ofrecen cursos en ciencia de datos, análisis y automatización que pueden completarse en el tiempo libre, permitiendo a los políticos aprender y aplicar estos conocimientos en su trabajo diario, sin depender de un equipo técnico costoso.

Adoptar estas tecnologías no está exento de **desafíos**. La curva de aprendizaje para dominar herramientas como Python o Streamlit puede ser pronunciada para aquellos sin experiencia en programación o análisis de datos. Sin embargo, el esfuerzo inicial se ve recompensado a largo plazo. Una vez que se dominan las bases, estas herramientas permiten realizar tareas complejas de manera eficiente, reduciendo significativamente el tiempo necesario para gestionar datos o automatizar procesos.

En última instancia, la clave para optimizar recursos en un contexto de presupuestos limitados está en **aprovechar al máximo las herramientas disponibles**. Los políticos deben adoptar un enfoque basado en datos para todas sus decisiones, desde la asignación de recursos hasta la comunicación con los ciudadanos. Esto no solo les permitirá gestionar de manera más eficiente sus campañas y equipos, sino que también los posicionará como líderes modernos, capaces de enfrentar los retos del siglo XXI. La política, como cualquier otro sector, está siendo transformada por los datos, y aquellos líderes que sepan adaptarse y aprovechar este cambio estarán mejor preparados para tener éxito.

10.8.- La formación continua: políticos como gestores de datos

La **formación continua** en el ámbito político se ha convertido en una necesidad urgente en un mundo donde los **datos** y la **inteligencia artificial (IA)** son elementos esenciales para una gestión pública eficiente. Ya no es suficiente con delegar en asesores técnicos la interpretación de los datos; los políticos de hoy en día deben adquirir competencias digitales que les permitan aprovechar directamente la información y optimizar sus decisiones. La **ciencia de datos** no es solo una cuestión técnica, sino una herramienta estratégica que, utilizada correctamente, puede definir el éxito de una carrera política.

Para los políticos con **presupuestos limitados**, la realidad es que muchas veces no cuentan con equipos completos ni recursos humanos especializados. Es en este contexto donde la formación en ciencia de datos se vuelve fundamental. Con conocimientos básicos en herramientas como **Python** y librerías como **Pandas** o **Plotly**, un político puede realizar análisis y visualizaciones interactivas por su cuenta, sin necesidad de un equipo robusto. Herramientas gratuitas como **Visual Studio Code** facilitan el acceso a tecnologías avanzadas sin que sea necesario realizar grandes inversiones. Además, plataformas como **Streamlit** permiten crear dashboards interactivos que presentan datos de forma comprensible tanto para el equipo político como para los votantes, optimizando el uso de los datos y mejorando la comunicación.

En este contexto, la **inteligencia artificial** y el **machine learning** se convierten en aliados estratégicos. Un político que comprende los principios de los algoritmos predictivos y el análisis de sentimientos puede anticiparse a los problemas antes de que se conviertan en crisis. Por ejemplo, un modelo de IA puede identificar tendencias emergentes o detectar descontentos sociales a partir de los comentarios en redes sociales, permitiendo que los políticos ajusten sus mensajes y políticas antes de que la situación se agrave. Este tipo de análisis no se limita a generar gráficos, sino que proporciona una **visión estratégica** de lo que está ocurriendo en tiempo real, optimizando campañas y mejorando la respuesta a las demandas ciudadanas.

Además, es crucial aprender a **recoger, limpiar y estructurar los datos** correctamente, ya que un análisis basado en datos mal estructurados puede ser contraproducente. Herramientas como **APIs** o técnicas de **web scraping** pueden automatizar la recolección de datos, reduciendo significativamente la carga de trabajo manual y permitiendo a los políticos centrarse en la interpretación de la información. Un político que maneja bien estas técnicas puede personalizar sus mensajes, segmentar a su electorado y optimizar los recursos, algo fundamental en **campañas con recursos mínimos**.

Otro aspecto clave es el **storytelling basado en datos**. No basta con entender la información, sino que es necesario comunicarla de manera clara y convincente. Herramientas como **Plotly** o **Google Data Studio** facilitan la creación de visualizaciones interactivas que permiten mostrar el impacto de una política en diferentes barrios o grupos demográficos, ayudando a los ciudadanos a comprender mejor las propuestas y generando mayor confianza. Este tipo de transparencia y capacidad para contar historias con los datos es crucial para conectar con los votantes y asegurar su apoyo.

En un entorno de **recursos limitados**, la **automatización** también juega un papel crucial. Procesos repetitivos, como la gestión de bases de datos o la organización de eventos, pueden ser automatizados con scripts de **Python** o herramientas como **Zapier** o **IFTTT**, permitiendo que los políticos y sus equipos se concentren en tareas más estratégicas. Por ejemplo, un sistema automatizado puede gestionar el envío de correos electrónicos personalizados basados en las preferencias ciudadanas, mejorando la eficiencia operativa y la relación con los votantes.

El mundo de la política está cambiando rápidamente, y aquellos que no se adapten a la **era digital** corren el riesgo de quedar atrás. El conocimiento en ciencia de datos, la capacidad de automatizar procesos y el uso de IA no solo permiten gestionar de manera más eficiente, sino que también otorgan una ventaja competitiva frente a los oponentes. No es necesario contar con un presupuesto millonario o un equipo enorme; lo que se necesita es una **mentalidad estratégica** y la voluntad de aprender y adaptarse.

En definitiva, los **políticos del futuro** serán aquellos que no solo sepan interpretar los datos, sino que los utilicen como una **herramienta central** en su gestión diaria. La capacidad de anticiparse a los problemas, tomar decisiones informadas y comunicar de manera efectiva será clave para mantener una **conexión genuina con los ciudadanos** y asegurar el éxito en un entorno cada vez más competitivo y basado en la información. La **formación continua** en estas áreas no es solo un beneficio adicional, sino una necesidad imperiosa para cualquier líder que aspire a mantenerse relevante en el panorama político actual.

10.9.- El futuro de la ciencia de datos en la política

El **futuro de la ciencia de datos** en la política presenta una oportunidad revolucionaria para transformar la manera en que los líderes gestionan sus comunidades y responden a los desafíos de una sociedad en constante evolución. A medida que la **inteligencia artificial (IA)** y el análisis avanzado de datos se integran más profundamente en la toma de decisiones políticas, el rol de los **datos** como un activo estratégico seguirá creciendo, permitiendo a los gobiernos mejorar la eficiencia, optimizar recursos y fomentar una mayor **transparencia** y **participación ciudadana**.

Uno de los avances más destacados que ya estamos viendo y que marcará el futuro político es el uso de **modelos predictivos** para anticipar problemas y diseñar soluciones específicas. A diferencia del enfoque reactivo tradicional, donde los políticos responden a crisis una vez que estallan, los modelos predictivos permiten prever conflictos o necesidades futuras mediante el análisis de patrones en grandes volúmenes de datos. Un ejemplo claro de este avance es la **gestión urbana**, donde los datos en tiempo real sobre movilidad, infraestructuras o comportamiento demográfico facilitarán una planificación más eficiente. Conceptos como los **gemelos digitales**, simulaciones virtuales que replican en tiempo real el funcionamiento de ciudades, permitirán a los políticos experimentar con políticas urbanas antes de implementarlas en el mundo real. Esto no solo mejorará la calidad de las decisiones, sino que también evitará la adopción de medidas impopulares o ineficientes, ya que se basarán en pruebas previas en entornos controlados.

Además de los gemelos digitales, el futuro verá un crecimiento exponencial en la **automatización** de procesos gubernamentales. Muchas tareas administrativas, como la **gestión de impuestos** o la **tramitación de licencias**, serán gestionadas por sistemas automatizados basados en IA, reduciendo la carga de trabajo de los funcionarios públicos y permitiendo que se enfoquen en actividades más estratégicas y humanas. Del mismo modo, las **campañas electorales** se beneficiarán enormemente de la automatización, permitiendo personalizar los mensajes de manera más efectiva según las preferencias y comportamientos de los ciudadanos. Esto no solo mejorará el impacto de las campañas, sino que optimizará el uso de recursos.

El **futuro de la participación ciudadana** también será radicalmente diferente gracias a la ciencia de datos y la IA. Los métodos tradicionales de consulta pública, como las votaciones y las encuestas, están siendo reemplazados por plataformas digitales más dinámicas que permiten a los ciudadanos expresar sus opiniones en tiempo real. A través de **sistemas de votación digital continua** y el análisis de datos de opinión pública, los políticos podrán identificar patrones y adaptar sus políticas a las expectativas y preocupaciones reales de la sociedad, creando una conexión más fuerte y directa con los votantes. Este tipo de participación no solo será más eficiente, sino que permitirá una toma de decisiones más cercana y acorde con las demandas ciudadanas.

Por otro lado, la **transparencia** se verá impulsada por el uso de **dashboards interactivos** que permitirán a los ciudadanos acceder fácilmente a información sobre la gestión pública, desde presupuestos hasta el progreso de proyectos específicos. Estos paneles ofrecerán una visión clara y accesible de cómo se están utilizando los recursos públicos, fomentando la **confianza** y aumentando la **responsabilidad política**. La visualización de datos en tiempo real, por ejemplo, permitirá a los ciudadanos ver exactamente cómo se están distribuyendo los fondos públicos y cómo se priorizan los proyectos, lo que fortalecerá la legitimidad de las decisiones políticas.

Sin embargo, con estas oportunidades vienen grandes desafíos. Uno de los más importantes es garantizar que los **algoritmos** utilizados en la toma de decisiones sean justos y equitativos. Si no se controlan, los sistemas basados en IA pueden perpetuar sesgos existentes, generando políticas que favorezcan a ciertos grupos sobre otros. Es esencial que los datos utilizados en los algoritmos sean **representativos de toda la población** y que existan auditorías para detectar y corregir cualquier sesgo que pueda surgir.

Otro desafío es la **protección de la privacidad** y la **seguridad de los datos**. A medida que los gobiernos recopilan más información sobre los ciudadanos, aumentan los riesgos de ciberataques y violaciones de la privacidad. El manejo responsable de los datos, la **regulación robusta** y la **transparencia** en su uso serán cruciales para garantizar que la información personal se maneje de manera segura y que los ciudadanos mantengan el control sobre sus datos.

En el horizonte más lejano, es posible que incluso veamos la aparición de **agentes políticos automatizados**, donde las IA desempeñen un papel activo en la mediación de conflictos o la optimización de soluciones a problemas complejos. Aunque esta idea suena futurista, ya estamos viendo cómo muchas tareas gubernamentales, como la evaluación de políticas o la elaboración de informes, están siendo automatizadas.

En resumen, la ciencia de datos y la IA están preparadas para **transformar profundamente la política**. Los líderes que sean capaces de adoptar estas herramientas con responsabilidad y ética estarán mejor preparados para responder a los desafíos del futuro, optimizando recursos, mejorando la transparencia y fortaleciendo la participación ciudadana. Sin embargo, el éxito de esta transformación dependerá de la capacidad de los políticos para equilibrar el **uso de la tecnología** con la **protección de los derechos** y la **justicia social**, asegurando que estos avances beneficien a toda la sociedad, sin dejar a nadie atrás.

EPÍLOGO

Llegados a este punto, hemos recorrido juntos un camino que pone de manifiesto el **poder de los datos** en la política. He compartido contigo herramientas, métodos y estrategias que pueden **revolucionar** la forma en que tomas decisiones, desde la automatización de procesos hasta la capacidad de anticiparse a problemas antes de que estallen. Pero hay algo que quiero que quede muy claro: **las herramientas, por sí solas, no lo son todo**. Son solo eso, **herramientas**. Sin el toque humano adecuado, sin la interpretación correcta y sin la experiencia que las respalde, no harán la diferencia.

En el libro, casi siempre de forma **teórica**, te he ido mostrando las cosas que **se podrían hacer** y te aseguro que las posibilidades son mucho más amplias. **Desarrollar cada una de las iniciativas** mencionadas en estas páginas habría requerido probablemente **un libro para cada una**. Así que no dudes en **llamarme o preguntar** sobre cualquier tema que te haya llamado la atención. **Estaré encantado** de hablar contigo. **Se pueden hacer muchísimas cosas** y este libro es solo el comienzo.

Si algo he aprendido en mi trayectoria es que, aunque **la ciencia de datos y la inteligencia artificial** están cambiando las reglas del juego, **el valor de las personas** sigue siendo insustituible. Puedes tener acceso a los algoritmos más avanzados, puedes automatizar cada aspecto de tu gestión, pero al final, quien debe **tomar las decisiones** eres tú, o tu equipo. Y ahí es donde entra en juego el verdadero valor: el de aquellos que saben **cómo manejar esas herramientas** y sobre todo, **cómo interpretar los datos** para que realmente cuenten una historia. Porque los datos sin interpretación son solo números, fríos e impersonales. Es la persona detrás de ellos quien les da sentido, quien los conecta con la realidad y con las **necesidades humanas.**

Y aquí es donde quiero detenerme. Si bien te he mostrado cómo puedes empezar a trabajar con datos por ti mismo, soy consciente de que el tiempo es un recurso limitado, especialmente en el mundo político. Si no dispones del tiempo para formarte o profundizar en estos temas, siempre puedes **contar con un experto**. Pero no cualquier experto: alguien que **conozca el mundo de la política**, que entienda sus matices, sus tiempos, sus urgencias. No se trata solo de saber de datos, sino de saber **cómo comunicar esos datos**, cómo transformarlos en mensajes que lleguen verdaderamente a los ciudadanos y cómo plantear **estrategias efectivas**.

Aquí te lo digo claro: **rodearte de personas que dominen tanto los datos como el entorno político será tu ventaja competitiva**. Es muy fácil caer en la tentación de contratar a teóricos que, aunque brillantes en su campo, desconocen las complejidades del día a día político. No subestimes la importancia de trabajar con gente que entienda **cómo funcionan los despachos, cómo se mueve la opinión pública** y qué necesita un político para **sobrevivir en un entorno a menudo hostil. El salto que darás será increíble** si cuentas con un equipo que sepa combinar datos y estrategia política de forma equilibrada.

Y te diré algo más: **no tienes excusas**. O bien te pones a trabajar, a formarte y a desarrollar lo que has aprendido en este libro, o me **envías un mail o me llamas** y juntos comenzaremos a **planificar tu victoria en las próximas elecciones.** Porque, al final, todo se reduce a eso: ¿Estás dispuesto a dar el paso? Si te quedas esperando a que otros lo hagan por ti, si dejas que el tiempo pase sin aprovechar la oportunidad que tienes hoy en tus manos, serás tú quien se quede atrás.

Este libro ha tratado de mostrarte que, aunque las herramientas tecnológicas son impresionantes, **el verdadero valor está en las personas.** Personas que saben interpretar esos datos, que saben traducirlos en decisiones concretas y que tienen la capacidad de **liderar con inteligencia** en un entorno donde el conocimiento y la experiencia todavía importan. La **formación** y el **conocimiento** no son conceptos abstractos. Son lo que te diferenciará, lo que hará que puedas **marcar la diferencia** frente a otros que solo ven en los datos una moda pasajera o un accesorio más.

Si algo he aprendido, es que la **política es un arte**. Un arte que combina lo tangible, como los datos y la tecnología, con lo intangible, como la **capacidad de liderazgo**, la **empatía** y la **visión estratégica**. No podemos pensar que la tecnología, por avanzada que sea, sustituirá estos factores humanos. Al contrario, la clave está en **saber integrarlos**. La política seguirá siendo, en esencia, un **terreno humano**. Y los políticos que sepan cómo unir estas dos dimensiones –tecnología y humanidad– serán los que lideren el cambio en los próximos años.

Así que, de nuevo, te pregunto: **¿Estás preparado para dar ese paso? Los datos son el futuro de la política,** pero su poder dependerá de las manos que los manejen. Tú tienes la llave para **liderar ese cambio**. No esperes a que otros lo hagan por ti. Toma el control, forma tu equipo, aprende o deja que te ayuden, pero no te quedes atrás. El futuro te está esperando, y los datos serán tu mejor aliado si sabes cómo utilizarlos con inteligencia.

El poder de los datos en política

SOBRE MÍ

Soy **Rubén Maestre,** me gusta la tecnología, la inteligencia artificial y la ciencia de datos, áreas en las que llevo interesándome y desarrollándome desde hace ya un tiempo. Puedo decir que tengo formación en **Python, ciencia y análisis de datos, comunicación y marketing digital**. Además de un MBA Sport Management, en gestión de clubes deportivos y organización de eventos.

He trabajado durante años desarrollando estos conocimientos en una amplia gama de sectores, casi siempre con el objetivo de ayudar a **Pymes y autónomos** a conseguir sus objetivos ya fueran en comunicación, en marketing digital y últimamente lo hago en optimizar sus procesos, mejorar su eficiencia y elegir mejores decisiones para conseguirlo. Y además tengo algo de tiempo para hacer proyectos personales de todo tipo, intento salir de mi zona de confort y seguir descubriendo nuevas ideas, tecnologías o herramientas.

Comencé por así decirlo en el mundo del **deporte**, en la **gestión deportiva** tanto en los despachos como a pie de pista, dónde sin duda aprendí habilidades clave hoy en día como el **trabajo en equipo**, el **liderazgo de proyectos** y la **gestión de personas, así como el esfuerzo y el sacrificio para conseguir los objetivos marcados**. Estas me han ayudado mucho en los siguientes pasos que fui dando hacia el mundo laboral, sobre todo en pymes y autónomos, ayudando a empresas de diversos sectores a **crecer y superar desafíos**, que han sido muchos te lo aseguro.

Últimamente estoy participando en proyectos de **ciencia de datos, desarrollo de negocio** y **formación en inteligencia artificial** para importantes organizaciones, como el **ITERH (Instituto Tecnológico de la Energía y Recursos Hídricos)**, un proyecto apasionante donde tengo la confianza del CEO para desarrollar herramientas avanzadas en **Análisis de datos, visualizaciones y modelos predictivos** para desarrollar productos y análisis en el ITERH, además explorando modelos de LLM que me tienen ilusionadísimo. Además mi experiencia durante muchísimos años en el área del **marketing digital y la comunicación**, he creado muchas estrategias para ayudar y potenciar en las ventas, mejorando el **retorno de inversión (ROI)** para Pymes y autónomos. Por eso este libro de datos va muy enfocado a las pymes y autónomos y sobre todo con especial atención a las ventas.

Además de mi experiencia empresarial, como decía anteriormente siempre saco un rato para proyectos personales, tengo esa **mentalidad emprendedora mediterránea** que sinceramente me genera más quebraderos de cabeza que alegrías, pero los ilicitanos somos así. Por ahí tengo proyectos en marcha como **PcFutsal.es**, un manager de fútbol sala y **Coast to Coast**, una experiencia interactiva basada en un viaje que hice por Estados Unidos, con la idea de **innovar** y **explorar nuevas ideas** fuera de los marcos tradicionales. También tengo mi propia marca de moda, **#SUPERCLAW**, donde experimentó con estrategias de **marketing** y **gestión empresarial**.

Podría contaros mucho más sobre mil batallas pero entiendo que este libro va de **datos** y de **tecnología y** querrás saber mucho más sobre cosas en ese campo. Bueno, por ejemplo, he realizado un proyecto de análisis de grandes volúmenes de datos en equipo con el proyecto de la **puntualidad aérea en aeropuertos estadounidenses** o un análisis de la **NBA**, ambos utilizando **Streamlit** para crear **interfaces interactivas**. También tengo una base de datos enorme con datos de fútbol español. Todo esto me ha servido para adquirir nuevos conocimientos y desarrollar habilidades en diferentes industrias, desde el deporte hasta la inteligencia artificial.

Y ahora en la actualidad… pues estoy pensando en volver a ser autónomo en España. Dicen que el hombre es el único que tropieza dos veces con la misma piedra, creo que con esta serán 4 o 5 veces ya... la idea es ayudar a **Pymes y autónomos a acceder a la ciencia y análisis de datos**, fomentar estas tecnologías para mejorar la eficiencia en sus negocios. Mi visión ahí es clara: **acercar la tecnología a aquellos que piensan que está fuera de su alcance**, haciéndola accesible, comprensible y, sobre todo, útil para los negocios pequeños. Así que si tienes dudas, contáctame. Seguro que podré ayudarte y como digo, vendrás por el precio y te quedarás por el servicio.

Desde joven, la política siempre ha sido un mundo que me ha interesado. He participado en **diferentes proyectos asociativos**, tanto en la universidad como en otros ámbitos de mi vida, y al final acabé por enrolarme primero en **un partido político** y luego en **otro**. Creo que en España nos falta **más cultura política**, más personas con ganas de **involucrarse** y una sociedad civil que trabaje para **atraer a los mejores** hacia la política y la gestión pública. Siempre he pensado que necesitamos más gente que quiera **aportar su experiencia** y menos que esté únicamente movida por intereses personales. Necesitamos más gente que conozca que es la política y que cosas puede hacer por los ciudadanos y menos talibanes o radicales fanáticos de partidos políticos o gente interesada en enriquecerse de la política. **Quizás sea un soñador**, pero si este libro puede ayudar a generar ese cambio, si consigue que alguien más se anime a involucrarse y a trabajar por una política más honesta y eficiente, entonces habrá sido **algo genial**.

Además de todo esto, también por curiosidad por si andas buscándome por ahí, he trabajado en diversos **medios de comunicación**, escribiendo artículos, dirigiendo programas de radio como **'Crucemos el Rubicón'** en Radio Intereconomía, he gestionado medios de comunicación y generado contenido en plataformas como **YouTube** o **Podcast**. Esto me ha valido para saber la importancia de saber comunicar debidamente y mejorar mis capacidades para trasladar la información de forma adecuada en los medios oportunos.

Con esta mezcla que diría que es única de experiencia en **ciencia de datos, inteligencia artificial, comunicación y marketing digital, sin olvidar mi formación y mis muchos años en el deporte,** sigo buscando nuevos desafíos, siempre con el objetivo de **ayudar a las empresas** a alcanzar su **máximo potencial** mediante el uso de **tecnología y análisis de datos**. Te invito a conectar ya sea por redes sociales, por email (data@rubenmaestre.com), te dejo mi web: www.rubenmaestre.com, o cualquier otro medio. No tiene que ser para que te venda nada. Podemos hablar sin compromiso, ver sinergias, colaborar en proyectos, embarcarnos en una aventura... de verdad, habla conmigo. Te estaré esperando. Y bueno, muchas gracias por adquirir este libro. Espero que te haya servido mucho. Y ojalá no sea el último…

FIN

www.ingramcontent.com/pod-product-compliance
Lightning Source LLC
Chambersburg PA
CBHW052149220526
45471CB00004B/1597